《国学经典藏书》丛书编委会

顾　问
　　许嘉璐
主　编
　　陈　虎
编委会成员

陆天华	李先耕	骈宇骞	曹书杰	郝润华	潘守皎
刘冬颖	许　琰	李勤合	金久红	宋　娟	郑红翠
房　伟	孙永娟	赵玉敏	高　方	周晶晶	何　洋
李振峰	李如冰	王红娟	王兴芬	黄　益	李忠良
陈树千	王守青	邱　锋	何　昆	米晓燕	赵　薇
原　昊	杨　栋	李　宝	付振华	王东峰	余　康
刘晓萱	邵颖涛	张　安	陈　虎	杨　刚	卜音安子

国学经典藏书

史　记

周晶晶　译注

吉林大学出版社

长　春

图书在版编目（CIP）数据

史记 / 周晶晶译注 . —长春：吉林大学出版社，2020.8
（国学经典藏书）
ISBN 978-7-5692-6924-6

Ⅰ.①史… Ⅱ.①周… Ⅲ.①中国历史 – 古代史 – 纪传体②《史记》– 译文③《史记》– 注释 Ⅳ. ① K204.2

中国版本图书馆 CIP 数据核字（2020）第 159998 号

国学经典藏书：史记
GUOXUE JINGDIAN CANGSHU: SHI JI

作　　者：	周晶晶 译注
策划编辑：	魏丹丹
责任编辑：	代景丽
责任校对：	张宏亮
装帧设计：	蒋宏工作室
开　　本：	880mm×1230mm　1/32
字　　数：	228 千字
印　　张：	11
版　　次：	2020 年 8 月第 1 版
印　　次：	2023 年 9 月第 3 次印刷

出版发行：	吉林大学出版社
地　　址：	长春市人民大街 4059 号（130021）
	0431-89580028/29/21
	http://www.jlup.com.cn
	E-mail:jdcbs@jlu.edu.cn
印　　刷：	河北松源印刷有限公司

ISBN 978-7-5692-6924-6　　　　　　　　定价：40.00 元

编者的话

经典是人类知识体系的根基,是人类的精神家园,是我们走向未来的起点。莎士比亚说过:"生活里没有书籍,就好像没有阳光;智慧里没有书籍,就好像鸟儿没有翅膀。"21世纪中国国民的阅读生活中最迫切的事情是什么?我们的回答是阅读经典!

中国有数千年一脉相传、光辉灿烂的文化,并长期处于世界文化发展的前列,尤其是在近代以前,曾长期引领亚洲乃至世界文化的发展方向。长期超稳定的社会发展形态和以小农生产为基础的、悠闲的宗法农业社会,塑造了中华民族注重实际、过分地偏重经验、重视历史的文化心理特征。从殷商时代的"古训是式"(《诗经·大雅·烝民》),到孔子的"述而不作,信而好古"(《论语·述而》),可以清楚地看出这种文化心理不断强化的轨迹。于是,历史就被赋予了神圣的光环,它既是人们获得知识的源泉,也是人们价值标准的出处。它不再是僵死的、过去的东西,而是生动活泼、富有生命力,并对现世仍有巨大指导作用的事实。因而就形成了这样一种固定的文化思维方式,也就是"以铜为鉴,可正衣冠;以古为鉴,可知兴替;以人为鉴,可明得失"(《新唐书·魏徵传》)。中国的文化人世代相承,均从历史中寻求真理,寻求"修身、齐家、治国、平天下"的崇高理想模式。这种对于历史所怀有的深沉强烈的认同感,正是历史典籍赖以发展、繁荣的文化心理基础。历史上最初给历史典籍的研究和整理工作涂上政治、道德和伦理色彩的是春秋时期的孔子。当时的孔子因感"周室微而礼乐废,《诗》《书》缺",于是乃删订了《诗》《书》《礼》《乐》《易》《春秋》等"六经"(见《史记·孔子世家》),寄托了自己在政治上"复礼"和道德上"归仁"的最高理想。孔子以后,历史典籍的编撰无不遵循着这一最高原则。所以《隋书·经籍志》总序中就说:"夫经籍也者,机神之妙旨,圣哲之能事。所以经天地,纬阴阳,正纲纪,弘道德,显仁足以利物,藏用足以独善……其王者之所以树风声,流显号,美教化,移风俗,何莫由乎斯道?……其教有适,其用无穷,实仁义之陶钧,诚道德之橐籥也。……夫仁义礼智,所以治国也;方技数术,所以治身也。诸子为经籍之鼓吹,文章乃政化之黼黻,皆为治国之具也。"(《隋书·经籍志一》)由此可见,历史典籍的编撰整理工作,已不仅仅是文化技术问题,更重要的是它还负有"正纲纪,弘道德"的政治和道德使命。于是,在两千多年的历史发展过程中,先人们为我们留下了汗牛充栋的文化典籍。这些宝贵的精神财富,不仅是我们中华民族的骄傲,也是全人类的骄傲,并已成为世界文化宝藏的重要组成部分。

中国的先哲们一向对古代典籍充满崇敬之情,他们认为,先王之道、历史经验、人伦道德以及治国安邦之术、读书治学之法等等,都蕴藏于典籍之中。文献典籍是先王之道、历史经验、人伦道德等赖以传递后世的重要手段。离开书籍,后人将无法从前朝吸取历史经验,无法传承先王之道。在日新月异的当代,如何对待这份优秀的文化遗产?毛泽东同志早就指出:"中国的长期封建社会中,创造了灿烂的古代文化。清理古代文化的发展过程,剔除其封建性的糟粕,吸取其民主性的精华,是发展民族新文化、提高民族自信心的必要条件。……中国现时的新文化也是从古代的旧文化发展而来,因此,我们必须尊重自己的历史,决不能割断历史。但是,这种尊重是给历史以一定的科学地位,是尊重历史的辩证法的发展,而不是颂古非今。"(毛泽东《新民主主义论》)古代典籍,不仅对中华民族的形成与发展历史地发挥了巨大的凝聚力作用,而且在当今中华民族伟大复兴中,依然会发挥无可替代的重要作用。

在科学技术迅猛发展的当代社会,人们的生活、观念正在发生着巨大而深刻的变革,面对蓬勃发展的现代科技和汹涌而至的各种思潮,人们依然能深切地感受到中国传统文化无所不在的巨大力量。人们渴望了解这种无形的力量源泉,于是绚丽多姿的中华典籍就成了人们首要的选择。它能够使我们在精神上成为坚强、忠诚和有理智的人,成为能够真正爱人类、尊重人类劳动、衷心地欣赏人类的伟大劳动所产生的美好果实的人。所以,在今天,我们要阅读经典;当数字化、网络化带来的"信息爆炸"占领人们的头脑、占用人们的时间时,我们要阅读经典;当中华民族迈向和平崛起和民族复兴的伟大征程时,我们更要阅读经典。因此,读经典,这个我们习以为常的平凡过程,实际上就成了人的心灵和上下古今一切民族的伟大智慧相结合的过程。但由于时代的变迁,这些经典对现代人来说已是谜一样的存在。为继承这份优秀的文化遗产,帮助人们更好地利用这些经典,在全国学术界诸多专家学者的支持下,我们策划了这套"国学经典藏书"丛书。

丛书以弘扬传统、推陈出新、汇聚英华为宗旨,以具有中等以上文化程度的广大读者为对象,从我国古代经、史、子、集四部典籍中精选50种,以全注全译或节选的形式结集出版。在书目的选择上，重点选取我国古代哲学、历史、地理、文学、科技、教育、生活等领域历经岁月洗礼、汇聚人类最重要的精神创造和知识积累的不朽之作。既注重选取历史上脍炙人口、深入人心的经典名著，又注重其适应现代社会的人文价值趋向。丛书不仅精校原文，而且从前言、题解，到注释、译文，均在吸收历代学者研究成果的基础上精心编撰。在注重学术性标准的基础上，尽量做到通俗易懂。我们相信，本丛书的出版，对提高人们的古代典籍认知水平，阅读和利用中华传统经典，传播中华优秀文化，提高人们的民族自信心和文化自豪感，进而为中华民族伟大复兴做贡献，均将起到应有的作用。高尔基说："书籍是人类进步的阶梯。""要热爱读书，它会使你的生活轻松，它会友爱地帮助你了解纷繁复杂的思想、感情和事件；它会教导你尊重别人和你自己；它以热爱世界、热爱人类的情感，来鼓舞智慧和心灵。""当书本给我讲到闻所未闻、见所未见的人物、感情、思想和态度时，似乎是每一本书都在我面前打开一扇窗户，并让我看到一个不可思议的新世界。""每一本书是一级小阶梯，我每爬一级，就……更接近美好生活的观念，更热爱这书"（《高尔基论青年》，中国青年出版社1956年版）。流传千年的文化经典，让我们受益匪浅，使我们懂得更多。正如德国著名作家歌德所说："读一本好书，就是和一位品德高尚的人谈话。"的确，读一本好书，就像是结交了一位良师益友。我们真诚希望，这套经典丛书能够真正进入您的生活，成为人人应读、必读和常读的名著。

陈　虎

庚子岁孟秋

前　言

　　《史记》是我国历史上第一部纪传体通史。《史记》所载，上起传说时代的黄帝，下讫汉武帝太初年间(前104—前101)，共约三千年的历史。作者司马迁，字子长，左冯翊夏阳(今陕西韩城)人，生于汉景帝中元五年(前145)，约卒于汉武帝征和三年(前90)，是西汉著名的史学家、文学家。

　　司马迁年少时曾在家乡耕田放牛；十岁开始学习古文，积累了丰富的文化知识；二十岁时到全国许多地方游历考察，实地探访历史遗迹，搜集相关史料，了解各地的学术传统和风俗民情。在这次游历结束后回到长安，担任郎中一职，后受命去西南一带考察。这些经历，为司马迁撰述《史记》打下了坚实的基础。

　　司马迁的父亲司马谈在汉武帝时任太史令，他曾作《论六家要旨》一文，是对先秦学术思想的述评，也是现在研究诸子思想的重要文献。元封元年(前110)，汉武帝第一次在泰山封禅(封禅后改元，以当年十月为元年)，司马谈未能参加，心中愤懑而病重不起。司马谈认为，司马氏的先祖本是周时的太史，但后世衰落了，自己应继承先祖的史官传统，故发修史宏愿，惜已无法完成。这时司马迁刚从西南地区游历回来，司马谈垂危之际，嘱咐儿子替自己完成心愿。这成为司马迁撰述《史记》的一个直接原因。

汉代建立大一统的王朝之后,在政治、经济、军事等各方面都取得了巨大的发展,到汉武帝之时,国力强盛,经济繁荣,客观上为学术文化的发展提供了良好的条件。对汉以前的历史进行全面总结和整理,以史为鉴,兴利剔弊,已是时代的要求和历史发展的必然。

司马谈逝后三年(元封三年,前108),司马迁接替父亲做了太史令,从此可以接触到大量的国家藏书和档案文献。在这一时期,司马迁开始了查阅藏书、搜集资料等修史的准备工作。太初元年(前104),他正式动笔撰写《史记》。但未曾料到的是,六年之后,司马迁遭逢大难,这场变故对《史记》的创作产生了重大影响。

天汉二年(前99),李广的孙子李陵跟随将军李广利率兵攻打匈奴。李陵率领一支五千人的军队,遇上了匈奴的主力部队,为其所困,在援军迟迟不至的情况下,李陵被迫向匈奴人投降。消息传回朝廷之后,汉武帝大怒,只有司马迁为李陵辩护,认为他为人忠信,而敌我双方力量悬殊,李陵力战之后应该只是诈降。不料之后又传来李陵为匈奴人练兵以反击汉朝的消息(后来知道是讹传),武帝盛怒之下,将李陵灭族,司马迁也被判处死刑。

按照当时的律法,司马迁如果想免于死刑,要么拿钱赎罪,要么接受腐刑。腐刑不仅仅是肉体上的残损,更是精神上的巨大耻辱。但此时《史记》尚未完成,而司马迁又无法拿出那么多钱来为自己赎罪,只得忍辱负重,接受了腐刑。

这一事件，促使司马迁更深刻地思考撰述《史记》的意义。完成《史记》固然是自己作为史家之重任，父亲之遗愿，时代之需要，但它绝非一部普通的史书，而是与前代贤圣的著作一样，"发愤之所为作也"！这就赋予了《史记》更高的意义和价值。这样一部书，能够"藏之名山，传之其人，通邑大都，则仆偿前辱之责，虽万被戮，岂有悔哉！"（《报任安书》）司马迁所遭受的一切屈辱、激愤、不平，由此得到补偿。然而这些还远远不够。"人固有一死，或重于泰山，或轻于鸿毛"，司马迁忍此大辱，发愤著书，最终要落实到生命的本质和意义上。正是这样的生死观、价值观与深刻的悲剧意识，使得《史记》在历史的范畴之外，更具有强大的生命力与感染力。成功与失败、生命与死亡、个人与历史、有限与无限，体现在《史记》的字里行间，个体精神由此超越生死，实现永恒。

司马迁在狱中三年之后，得到赦免，在汉武帝身边任中书令之职。这个职位方便司马迁直接接触国家藏书和档案文献，他抓紧时间继续写作，约在征和二年（前91）全部完成。

《史记》最初被称为《太史公书》《太史公记》，"史记"原是古代史书的通称，后来成为《太史公书》的专名。《史记》的材料来源非常广泛，包括先秦典籍文献、官方文书、西汉国家档案以及司马迁通过实地考察获得的资料。大量的文献材料经过司马迁择取，统一于《史记》宏大的叙事体系之中。全书共有十二本纪、十表、八书、三十世家、七十列传，共计一百三十篇，五十二万余字。司马迁在《报任安书》中称《史记》这部巨著"凡百三十篇，亦欲以究天人之际，通古今之变，成一家之言"，即探究天人关系,寻找事物发展演变和历史兴衰治乱的规律,阐发作者的思想和观点。

司马迁去世之后,《史记》由他的外孙杨恽收藏,后逐渐流传于世。但到东汉时《史记》既已残缺,班固曾在《汉书·司马迁传》中提到《史记》在当时已经少了十篇。今本《史记》一百三十篇,应当经过了后人的增补。《史记》中的"褚先生曰",即由汉元帝、成帝时的博士褚少孙所补写。

《史记》开创的以人物为中心的纪传体对后世有深远影响。本纪主要是以帝王和朝代为中心,以年月为顺序,提纲挈领记载国家大事;世家主要记载先秦各诸侯国及西汉贵族王侯的兴衰史事;传原本对应先秦时期的卿大夫阶层,但司马迁扩展了其表现范围,在记载帝王诸侯之外,记述的各色人物的言行事迹,塑造的人物都极为精彩成功,具有很高的文学价值;表即以表格的形式,记录王侯世系和重大历史事件,展现历史发展脉络;书是文化和制度专史,记录各种典章制度,包括礼、乐、律、历、天文、封禅、水利、经济等。后东汉班固撰写我国第一部纪传体断代史《汉书》,承袭《史记》的体例,去掉"世家",改"书"为"志",确立此后两千年我国正史的撰写体例。

鲁迅称《史记》为"史家之绝唱,无韵之《离骚》",是因为它在很多方面都取得了重要成就。

第一,《史记》规模宏大,体系完备,叙事自黄帝时代至汉武帝时,详近略远,取择严谨,兼顾时间的长度与空间的广度,既包括华夏中原地区,也包括周边少数民族地区,体现了进步的民族观和大一统的思想观念。在具体的历史事件之外,《史记》还记录了政治、经济、军事、文化、学术、思想等诸多内容,大大开拓了历史学的研究范围。同时,《史记》认为人是历史的中心,通过帝王将相、官宦商贾、平民百姓、游侠刺客,全面反映社会各阶层的人物及其生活,强调人在历史中的作用,体现了司马迁进步的历史观。

第二,汉武帝时独尊儒术,学术与思想定于一尊,但《史记》的撰写并不受其所限。司马迁注重对历史兴衰治乱的考察,通过解读史事表达自己的政治理想和对现实世界的批判;他称颂黄老,也尊崇孔子,同时批判、讽刺阴阳五行、神仙方术中的荒谬邪说;司马迁注意到了商业活动的重要作用,肯定商人的经济行为对社会发展做出的贡献;他批评当世沽名钓誉之儒,在封建统治阶级的正统思想之外,推崇游侠的忠信行为与侠义精神。凡此种种,表现出司马迁的独立思想和进步观念。

第三,《史记》以人物传记为中心,或个人独传,或同类合传,其史传文学传统对后世的文学创作产生了深远影响。司马迁不拘于人物本身的身份地位,而是根据他们在历史上的功绩和作用,给予人物尽量客观准确的评价。例如项羽虽未称帝,却在楚汉相争之时"政由羽出",实际的历史地位等于帝王,故列入"本纪";孔子未被封为王侯,但孔子在中国思想史上的重要影响远远超越王侯,故入"世家";陈涉虽起于布衣,终亦不免于失败,但他作为反抗暴秦统治的第一人,其胆识与功绩堪比诸侯,亦入"世家"。《史记》的语言生动凝练,气势充沛,描写人物"不虚美,不隐恶",但其中又蕴含着司马迁的爱憎与评价,史家的实录精神和作者的主观情感得到较好的统一。对那些遭遇不平的悲剧人物，司马迁更是寄托了无限同情，写得尤为生动精彩。所以，《史记》不仅是经典的历史著作，更具有极高的文学成就和艺术价值，是我国古代历史散文的典范之作。

本书是《史记》的选本，以中华书局2014年点校本"二十四史"修订本《史记》为底本，择取其中叙事和写人的精彩篇章，包含本纪五篇，世家两篇，列传九篇，考虑到内容的完整性，有些篇章做了删节。对难解的字词加以注释，全文翻译，译文力求准确流畅，以期为广大文史爱好者提供一个可读、易读的文本。本书如有不妥之处，诚请读者批评指正。

周晶晶
2019年7月

目 录

五帝本纪	1
周本纪	23
秦始皇本纪	33
项羽本纪	42
高祖本纪	81
孔子世家	126
陈涉世家	164
孙子吴起列传	174
商君列传	189
魏公子列传	205
屈原贾生列传	225
吕不韦列传	233
淮阴侯列传	247
李将军列传	276
卫将军骠骑列传	295
游侠列传	317
太史公自序	332

五帝本纪

〔题解〕

《五帝本纪》是《史记》的第一篇,记述了黄帝、颛顼、帝喾、唐尧、虞舜五位上古帝王的事迹。五帝本是神话传说中的人物,司马迁游历了许多地方,听各地的人们讲述黄帝、尧、舜的故事,选择他认为真实可信的文献记载,摒弃"不雅驯"的内容,著成此篇,五帝由此从神话传说走入历史,成为中国古史的开端。

五帝生活的时代,约在原始社会晚期。《五帝本纪》中记载的上古帝王禅让、战争、农业生产、发明创造以及天文历法等内容,反映了氏族部落生活的许多方面,部分内容可与考古发现相参证,为研究远古社会提供了线索和信息。

司马迁据《世本·帝系》和《大戴礼记》中的《五帝德》《帝系》等文献,记录黄帝世系,将颛顼、帝喾、尧、舜和夏商周三代帝王,以及春秋战国时期诸侯的始祖均追溯至黄帝身上,由此确立了中华民族的共同祖先,奠定了民族统一的基础。

尧、舜是先秦儒家极为推崇的上古圣王,禅让则是尧、舜故事的核心,也是司马迁政治理想的集中体现。本篇选择黄帝、尧、舜三位上古帝王的故事。

黄帝者,少典之子①,姓公孙,名曰轩辕。生而神灵,弱而能言②,幼而徇齐③,长而敦敏④,成而聪明⑤。

〔注释〕

①少典:远古部落的名称。子:后代,后人。
②弱:弱小,这里指出生后不久。
③徇(xùn)齐:快速、敏捷,引申为智慧。
④敦敏:敦厚敏捷。
⑤聪明:视听灵敏,这里指见闻广博,能明辨事物。

〔译文〕

黄帝,是少典氏的后人,姓公孙,名叫轩辕。他生下来就显示出神异灵敏,极幼小的时候就能说话,幼年时聪慧机灵,长大后敦厚敏捷,成年后见识广博,能明辨事物。

轩辕之时,神农氏世衰①。诸侯相侵伐,暴虐百姓②,而神农氏弗能征。于是轩辕乃习用干戈③,以征不享④,诸侯咸来宾从⑤。而蚩尤最为暴,莫能伐。炎帝欲侵陵诸侯,诸侯咸归轩辕。轩辕乃修德振兵⑥,治五气⑦,艺五种⑧,抚万民,度四方⑨,教熊罴貔貅䝙虎⑩,以与炎帝战于阪泉之野。三战,然后得其志。蚩尤作乱,不用帝命。于是黄帝乃征师诸侯,与蚩尤战于涿鹿之野,遂禽杀蚩尤。而诸侯咸尊轩辕为天子,代神农氏,是为黄帝。天下有不顺者,黄帝从而征之,平者去之⑪,披山通道⑫,未尝宁居⑬。

〔注释〕

①世:后嗣,后代。
②暴虐:侵害,肆虐。
③习:训练,操练。干戈:兵器。
④不享:指不来朝拜进贡的诸侯。享:进献贡品。
⑤咸:都。宾从:顺从,顺服。
⑥振:整顿。
⑦五气:五行之气。古代将金、木、水、火、土与四时相配,治五气指研究四时节气变化。
⑧艺:种植。五种:指黍、稷、菽、麦、稻。
⑨度四方:丈量四方的土地,加以规划。度:丈量。
⑩熊、罴(pí)、貔(pí)、貅(xiū)、䝙(chū)、虎:猛兽名。一说,六种猛兽指代六个氏族的图腾。
⑪平者:指被平定的地方。去:离开。
⑫披:开,劈开。
⑬宁居:安居。

〔译文〕

轩辕生活的时代,神农氏的子孙后代道德衰薄。各诸侯互相侵犯攻伐,残害百姓,而神农氏无力征讨他们。于是轩辕就多次用武力去征讨那些不来向神农氏朝贡的诸侯,诸侯们这才都来归服。而各诸侯中,蚩尤最为暴虐,没有人能够征讨他。炎帝想要侵犯欺压诸侯,诸侯们就都来归顺轩辕。于是轩辕修治德政,整肃军旅,研究四季气象变化,种植五谷,安抚万民,丈量四方土地,训练熊、罴、貔、貅、䝙、虎等猛兽,跟炎帝的军队在阪泉的郊野作战。双方多次交战后,黄帝才实现了打赢炎帝的愿望。蚩尤发动叛乱,不听从黄帝的命令。于是黄帝征召各诸侯的军队,在涿鹿郊野与蚩尤交战,擒获并杀死蚩尤。诸侯们都尊奉轩辕为天子,取代神农氏,这就是黄帝。天下有不归顺的,黄帝就去征伐,等平定之后再离开这个地方,劈开山林草木以开通道路,从来没有在什么地方安宁地居住过。

帝尧者,放勋。其仁如天,其知如神①。就之如日,望之如云。富而不骄,贵而不舒②。黄收纯衣③,彤车乘白马。能明驯德④,以亲九族⑤。九族既睦,便章百姓⑥。百姓昭明⑦,合和万国。

〔注释〕

①知:同"智"。

②舒:放纵,肆意而为。

③黄收:黄色的帽子。收:冕。纯衣:黑色的衣服。

④驯德:圣德,善德。

⑤九族:指由自己这一代算起,上至四世高祖,下至四代玄孙,共计同族九代人。一说,父族四,母族三,妻族二。泛指自己的宗族亲戚。

⑥便章:也作"辨章",治理。百姓:百官。

⑦昭明:显明,显著。

〔译文〕

帝尧,名放勋。他的仁德如天,智慧如神。人们归顺他,就像葵花始终向着太阳;人们仰望他,就像期盼云朵能带来雨水浸润大地。他富有而不骄奢,高贵而不傲慢。他戴着黄色的帽子,穿着黑色的衣服,乘坐着朱红色的车,由白马拉着车子。他能宣明好的德行,使九族亲睦。九族既已和睦,又去治理百官。使百官职分明确,又使各诸侯邦国都能和睦相处。

乃命羲、和①,敬顺昊天,数法日月星辰②,敬授民时。分命羲仲,居郁夷③,曰旸谷④。敬道日出⑤,便程东作⑥。日中,星鸟⑦,以殷中春⑧。其民析⑨,鸟兽字微⑩。申命羲叔⑪,居南交⑫,便程南为,敬致。日永,星火⑬,以正中夏。其民因⑭,鸟兽希革⑮。申命和仲,居西土,曰昧谷。敬道日入,便程西成。夜中,星虚⑯,以正中秋。其民夷易⑰,鸟兽毛毨⑱。申命和叔,居北方,曰幽都,便在伏物⑲。日短,星昴⑳,以正中冬。其民燠㉑,鸟兽氄毛㉒。岁三百六十六日,以闰月正四时。信饬百官㉓,众功皆兴。

〔注释〕

①羲、和:羲氏、和氏。主管观天象、制礼法之事。

②数法:观察推算。

③郁夷:今山东沿海一带。

④旸(yáng)谷:古代传说中日出之处。

⑤道:同"导",引导。

⑥便程:分派,安排。

⑦鸟:星名,二十八宿之一,是南方朱雀七宿的第四宿。
⑧殷:正,确定。
⑨析:分散,指在田野上散开劳作。
⑩字:生子、哺乳。微:同"尾",交尾。
⑪申命:再命。申:重复。
⑫南交:南方的交趾。
⑬火:火星,又叫"大火",指心宿,二十八宿之一,是东方苍龙七宿中的第五宿。
⑭其民因:指老幼都去农田帮忙。因:就。
⑮希革:指夏天天气炎热,鸟羽和兽毛因脱落而稀少。希:同"稀"。革:兽皮。
⑯虚:星名,二十八宿之一,是北方玄武七宿的第四宿。
⑰夷易:平和,平正。指老百姓因丰收而心情愉悦。
⑱毨(xiǎn):秋天鸟兽更换新毛。
⑲便在:意同"便程"。伏物:指冬天贮藏各种越冬储备。伏:储藏。
⑳昴(mǎo):星名,二十八宿之一,是西方白虎七宿的第四宿。
㉑燠(yù):暖,热,这里指取暖御寒。
㉒氄(rǒng)毛:细软而茂密的毛。氄:同"茸"。
㉓信:同"申",申命。饬:整饬,整理。

[译文]

　　帝尧命令羲氏、和氏掌管天文,恭谨地遵照上天的法则,观察推演日月星辰运行的规律,制定历法,告知民众从事农业生产的时令。他分派羲仲住在郁夷的旸谷,让他恭敬地迎接日出,安排布置春季的耕作之事。春分之日,白昼与黑夜的时间一样长,鸟星在黄昏时出现在正南方,据此来确定仲春之时。人们分散在田野上劳作,鸟兽们忙着交尾繁殖。帝尧任命羲叔住在南方的交趾,安排布置夏季的农事活动,谨慎地干好劳作之事。夏至之日,白昼时间最长,"大火"心宿在黄昏时出现在正南方,据此来确定仲夏之时。老幼也都去田地里帮忙,鸟兽们的毛因为脱落而稀少。帝尧任命和仲住在西方的昧谷,恭送日落,安排布置秋天关于收获的农事。秋分之日,夜晚和白昼的时间一样长,虚星在黄昏时出现在正南方,据此来确定仲秋之时。人们因为丰收而喜悦和乐,鸟兽们也开始长出新毛。帝尧任命和叔住在北方的幽都,安排布置冬季的有关贮藏的农事活动。冬至之日,白昼时间最短,昴星在黄昏时出现在正南方,据此来确定仲冬之时。人们都穿得很多,在屋里取暖,鸟兽也长出新毛以御寒。以三百六十六天为一年,通过设置闰月来调和四季时令。帝尧申明条例,整饬百官,让他们各尽其职,所有的事情都显示出兴旺的样子。

尧曰:"谁可顺此事①?"放齐曰:"嗣子丹朱开明。"尧曰:"吁!顽凶②,不用。"尧又曰:"谁可者?"讙兜③曰:"共工旁聚布功④,可用。"尧曰:"共工善言,其用僻⑤,似恭漫天,不可。"尧又曰:"嗟!四岳⑥,汤汤洪水滔天⑦,浩浩怀山襄陵⑧,下民其忧,有能使治者?"皆曰鲧可⑨。尧曰:"鲧负命毁族⑩,不可。"岳曰:"异哉,试不可用而已。"尧于是听岳用鲧。九岁,功用不成⑪。

〔注释〕

①顺:沿,循,继承。

②顽凶:愚顽凶恶。凶,一说同"讼",争辩。
③讙(huān)兜:尧臣,即后文所说的"四凶"之一。
④旁:同"溥(pǔ)",广大。布:显露,显示。
⑤用僻:行事邪恶。
⑥四岳:分管四方的诸侯首领。
⑦汤汤(shāng):水流浩大的样子。
⑧怀:怀抱,包围。襄:冲上,淹没。
⑨鲧(gǔn):尧臣,禹的父亲。
⑩负命:违背命令。毁族:毁害同族。
⑪用:因,由。

[译文]

尧问:"谁可以继承我的事业?"放齐说:"你的长子丹朱开明通达。"尧说:"唉!丹朱愚顽凶恶,不能用。"尧又问道:"还有谁可以继承?"讙兜说:"共工能广聚民众,做出业绩,可以用。"尧说:"共工善于言辞,但行事用意不正,貌似恭敬,实则傲慢,不可用。"尧又说道:"唉!四位诸侯之长,如今洪水滔天,浩浩荡荡,包围高山,淹没丘陵,老百姓为此忧愁,有能派去治理的人吗?"诸臣都说鲧可以去。尧说:"鲧违背命令,伤害同族,不能用。"四位诸侯首领说:"不是这样吧!先任用他,尝试不行,再把他撤换掉。"于是尧听从他们的建议,让鲧去治理洪水。(鲧)治水九年,没有成功。

尧曰:"嗟!四岳,朕在位七十载,汝能庸命①,践朕位?"岳应曰:"鄙德忝帝位②。"尧曰:"悉举贵戚及疏远隐匿者。"众皆言于尧曰:"有矜在民间③,曰虞舜。"尧曰:"然,朕闻之。其何如?"岳曰:"盲者子。父顽④,母嚚⑤,弟傲⑥,能和以孝,烝烝治⑦,不至奸。"

尧曰:"吾其试哉。"于是尧妻之二女,观其德于二女。舜饬下二女于妫汭⑧,如妇礼。尧善之,乃使舜慎和五典⑨,五典能从。乃遍入百官,百官时序⑩。宾于四门⑪,四门穆穆⑫,诸侯远方宾客皆敬。尧使舜入山林川泽,暴风雷雨,舜行不迷。尧以为圣,召舜曰:"女谋事至而言可绩⑬,三年矣,女登帝位。"舜让于德不怿⑭。正月上日⑮,舜受终于文祖⑯。文祖者,尧大祖也⑰。

于是帝尧老⑱,命舜摄行天子之政,以观天命。

〔注释〕

①庸:用。这里指顺应。
②鄙德:德行浅薄。鄙:粗鄙。忝(tiǎn):辱没,玷污。
③矜(guān):同"鳏",男子成年而无妻。
④顽:愚钝。
⑤嚚(yín):愚蠢顽固。
⑥弟傲:舜的弟弟,名叫象。他傲慢而凶狠。
⑦烝烝(zhēng):宽厚有美德的样子。
⑧饬:同"敕",告诫,命令。妫汭(guīruì):妫水边上。在今山西永济境内。汭:河岸。
⑨慎和:谨慎地制定并实施。五典:即五常,指父义、母慈、兄友、弟恭、子孝。一说,父子有亲,君臣有义,夫妇有别,长幼有序,朋友有信。
⑩时:是。这里指因此。

五帝本纪 | 9

⑪宾:迎接前来朝见天子的诸侯和远方宾客。门:指天子朝会诸侯的明堂之门。
⑫穆穆:庄重恭敬的样子。
⑬女(rǔ):同"汝",你。绩:成绩,这里指做出成绩。
⑭怿(yì):悦。
⑮上日:朔日,初一。一说,上日指上旬的吉日。
⑯受终:接受禅让。据下文,乃指"摄行天子之政"。文祖:文祖之庙,指帝尧的祖庙。
⑰大祖:即太祖,始祖。大:同"太"。
⑱老:年老,这里指退位。

〔译文〕

　　尧说:"唉!四位诸侯之长,我在位已经七十年了,你们谁能顺应天命,继承我的帝位?"四位诸侯之长回答道:"我们的德行鄙陋,不敢辱没帝位。"尧说:"那就从在朝的贵族和远方的隐居者中推举吧。"大家都对尧说:"民间有一位尚未娶亲的人,叫虞舜。"尧说:"是了,我听说过他。这个人怎么样?"四位诸侯之长回答道:"舜是个盲人的儿子。他的父亲头脑迟钝,母亲愚蠢顽固,弟弟傲慢凶狠,而舜却能以孝顺和友爱与他们相处,用宽厚和美德感化他们,而不至于发展到奸恶的程度。"

　　尧说:"那就考验一下他。"于是,尧把两个女儿娥皇和女英嫁给他,通过舜对她们的态度来观察他的德行。舜让娥皇和女英去妫汭的老家居住,她们都能恪守为妇之道。尧认为舜做得很好,就命令舜谨慎地制定并施行"五典",百姓们都能遵从。尧又让他治理百官,百官行事变得有条不紊。让舜在明堂之门接待四方宾客,诸侯和远方的宾客、使臣都非常恭敬。尧命舜进入山林水泽,遇到暴风雷雨,舜能够畅行,不会迷路。尧认为舜是圣人,把舜叫来,说道:"你行事完备周全,而且说过的话都有实绩可以考察,已经三年了。你可以登上帝位。"舜以自己德行不够而推让,担忧而不乐。正月初一日,舜在文祖庙接受了尧的禅让。文祖,即尧的太祖。

于是帝尧退位,命舜摄行天子之政,以观察上天的旨意。

谨兜进言共工,尧曰:"不可。"而试之工师^①,共工果淫辟^②。四岳举鲧治鸿水,尧以为不可,岳强请试之,试之而无功,故百姓不便^③。三苗在江淮、荆州数为乱^④。于是舜归而言于帝,请流共工于幽陵^⑤,以变北狄^⑥;放谨兜于崇山,以变南蛮;迁三苗于三危,以变西戎;殛鲧于羽山^⑦,以变东夷:四罪而天下咸服^⑧。

[注释]

①工师:官名,主管营建和百工之事。

②淫辟:放纵,邪恶。

③不便:不利。

④三苗:我国古代的少数民族名,生活在今天的湖南一带。数(shuò):多次,屡次。

⑤流:流放。

⑥变:改变,这里指同化。

⑦殛(jí):流放,放逐。

⑧罪:被治罪。

〔译文〕

　　谨兜曾举荐共工继承帝位,尧说:"不行。"而是让他试做工师一职,共工果然放纵邪恶。四位诸侯之长曾举荐鲧治理洪水,尧认为他不行,四位诸侯之长仍极力推荐试用,结果(鲧)尝试治水没有成功,百姓仍然遭受水害。三苗在江淮、荆州一带多次作乱。于是舜巡视回来向尧帝报告,请求把共工流放到幽陵,去改变北狄的风俗;把谨兜流放到崇山,让他去改变南蛮的风俗;把三苗迁徙到三危,让他去改变西戎的风俗;把鲧流放到羽山,让他去改变东夷的风俗。这四人获罪受到惩罚,天下人都心悦诚服。

　　尧立七十年得舜,二十年而老,令舜摄行天子之政,荐之于天。尧辟位凡二十八年而崩①。百姓悲哀,如丧父母。三年,四方莫举乐,以思尧。尧知子丹朱之不肖,不足授天下,于是乃权授舜②。授舜,则天下得其利而丹朱病;授丹朱,则天下病而丹朱得其利。尧曰:"终不以天下之病而利一人。"而卒授舜以天下。尧崩,三年之丧毕,舜让辟丹朱于南河之南③。诸侯朝觐者不之丹朱而之舜④,狱讼者不之丹朱而之舜,讴歌者不讴歌丹朱而讴歌舜。舜曰:"天也!"夫而后之中国践天子位焉⑤,是为帝舜。

〔注释〕

　　①辟位:退位。辟:同"避"。

②权:变通,不依常规。

③让辟:指让位给丹朱,且回避他。

④朝觐(jìn):指诸侯去都城朝见天子。春天朝见叫朝,秋天朝见叫觐。

⑤之:去,到。中国:国之中心,即国都。

〔译文〕

尧在位七十年得到舜,二十年后因年老而退位,让舜代行天子之政,把舜推荐给上天来进行考验。尧退位二十八年后逝世。百姓悲伤哀痛,如同生身父母过世一般。三年之内,天下四方都不奏乐,以悼念帝尧。尧知道自己的儿子丹朱不成材,不足以把天下交给他,所以用变通的做法,把天下交给舜。给了舜,天下人都能获得利益而只对丹朱一人不利;传给丹朱,则天下人都会不利而只对丹朱一人有利。尧说:"终究不能使天下人受害而只让一人得利。"所以最终还是把天下交给了舜。尧逝世后,三年服丧结束,舜把帝位让给丹朱,自己躲避到黄河的南边。但是前来朝觐的诸侯不去丹朱那里却到舜这里,打官司的不去找丹朱却来找舜,歌颂功德的人不歌颂丹朱却来歌颂舜。舜说:"这是天意啊!"于是回到京师,登上天子之位,这就是舜帝。

舜,冀州之人也。舜耕历山,渔雷泽,陶河滨,作什器于寿丘①,就时于负夏②。舜父瞽叟顽,母嚚,弟象傲,皆欲杀舜。舜顺适不失子道③,兄弟孝慈。欲杀,不可得;即求,尝在侧④。

五帝本纪 | 13

〔注释〕

①什器:各种生产、生活器物。什:各种。
②就时:逐时。乘时逐利,指做买卖。
③顺适:顺从。
④尝:同"常"。

〔译文〕

舜是冀州人。舜曾在历山耕种,在雷泽捕鱼,在黄河边制作陶器,在寿丘制造各种生产、家用器物,在负夏做生意。他的父亲瞽叟头脑迟钝,母亲不讲忠信,弟弟象傲慢无礼,都想杀掉舜。舜却能顺应父母行事,不失为子之道,友爱兄弟,孝顺父母。他们想杀舜,却找不到他;而有事要找他,他又总是在他们的身旁。

舜年二十以孝闻。三十而帝尧问可用者,四岳咸荐虞舜,曰可。于是尧乃以二女妻舜以观其内,使九男与处以观其外。舜居妫汭,内行弥谨。尧二女不敢以贵骄事舜亲戚①,甚有妇道。尧九男皆益笃。舜耕历山,历山之人皆让畔②;渔雷泽,雷泽上人皆让居③;陶河滨,河滨器皆不苦窳④。一年而所居成聚,二年成邑,三年成都。⑤尧乃赐舜𫄨衣⑥,与琴,为筑仓廪⑦,予牛羊。瞽叟尚复欲杀之,使舜上涂廪⑧,瞽叟从下纵火焚廪。舜乃以两笠自扞而下⑨,去,得不死。后瞽叟又使舜穿井,舜穿井为匿空旁出⑩。舜既入深,瞽叟与象共下土实井,舜从匿空出,去。瞽叟、象喜,以舜为已死。象曰:"本谋者象⑪。"象与其父母分,于是曰:"舜妻尧二女,与琴,象取之;牛羊仓廪,予父母。"象乃止舜宫居⑫,鼓其琴。舜往见之。象鄂不怿⑬,曰:"我思舜正郁陶⑭!"舜曰:"然,尔其庶矣⑮!"舜复事瞽叟爱弟弥谨。于是尧乃试舜五典百官,皆治。

〔注释〕

①亲戚:指舜的父母。

②畔:田界。

③上:当为"之"之误。居:住处,这里指捕鱼站立的位置。

④苦窳(gǔyǔ):粗劣。

⑤聚:村落。邑:小城镇。都:城市。

⑥绨(chī)衣:细葛布做成的衣服,比较贵重。

⑦仓廪(lǐn):粮仓。

⑧涂:用泥涂抹。

⑨扞:同"捍",保护。

⑩匿空:秘道,暗道。空:同"孔",洞。旁出:从旁边通向外面。

⑪本谋:主谋。

⑫止:居住。宫:房屋。

⑬鄂:同"愕",吃惊。不怿:不悦,这里指尴尬的样子。

⑭郁陶:郁闷痛苦的样子。

⑮庶(shù):近似。

〔译文〕

舜二十岁时,就因孝顺而广为人知。三十岁时,尧问谁可以继承他的帝位,四位诸侯首领全都推荐舜,说他可以继承。于是尧把自己的两个女儿嫁给舜,以观察他治家的能力;让九个儿子和舜一起相处,以观察他处理外部事务的能力。舜住在妫汭,对自身的修养更加谨慎。尧的两个女儿不敢因为自己出身高贵而傲慢地对待舜的亲人,非常注意为妇之道。尧的九个儿子也更加稳重忠厚。舜在历山耕种时,历山人都能互相推让地界;在雷泽捕鱼时,雷泽人都能互相推让住处;在黄河边制作陶器时,那里的陶器都没有次品。舜住在哪里,一年的时间那里就会成为一个村落,两年就会成为一个市镇,三年就会成为都城。尧赐给舜细葛布的衣服和琴,为他建造粮仓,给他一些牛羊。瞽叟仍然想杀死他,就让舜去给仓顶抹泥,而他自己从下面放火烧谷仓。舜用两个斗笠,就像鸟儿的翅膀,保护着自己跳了下来,赶快离开,没有被烧死。后来瞽叟又让舜挖井,舜挖井时,先从井的一侧挖了秘道通往外边。等舜挖到深处,瞽叟和象一起往井里倒土填埋,舜从井的秘道出去,脱离了险境。瞽叟和象很高兴,认为舜已经死了。象说:"最初出主意的人是我。"象跟他的父母一起瓜分舜的财产,说:"舜娶的尧的两个女儿,还有那张琴,是我的;牛羊和谷仓,归父母。"于是象住在舜的房屋里,弹着舜的琴。舜回来见象,象非常惊愕,又假装愁闷地说:"我正在想念你,想得非常伤心难过。"舜说:"是啊,你可是好弟弟呀!"之后,舜仍然侍奉父母,友爱弟弟,并且更加恭谨。于是,尧试着让舜去制定"五典",治理百官,舜都干得很好。

昔高阳氏有才子八人①,世得其利,谓之"八恺"。高辛氏有才子八人,世谓之"八元"。此十六族者,世济其美②,不陨其名③。至于尧,尧未能举。舜举八恺,使主后土④,以揆百事⑤,莫不时序⑥。举八元,使布五教于四方⑦,父义,母慈,兄友,弟恭,子孝,内平外成⑧。

〔注释〕

①才子:有才能的人。
②济:成就。
③陨:衰落。
④后土:土地,大地。
⑤揆(kuí):管理,掌管。
⑥时序:安排妥当有条理。
⑦五教:即"五常"。
⑧内:国内,即诸夏。外:指夷狄。

〔译文〕

从前,高阳氏有八位有才能的后代,世人都得到过他们的好处,称他们为"八恺"。高辛氏也有八位有才能的后代,世人称他们为"八元"。这十六个家族,世世代代都能保持着家族的美德,没有辱没先人的名声。到尧的时候都是如此,但尧没能起用他们。舜起用"八恺",让他们掌管有关土地的事务,诸多事情都处理得有条有理。舜又起用"八元",让他们掌管向四方传布教化之事,使父有道义,母亲慈爱,兄长友善,弟弟恭谨,儿子孝顺,国内太平和睦,夷狄归化顺服。

昔帝鸿氏有不才子,掩义隐贼①,好行凶慝②,天下谓之浑沌。少皞氏③有不才子，毁信恶忠，崇饰恶言，天下谓之穷奇。颛顼氏有不才子，不可教训，不知话言④，天下谓之梼杌。此三族世忧之。至于尧，尧未能去。缙云氏有不才子，贪于饮食，冒于货贿⑤，天下谓之饕餮。天下恶之，比之三凶。舜宾于四门，乃流四凶族，迁于四裔⑥，以御螭魅⑦，于是四门辟⑧，言毋凶人也⑨。

〔注释〕

①掩义隐贼：指掩蔽仁义，包庇奸贼。
②慝(tè)：邪恶。
③少皞(hào)氏：也称为"少昊氏"。
④话言：好话，善言。
⑤冒：贪，贪污。货贿：财货。
⑥四裔：边远的地方。
⑦螭魅：传说中山林里害人的怪物。
⑧辟：打开，开启。
⑨毋：同"无"。

〔译文〕

从前，帝鸿氏有个不成材的后代，不讲仁义，包庇奸贼，喜欢行凶作恶，人们称他为浑沌。少皞氏有个不成材的后代，背弃信义，憎恶忠直，喜欢夸饰邪恶的言语，人们称他为穷奇。颛顼氏有个不成材的后代，没法调教，不懂得好话坏话，人们称他为梼杌。这三个家族，人们认为他们是祸患。到尧的时候也是如此，但尧没能把他们除掉。缙云氏有个不成材的后代，贪溺酒食，贪污受贿,人们称他为饕餮。天下人都厌恶他,认为他和前面提到的三凶一样。舜在京城四门接待四方宾客,把这"四凶"的家族流放,让他们迁到边远地区,去抵御害人的妖魔鬼怪。从此国都的四门开放,人们都说国内没有坏人了。

舜入于大麓①,烈风雷雨不迷,尧乃知舜之足授天下。尧老,使舜摄行天子政,巡狩。舜得举用事二十年,而尧使摄政。摄政八年而尧崩。三年丧毕,让丹朱,天下归舜。而禹、皋陶、契、后稷、伯夷、夔、龙、倕、益、彭祖,自尧时而皆举用,未有分职②。于是舜乃至于文祖,谋于四岳,辟四门,明通四方耳目,命十二牧论帝德③,行厚德,远佞人④,则蛮夷率服。

〔注释〕

①大麓:指深山。麓:山脚。
②分职:职务。
③十二牧:十二州的长官。论:阐发。
④佞(nìng)人:以言辞取悦讨好人者。

〔译文〕

舜进入深山,虽然遇到暴风雷雨,但没有迷路误事,于是尧知道舜的才能,足以把天下传给他。尧年纪大了退位之后,让舜代行天子之政,外出巡视。舜被举荐任职二十年后,尧让他代行天子之政。代行天子之政八年后,尧逝世。给尧服丧三年结束,舜让天子之位给丹朱,但天下人都来归服舜。禹、皋陶

(gāoyáo)、契、后稷、伯夷、夔、龙、倕、益、彭祖等人,都是从尧的时候就得到任用,但是始终没有确定具体的职务。于是舜就去文祖庙,与四方诸侯之长共同商议,打开国都的四门,详细了解四方的各种情况,命令十二州的长官弘扬尧的德行,广行仁义之事,远离谄媚的小人,远方的蛮夷之人就都会归顺。

此二十二人咸成厥功:皋陶为大理①,平,民各伏得其实②;伯夷主礼,上下咸让;垂主工师,百工致功;益主虞③,山泽辟④;弃主稷,百谷时茂;契主司徒,百姓亲和;龙主宾客,远人至;十二牧行而九州莫敢辟违⑤;唯禹之功为大,披九山⑥,通九泽,决九河⑦,定九州,各以其职来贡⑧,不失厥宜。方五千里,至于荒服⑨。南抚交阯、北发,西戎、析枝、渠廋、氐、羌⑩,北山戎、发、息慎,东长、鸟夷,四海之内咸戴帝舜之功。于是禹乃兴《九招》之乐⑪,致异物,凤凰来翔。天下明德皆自虞帝始。

〔注释〕

①大理:官名,主管法律。
②伏:同"服",信服。
③虞:官名,掌管山泽。
④辟:开发,利用。
⑤辟违:违反,违抗。辟:同"避",违背。
⑥披:同"劈"。
⑦决:疏通。
⑧职:职务,职责。这里指根据其管理地区的土地和物产情况,按规

定上交的贡品。

⑨荒服:古代五服之一,指距离王畿地方二千五百里的地方。

⑩西戎、析枝、渠廋(sōu)、氐(dī)、羌:"西"字下省"抚"字。下文"北""东"二字下亦省"抚"字。

⑪《九招》:即《九韶》,舜时的乐曲名。

〔译文〕

　　这二十二人都做出很大的功业:皋陶担任掌管法律的大理,执法公平,人们都佩服他能根据事实断案;伯夷主管礼仪之事,朝廷上下都能礼让;垂担任掌管百工的工师,百工们都能非常认真仔细地工作;益主管林牧,山林水泽都得到了开发;弃主管农业,百谷都能按季节茂盛生长;契担任掌管教化的司徒,百姓都亲善和睦;龙主管接待宾客的事务,远方的人都来朝贡;十二州牧管理政事,而民众谁也不敢干坏事,违抗他的命令。而禹的功劳是最大的,他开凿了许多大山,疏浚了许多湖泊,疏通了多条河流,规划了九州的边界,各州的长官都按照他们的职分进献贡物,没有任何不恰当的地方。中央都城方圆五千里的疆域,一直到达边荒地区。向南安抚交阯、北发,向西安抚戎、析枝、渠廋、氐、羌,向北安抚山戎、发、息慎,向东安抚长、鸟夷,四海之内都称颂帝舜的功业。于是禹创作了《九招》的乐曲,歌颂舜的功德,招来了各种祥瑞之物,凤凰也飞来,随着音乐起舞。天下清明的德政,都从虞舜时代开始的。

　　舜年二十以孝闻,年三十尧举之,年五十摄行天子事,年五十八尧崩,年六十一代尧践帝位。践帝位三十九年,南巡狩,崩于苍梧之野。葬于江南九疑,是为零陵。

〔译文〕

　　舜二十岁时就因为孝顺而闻名,三十岁时获得尧的任用,五十岁时代行天子之事,五十八岁时尧过世,六十一岁时正式接替尧,登上天子之位。在位三十九年,去南方巡视时,在苍梧之野逝世。舜被埋葬在长江南岸的九嶷山上,这里就是后世的零陵。

周本纪

[题解]

《周本纪》以周朝的帝王世系为纲,是记述先周时期和周王朝的编年史。周的历史可分为三个阶段:第一阶段即先周时期,自始祖后稷至周文王,讲述周民族的发端和兴起;第二阶段即西周时期,自武王灭商始,至幽王被杀终;第三阶段即东周时期,自平王迁都洛邑始,此时诸侯并起,王室衰微。战国后期孱弱的周王室又分裂为二,最终为秦所灭。

周文王、周武王、周公是先秦儒家极为推崇的圣主贤臣,西周的德治思想和礼乐文明对后世亦有深远影响。武王伐纣则是周朝历史上最重要的事件,战争场面刻画也非常精彩,本篇即选取这一部分内容。

武王即位,太公望为师①,周公旦为辅,召公、毕公之徒左右王②,师修文王绪业③。

[注释]

①师:太师,周代辅佐国君之官。

②左右:同"佐佑",辅佐。
③师修:这里指继承,接续。师:效法。修:遵循。绪业:事业,遗业。

〔译文〕

　　武王即位,太公望做太师,周公旦做宰辅,召公、毕公等人辅佐武王,遵循着文王留下来的事业。

　　九年,武王上祭于毕①。东观兵②,至于盟津。为文王木主③,载以车,中军。武王自称太子发,言奉文王以伐,不敢自专。乃告司马、司徒、司空、诸节④:"齐栗⑤,信哉⑥!予无知,以先祖有德臣,小子受先功⑦,毕立赏罚,以定其功。"遂兴师。师尚父号曰:"总尔众庶⑧,与尔舟楫,后至者斩。"武王渡河,中流,白鱼跃入王舟中,武王俯取以祭。既渡,有火自上复于下⑨,至于王屋,流为乌⑩,其色赤,其声魄云⑪。是时,诸侯不期而会盟津者八百诸侯。诸侯皆曰:"纣可伐矣。"武王曰:"女未知天命,未可也。"乃还师归。

〔注释〕

　　①上祭于毕:到文王的墓地毕举行祭祀。毕:文王墓所在地,在今陕西咸阳东。
　　②观兵:检阅军队,显示武力。
　　③木主:神主,即用木制成的牌位。上书死者姓名、谥号以供祭祀。
　　④诸节:诸位接受王命的官吏。节:符节,古代使者所持,作为凭证,这里指王命。

⑤齐(zhāi)栗：庄重严肃的样子。
⑥信：诚实，不虚。
⑦小子：自称的谦辞。
⑧总：聚集，集合。众庶：众人。
⑨复：同"覆"，覆盖。
⑩流为乌：变成乌鸦的形象。流：流动变化。
⑪魄：象声词，像鸟叫的声音。

〔译文〕

九年，武王到毕祭祀文王。然后又去东方阅兵，到达盟津。给文王制作了木主牌位，用车子载着，置于军中。武王自称"太子发"，表示陪着文王，奉旨征伐，不敢独断专行。接着又诏告司马、司徒、司空和其余接受王命的官吏："大家严肃恭谨，一定要如此！我虽然无知，但先祖很有德行，我继承先祖的功业，制定种种赏罚制度，以确保完成先祖的功业。"于是起兵。师尚父发布号令："集合起你们的部下，整理好你们的船只，迟到者斩。"武王渡黄河，船行到河流中间时，有白鱼跳进了武王的船里，武王俯身拾起鱼，用它来祭祀。渡过黄河之后，有一个火团从上面落下来，一直落到武王的屋顶上，然后变成乌鸦，颜色赤红，发出"啪"的声音。这个时候，未经过约定却前来盟津会盟的，共有八百诸侯。诸侯们都说："可以讨伐纣王了。"武王说："你们尚未了解天命，还不可以讨伐。"于是又班师回去。

居二年，闻纣昏乱暴虐滋甚，杀王子比干，囚箕子。太师疵、少师强抱其乐器而奔周。于是武王遍告诸侯曰:"殷有重罪,不可以不毕伐。"乃遵文王①,遂率戎车三百乘②,虎贲三千人③,甲士四万五千人,以东伐纣。十一年十二月戊午,师毕渡盟津,诸侯咸会。曰:"孳孳无怠④!"武王乃作《太誓》⑤,告于众庶:"今殷王纣乃用其妇人之言,自绝于天,毁坏其三正⑥,离逷其王父母弟⑦;乃断弃其先祖之乐,乃为淫声,用变乱正声,怡说妇人⑧。故今予发维共行天罚⑨。勉哉夫子,不可再⑩,不可三!"

〔注释〕

①遵文王:遵照文王遗命。
②戎车:兵车。乘(shèng):古代四马一车为一乘。
③虎贲(bēn):勇士。
④孳孳:同"孜孜",勤勉努力的样子。
⑤《太誓》:即《尚书·泰誓》。
⑥三正:旧注纷纭,或指天、地、人之正道,或指夏、商、周之正统,或说建子、建丑、建寅三种历法,或谓正德、利用、厚生三事。
⑦离逷:疏远。逷:同"逖"(tì),远。
⑧说:同"悦"。
⑨维:发语词。共(gōng):同"恭"。
⑩再:第二次。

〔译文〕

过了两年,听说纣的昏乱暴虐比以前还要严重得多,他杀死王子比干,囚禁了箕子。太师疵、少师强抱着他们的乐器去投奔周。于是武王向诸侯们宣告说:"殷犯下了重大的罪过,不可以不彻底讨伐它。"于是遵循文王遗命,率领战车三百辆,勇士三千人,穿甲胄的战士四万五千人,向东方去讨伐纣。十一年十二月戊午日,军队全部渡过盟津,诸侯们都来会聚。武王说:"大家要勤勉,不可懈怠!"武王于是作《太誓》,向众人宣告:"现今殷王纣竟然听信宠妇的言语,自绝于上天,毁灭败坏天、地、人之正道,疏远他同祖父母的兄弟;居然废弃其先祖的音乐,反而演奏淫乱的音乐,以此扰乱典雅的正声,去取悦他的宠妃。所以现在我姬发要恭敬地执行上天的惩罚。各位男子汉,大家要努力!这样的讨伐不可能有第二次,更不可能有第三次了!"

二月甲子昧爽①,武王朝至于商郊牧野,乃誓。武王左杖黄钺②,右秉白旄,以麾③,曰:"远矣西土之人!"武王曰:"嗟!我有国冢君④,司徒、司马、司空、亚旅、师氏,千夫长、百夫长,及庸、蜀、羌、髳、微、纑、彭、濮人,称尔戈⑤,比尔干⑥,立尔矛,予其誓⑦。"王曰:"古人有言:'牝鸡无晨⑧。牝鸡之晨,惟家之索⑨。'今殷王纣维妇人言是用,自弃其先祖肆祀不答;昏弃其家国,遗其王父母弟不用,乃维四方之多罪逋逃,是崇是长⑩,是信是使,俾暴虐于百姓,以奸轨于商国⑪。今予发维共行天之罚。今日之事,不过六步七步,乃止齐焉⑫,夫子勉哉!不过于四伐五伐六伐七伐⑬,乃止齐焉,勉哉夫子!尚桓桓⑭,如虎如罴,如豺如离⑮,于商郊,不御克奔,以役西土,勉哉夫子!尔所不勉,其于尔身有戮。"誓已,诸

周本纪 | 27

侯兵会者车四千乘,陈师牧野。

〔注释〕

①二月:周历二月。昧爽:黎明之时。
②杖:持,拿着。黄钺(yuè):以黄金装饰的长柄大斧。
③秉:持,握。旄:用旄牛尾做装饰的旗子。麾:同"挥",挥动。
④有国:友邦。有:同"友"。冢君:大君,首领。
⑤称:举。
⑥比:并列,排列。干:盾牌。
⑦其:语气词,表示将要。
⑧牝鸡:雌鸡。晨:司晨,报晓。
⑨索:尽,这里指衰败。
⑩逋(bū)逃:逃亡。
⑪奸轨:违法作乱。奸:外乱。轨:同"宄(guǐ)",内乱。
⑫止齐:停顿下来,排布整齐。
⑬伐:击刺。
⑭桓桓:威武的样子。
⑮离(chī):同"螭",传说中没有角的龙。

〔译文〕

　　二月甲子日黎明时分,武王早早就来到商都郊外的牧野,举行誓师会。武王左手持着以黄金装饰的钺,右手握着白色的旄牛尾,用它们来指挥,说道:"一路辛苦了,从西方远道而来的人们!"武王说:"啊!我的友邦的君主,司徒、司马、司空、亚旅、师氏,千夫长、百夫长,还有庸、蜀、羌、髳、微、纑、彭、濮各邦国的人们,举起你们的戈,排好你们的盾,竖起你们的矛,我来宣誓。"

武王说:"古人曾经说过:'母鸡清晨不打鸣。如果母鸡一打鸣,这户人家就要灭绝了。'现在殷王纣只听信妇人的言论,自弃其先祖的祭祀而不回报神明;抛弃家族和国家,放着自己同祖兄弟不任用,对四方各诸侯国犯罪逃亡的人却推崇看重,相信任用,让他们对百姓施暴虐待,对商国行奸邪之事。现在我姬发要恭敬地执行上天的惩罚。今天行军作战,每前进六七步,就停下来整顿一下再行进,大家要努力啊!攻击敌人,每四五下或六七下,也要停下来整顿一下,大家要努力呀!我们的军队勇敢威武,就像虎、罴、豺、螭!在商都的郊外作战,但不要击杀那些来投降的人,让他们去我们西土之地服役。大家要努力啊!你们谁不努力,谁就会被处死。"誓师完毕,诸侯会盟的军队共有兵车四千辆,列阵于牧野。

帝纣闻武王来,亦发兵七十万人距武王①。武王使师尚父与百夫致师②,以大卒驰帝纣师③。纣师虽众,皆无战之心,心欲武王亟入④。纣师皆倒兵以战,以开武王⑤。武王驰之,纣兵皆崩畔纣⑥。纣走,反入登于鹿台之上,蒙衣其珠玉,自燔于火而死⑦。武王持大白旗以麾诸侯,诸侯毕拜武王,武王乃揖诸侯,诸侯毕从。武王至商国⑧,商国百姓咸待于郊。于是武王使群臣告语商百姓曰:"上天降休⑨!"商人皆再拜稽首,武王亦答拜。遂入,至纣死所。武王自射之,三发而后下车,以轻剑击之⑩,以黄钺斩纣头,县大白之旗⑪。已而至纣之嬖妾二女,二女皆经自杀⑫。武王又射三发,击以剑,斩以玄

周本纪 | 29

钺,县其头小白之旗。武王已乃出复军。

〔注释〕

①距:同"拒",抵抗。
②致师:挑战。
③大卒:主力部队,即上文所谓虎贲三千人。驰:驱战车冲击。
④亟:急速。
⑤开:开路,引导。
⑥畔:同"叛",背叛。
⑦燔(fán):焚烧。
⑧商国:商朝的国都。
⑨休:吉祥。
⑩轻剑:即轻吕之剑。轻吕,剑名。
⑪县:同"悬",悬挂。
⑫经:自缢,上吊。

〔译文〕

帝纣听说武王到来,也发兵七十万以抵御武王。武王让师尚父和一百个勇士去挑战,派自己的嫡系部队用战车冲击纣王的军队。纣王的军队虽然人多,但都没有应战之心,反而内心希望武王能迅速攻入朝歌。纣王的军队都掉转兵器,为武王开路。武王乘战车冲向纣王的军队,军队溃败,背叛纣王。纣王逃走,退回城中,登上鹿台,把贵重的珠宝玉石挂在身上,自焚而死。武王手持大白旗来指挥诸侯,诸侯们都参拜武王,武王于是又向诸侯作揖答谢,诸侯们都服从他。武王进入商的都城,朝歌的百姓都在城郊迎候。于是武王派群臣告诉商的百姓说:"上天将降福给你们!"商的百姓们都再次跪拜叩头,武王也向他们回拜。然后武王进入朝歌城,到了纣王自焚的地方。武王亲自用箭射他,射了三箭然后下车,又用轻吕宝剑刺纣的尸体,再用黄色的斧子砍下纣王的头,挂在大白旗的旗杆上。然后又到纣的两个宠妾的居所,发现这两个女子都已上吊自杀。武王又向她们射了三箭,再用剑刺,然后用黑色的铁斧子砍下她们的头,把头颅挂在小白旗的旗杆上。武王做完这些事,离开朝歌城返回军中。

其明日,除道,修社及商纣宫①。及期,百夫荷罕旗以先驱②。武王弟叔振铎奉陈常车③,周公旦把大钺,毕公把小钺④,以夹武王⑤。散宜生、太颠、闳夭皆执剑以卫武王。既入,立于社南,大卒之左,左右毕从⑥。毛叔郑奉明水⑦,卫康叔封布兹⑧,召公奭赞采⑨,师尚父牵牲。尹佚策祝曰⑩:"殷之末孙季纣,殄废先王明德⑪,侮蔑神祇不祀,昏暴商邑百姓,其章显闻于天皇上帝⑫。"于是武王再拜稽首,曰:"膺更大命⑬,革殷,受天明命。"武王又再拜稽首,乃出。

[注释]

①社:祭祀土神的地方。

②荷(hè):背负,扛着。罕旗:云罕旗,有九条飘带的旗帜。先驱:先行的仪仗队。

③常车:仪仗车。车上插着太常旗,旗上画有日、月图案。

④毕公:当为"召公"。
⑤夹:在左右侍卫、保护。
⑥大卒:武王的嫡系部队。
⑦明水:祭祀用的净水,即玄酒。
⑧布:铺。兹:草席。
⑨赞采:献上贡品。
⑩策祝:诵读策书上的祝文。
⑪殄(tiǎn)废:废弃。
⑫章显:彰显,显明。章:同"彰"。
⑬膺:承受,接受。

〔译文〕

第二天,清除道路,修整祭祀土地之神的社坛和商纣的宫室。到了时间,一百名士兵扛着军旗作为仪仗队在前面开路。武王的弟弟叔振铎为武王赶仪仗车,周公旦手持大斧,毕公手持小斧,站立在武王两侧。散宜生、太颠、闳夭都持剑护卫着武王。武王进入城中,站在社庙南边,他的嫡系部队分别站在左右两边,都跟随着他。毛叔郑端着玄酒,卫康叔封在地上铺上草席,召公奭帮助武王献上贡品,师尚父牵着祭牲。尹佚朗读简册上的祭神之文:"殷的末代子孙纣,废弃殷先王的美德,蔑视神明不去祭祀,对商城的百姓行暴虐之事,这些罪行皇天上帝都已经非常了解。"于是武王再次跪拜叩首,尹佚说:"秉承上天的旨意,变革殷原来所受天命,接受上天的圣明之命。"武王又一次跪拜叩首,然后离开社庙。

秦始皇本纪

〔题解〕

《秦始皇本纪》以编年的形式,通过秦始皇和二世的主要生平经历和重大历史事件,叙述了秦兼并六国、统一天下至迅速灭亡的过程。战国末年,秦经数代君王励精图治,国力强盛,已具备统一天下的实力。秦王嬴政即位后,掌握国政,吞并六国,建立郡县制度,统一文字和度量衡,奠定两千余年中国政治的基本格局,对中国历史影响深远。但战争带来的国力空虚,加之严刑酷法、滥用民力,秦的统治岌岌可危。秦始皇死后,二世篡夺政权,变本加厉,终于爆发了大规模的农民起义,秦朝迅速走向灭亡。

秦的统一和速亡,引发了后世学者的深刻思考。司马迁引贾谊《过秦论》"仁义不施而攻守之势异也",阐发自己对这个问题的认识。

本篇择取秦始皇统一六国后,在政治、经济、军事、文化等方面实行的重要制度和重大举措,展现了一代帝王的雄才大略和宏大气势。

秦初并天下，令丞相、御史曰①："异日韩王纳地效玺②，请为藩臣，已而倍约③，与赵、魏合从畔秦，故兴兵诛之，虏其王。寡人以为善，庶几息兵革④。赵王使其相李牧来约盟，故归其质子。已而倍盟，反我太原，故兴兵诛之，得其王。赵公子嘉乃自立为代王，故举兵击灭之。魏王始约服入秦，已而与韩、赵谋袭秦，秦兵吏诛，遂破之。荆王献青阳以西，已而畔约，击我南郡，故发兵诛，得其王，遂定其荆地。燕王昏乱，其太子丹乃阴令荆轲为贼⑤，兵吏诛，灭其国。齐王用后胜计，绝秦使，欲为乱，兵吏诛，虏其王，平齐地。寡人以眇眇之身⑥，兴兵诛暴乱，赖宗庙之灵，六王咸伏其辜⑦，天下大定。今名号不更，无以称成功，传后世。其议帝号。"丞相绾、御史大夫劫、廷尉斯等皆曰："昔者五帝地方千里，其外侯服夷服，诸侯或朝或否，天子不能制。今陛下兴义兵，诛残贼⑧，平定天下，海内为郡县，法令由一统，自上古以来未尝有，五帝所不及。臣等谨与博士议曰⑨：'古有天皇，有地皇，有泰皇，泰皇最贵。'臣等昧死上尊号，王为'泰皇'。命为'制'，令为'诏'，天子自称曰'朕'。"王曰："去'泰'，著'皇'，采上古'帝'位号，号曰'皇帝'。他如议。"制曰⑩："可。"追尊庄襄王为太上皇。制曰："朕闻太古有号毋谥，中古有号，死而以行为谥。如此，则子议父，臣议君也，甚无谓，朕弗取焉。自今已来，除谥法。朕为始皇帝，后世以计数，二世三世至于万世，传之无穷。"

〔注释〕

①丞相:指王绾。御史:御史大夫冯劫。
②效:献上。
③倍:同"背",背弃,背叛。
④庶几:也许,或许。
⑤阴:暗中。贼:杀人的人,刺客。
⑥眇眇:渺小,自谦之词。眇:同"渺"。
⑦辜:罪。
⑧诛:讨伐。残:凶残。贼:残害,伤害。
⑨博士:古代学官名。
⑩制:古代帝王的命令。

〔译文〕

秦国刚统一天下的时候,秦王对丞相和御史下令道:"之前韩王交出土地,献上玉玺,请求当我国的藩臣,然而没多久就背弃约定,与赵国、魏国联合起来反叛秦国,所以我们兴兵讨伐他,俘虏了韩王。我认为这是件好事,应该可以结束两国之间的战争了。赵王派他的丞相李牧来建立盟约,所以我们送还了赵国的质子。然而没多久赵国也背叛盟约,在太原起兵叛秦,所以我们兴兵讨伐他们,抓住了赵王。赵国公子嘉又自立为代王,所以我们发兵消灭了他。魏王开始说好臣服秦国,然而没多久又与韩国、赵国密谋袭击秦国,秦军前往讨伐,消灭了魏国。楚王献上青阳以西的土地,然而没多久也违弃约定,派兵进攻秦国南郡,所以我们发兵讨伐,抓住了楚王,然后平定楚地。燕王昏庸乱政,而他的太子丹又暗中派荆轲前来行刺,秦军前去讨伐,灭掉燕国。齐王采纳后胜的计策,断绝了和秦国的通使往来,想要作乱,我们派兵征伐,俘虏了齐王,平定了齐地。我以自己的渺小之躯,却能发兵征讨暴乱,全靠我们祖先的威灵,六国国王都已服罪,天下已经平定。现在不更换名号,就不能与我们建立的功业相称,也不能流传后世。现在你们讨论一下我作为帝王的名号。"丞相王绾、御史大夫冯劫、廷尉李斯等一起上书说:"过去五帝管辖的地区方圆仅有千里,它的外面是侯服、夷服的地方,诸侯们有的前去朝贡,有的不去朝贡,天子不能控制。现在陛下发动正义的军队,讨伐残暴之贼,平定天下,四海之内建立起郡县制度,法令都统一从天子这里发出,这是上古以来都没有过的,也是五帝都没有做到的。我们谨慎地与博士商议讨论,都认为:'古代有天皇、地皇、泰皇,泰皇最为尊贵。'我们冒着死罪提议尊号,您应称为'泰皇',您的命令称为'制'和'诏',您的自称为'朕'。"秦王说:"去掉'泰'字,留下'皇'字,采用上古称号中的'帝'字,尊号叫'皇帝'。其他的遵照你们商议的意见。"在上书上批定:"可以。"追尊庄襄王为太上皇。皇帝下令说:"我听说远古之时只有帝号,没有谥号;中古之时有帝号,死后根据他生前的行迹确定一个谥号。像这样做,就是儿子评议父亲,臣子评议君王,并不合适,我不采取这种做法。从现在开始,废除谥号之法。我就叫'始皇帝'。我的后代用数字相称,从二世、三世直到万世,一直传袭下去至于无穷。"

始皇推终始五德之传①,以为周得火德,秦代周德,从所不胜。方今水德之始,改年始②,朝贺皆自十月朔。

衣服旄旌节旗皆上黑③。数以六为纪,符、法冠皆六寸④,而舆六尺⑤,六尺为步,乘六马。更名河曰德水,以为水德之始。刚毅戾深⑥,事皆决于法,刻削毋仁恩和义⑦,然后合五德之数⑧。于是急法,久者不赦。

〔注释〕

①推:推演。终始五德之传:把金、木、水、火、土五行相生相克的道理,附会到王朝的兴衰更替上。

②改年始:采用颛顼历,更改每年的岁首为十月。

③衣服:这里指礼服。旄旌:装饰着旄牛尾或用五色羽毛编成的旗帜。节:符节,使者所持的凭证。上黑:崇尚黑色。上:同"尚"。水德,方位在北,其颜色主黑,秦朝的服饰、旌旗以黑色为主。

④法冠:冠名。秦汉时期为御史、使节和执法官所戴。

⑤舆六尺:规定车子两轮之间的距离为六尺。

⑥戾(lì)深:暴戾,严苛。

⑦刻削:刻薄。

⑧合五德之数:秦法严苛,符合水德的要求。水为阴,阴主杀。数:命数。

〔译文〕

秦始皇依据五德终始循环、相生相克的原理,认为周朝得到火德,秦接替周,应当遵从火德所不能战胜的水德。现在是水德的开始,更改历法,每年以十月为岁首,群臣入朝祝贺都从十月初一开始。衣服、旌旗、符节都崇尚黑色。数目用六做标准,符节、法冠都是六寸,舆车的宽度为六尺,以六尺为一步,驾车的马也是六四。给黄河改名为德水,以此作为水德的开始。为政强硬果决,处理事情都依法决断,执法严苛刻薄,不讲仁爱恩义,认为这样才配得上五德中的水德。于是推行严格执法,罪犯被关押很久也得不到宽赦。

丞相绾等言:"诸侯初破,燕、齐、荆地远,不为置王,毋以填之①。请立诸子,唯上幸许。"始皇下其议于群臣,群臣皆以为便。廷尉李斯议曰:"周文武所封子弟同姓甚众,然后属疏远②,相攻击如仇雠③,诸侯更相诛伐,周天子弗能禁止。今海内赖陛下神灵一统,皆为郡县④,诸子功臣以公赋税重赏赐之⑤,甚足易制。天下无异意,则安宁之术也。置诸侯不便。"始皇曰:"天下共苦战斗不休,以有侯王。赖宗庙,天下初定,又复立国,是树兵也,而求其宁息,岂不难哉!廷尉议是。"

〔注释〕

①填:同"镇",镇压。
②后属:后代的亲属。
③仇雠(chóu):仇人,对头。
④郡县:秦始皇统一天下,实行郡县制。
⑤公赋税:国家收缴的赋税。公:公家。

〔译文〕

丞相王绾等人上书说:"各诸侯国刚被消灭,燕、齐、楚等地偏远，如果不在那里设置王侯，就没有人来控制那些地方。请求您将诸皇子立为王，希望得到您的准许。"秦始皇把王绾等人的提议交给群臣讨论，群臣都认为这个提议很适宜。廷尉李斯却说："周文王、周武王所封的子弟和同姓很多，然而后来亲缘关系疏远，互相攻击就像仇敌一样，诸侯们更是相互征伐，周天子也不能禁止。现在国内依靠陛下的威灵而统一，全国都被划分出郡县，且都是用国家的赋税来重赏诸皇子和功臣，这样就很容易管理控制他们。天下人都没有其他念头，这就是使国家安宁的方法。封诸侯王则是不利的。"秦始皇说："天下人都苦于无休无止的战争，就是因为有各个诸侯国。我们凭借祖先的保佑，天下刚刚统一，又要建立诸侯国，这是自己树立敌人，想要寻求天下安宁，岂不是很难吗！廷尉的意见是正确的。"

分天下以为三十六郡，郡置守、尉、监①。更名民曰"黔首"②。大酺③。收天下兵④，聚之咸阳，销以为钟鐻⑤，金人十二，重各千石，置廷宫中。一法度衡石丈尺⑥，车同轨⑦，书同文字⑧。地东至海暨朝鲜，西至临洮、羌中，南至北向户⑨，北据河为塞，并阴山至辽东。徙天下豪富于咸阳十二万户。诸庙及章台、上林皆在渭南。秦每破诸侯，写放其宫室⑩，作之咸阳北阪上⑪，南临渭，自雍门以东至泾、渭，殿屋复道周阁相属。所得诸侯美人钟鼓，以充入之。

〔注释〕

①守、尉、监：守指郡守，尉指郡最高行政长官，监指郡尉，武官；监郡，

监察吏治的官员。

②黔首:指百姓,也叫"黎首"。黔:黑色。

③大酺(pú):大宴饮。

④兵:兵器。

⑤鐻(jù):古代乐器,夹置钟旁,像猛兽形。

⑥一:统一。衡:秤砣。石:重量单位。

⑦车同轨:统一规定车轮之间的距离。

⑧书同文字:统一全国的文字。

⑨北向户:南方地区,窗户向北开。

⑩写放:模仿。放:同"仿"。

⑪阪(bǎn):山坡。

[译文]

　　(秦始皇)把全国分为三十六郡,每个郡都设置郡守、郡尉、监郡。把百姓改称为"黔首"。让所有人欢聚宴饮以示庆祝。收集天下的兵器,聚集到咸阳,熔铸成钟和鐻,又铸造铜人十二个,每个都重一千石,安置在宫廷里。统一法律制度和度量衡,统一车子两轮之间的距离,统一全国书写使用的文字。版图为东至大海和朝鲜,西至临洮、羌中,南至门窗向北开的地区,北则依据黄河为要塞,沿着阴山直至辽东。把天下的豪富都迁徙到咸阳,共有十二万户。秦朝各代先祖的宗庙和章台、上林苑都建在渭水的南岸。秦每消灭一个诸侯国,都模仿它们的宫殿样式,在咸阳北面的山上建造一所,宫殿都向南临着渭水,从雍门以东直至泾水、渭水的汇流之处,每个宫殿之间都有天桥与宫殿的长廊连接相通。从诸侯国获得的美女、钟鼓,就被安置在这些宫殿里面。

二十七年,始皇巡陇西、北地,出鸡头山,过回中。焉作信宫渭南①,已更命信宫为极庙,象天极②。自极庙道通郦山,作甘泉前殿。筑甬道③,自咸阳属之④。是岁,赐爵一级。治驰道⑤。

〔注释〕

①焉:乃,于是。作:建造。
②天极:中宫北极星。
③甬道:两侧筑有墙的通道。
④属:连通,贯通。
⑤驰道:车马可以驰骋的大道,供皇帝巡行之用。

〔译文〕

二十七年(前220),秦始皇巡视陇西、北地,过了鸡头山,经过回中。于是在渭水南面修建信宫,之后又改名为极庙,象征中宫北极星。从极庙修路一直通到郦山,又修建了甘泉宫前殿。修建甬道,从咸阳可以通到这里。这一年,给全国百姓都赐爵一级。又修建了供皇帝巡行各地的大路。

项羽本纪

〔题解〕

《项羽本纪》是一篇杰出的人物传记,司马迁极为成功地塑造了项羽的悲剧英雄形象,展现了楚汉相争的恢宏历史。项羽二十四岁起兵,至乌江自刎,短短八年时间,主要经历包括巨鹿之战、领兵入关、分封诸侯、彭城之战、鸿沟议和、垓下之战。司马迁一方面极力赞颂项羽的勇猛强悍和杰出的军事才能,一方面又表现出他性情暴戾、轻率鲁莽及优柔寡断等缺点,为项羽争夺天下的最终失败埋下伏笔。

《项羽本纪》的文学价值极高,其中鸿门宴和四面楚歌的场面描写,巨鹿之战和彭城之战的战争描写,项羽和刘邦的形象描写,均取得了突出的艺术成就。本纪主要记载帝王之事,项羽虽非帝王,但司马迁根据项羽在这一时期的重要历史地位,将其列入"本纪",亦可见司马迁对项羽的同情和推崇。

项籍者,下相人也,字羽。初起时,年二十四。其季父项梁①,梁父即楚将项燕,为秦将王翦所戮者也。项氏世世为楚将,封于项,故姓项氏。

〔注释〕

①季父:叔父。

〔译文〕

  项籍,是下相人,字羽。开始起兵反秦的时候,他二十四岁。他的叔父叫项梁,项梁的父亲就是楚将项燕,被秦将王翦所杀。项氏世世代代都是楚将,被封在项这个地方,因此以项为姓。

  项籍少时,学书不成,去①;学剑,又不成。项梁怒之。籍曰:"书足以记名姓而已。剑一人敌,不足学,学万人敌。"于是项梁乃教籍兵法,籍大喜,略知其意,又不肯竟学②。项梁尝有栎阳逮,乃请蕲③狱掾曹咎书抵栎阳狱掾司马欣④,以故事得已。项梁杀人,与籍避仇于吴中。吴中贤士大夫皆出项梁下⑤。每吴中有大繇役及丧⑥,项梁常为主办,阴以兵法部勒宾客及子弟⑦,以是知其能。秦始皇帝游会稽,渡浙江,梁与籍俱观。籍曰:"彼可取而代也。"梁掩其口,曰:"毋妄言,族矣⑧!"梁以此奇籍。籍长八尺余,力能扛鼎,才气过人,虽吴中子弟皆已惮籍矣。

〔注释〕

①去:放弃,丢下。
②竟:完毕,到底。

③蕲(jī):秦县名。今安徽省宿县南。
④狱掾(yuàn):狱曹的属吏。抵:到达,送达。
⑤出:超出。这里指能力不如项梁,在其之下。
⑥繇:同"徭"。
⑦部勒:部署安排。
⑧族:灭族,一种刑罚。

[译文]

　　项籍小的时候,学习写字,没有学成,不学了;又去学剑术,还是没有学成。项梁很生他的气。项籍说:"学写字不过是用来记姓名而已。学好剑术,也不过仅能对付一个敌人,也不值得学,应该学能对付一万人的本领。"于是项梁就教项籍学兵法,项籍非常高兴,但只是粗略地学习了兵法大意,又不肯完整地深入学习。项梁曾在栎(yuè)阳因犯罪被捕,就请蕲县的典狱官曹咎写信给栎阳的典狱官司马欣,才让这件旧事得以了结。项梁杀了人,和项籍到吴中躲避仇人。吴中贤士大夫们的才能都比不上项梁。每当吴中有大的徭役和丧葬等事,经常请项梁来主持办理,项梁暗中用兵法管理和约束宾客与子弟,以此来了解他们的能力。秦始皇巡游会稽,渡过钱塘江的时候,项梁和项籍都去观看。项籍说:"我可以取而代之。"项梁马上捂住他的嘴,说:"不要胡说,小心被灭族!"项梁因此认为项籍很不寻常。项籍身高八尺有余,力气很大,能举起大鼎,能力超过其他人,连吴中子弟也都很畏惧他。

　　秦二世元年七月,陈涉等起大泽中。其九月,会稽守通谓梁曰:"江西皆反,此亦天亡秦之时也。吾闻先即制人,后则为人所制。吾欲发兵,使公及桓楚将①。"是时桓楚亡在泽中②。梁曰:"桓楚亡,人莫知其处,独籍知之耳。"梁乃出,诫籍持剑居外待。梁复入,与守坐,曰:"请召籍,使受命召桓楚。"守曰:"诺。"梁召籍入。须臾,梁眴籍曰③:"可行矣!"于是籍遂拔剑斩守头。项梁持守头,佩其印绶。门下大惊,扰乱,籍所击杀数十百人。一府中皆慴伏④,莫敢起。梁乃召故所知豪吏,谕以所为起大事⑤,遂举吴中兵。使人收下县,得精兵八千人。

〔注释〕

①将:带兵。
②亡:逃亡,藏匿。
③眴(shùn):使眼色。
④慴伏:因惧怕而屈服。慴,恐惧。
⑤谕:告诉。

〔译文〕

秦二世元年(前209)七月,陈涉等人在大泽乡起兵。这年九月,会稽郡守殷通对项梁说:"现在长江以西的人都造反了,这也正是老天爷要灭亡秦朝的时候啊。我听说先发制人,后发则为人所制。我也想起兵,请您和桓楚当将军。"当时桓楚正在大泽中逃亡。项梁就说:"桓楚逃亡在外,没人清楚他在哪里,只有项籍知道。"项梁走出去,告诉项籍拿着剑等在外面。然后项梁又走进去,与郡守一起坐着,说:"请您让项籍进来,让他接受您的命令去找桓楚。"郡守说:"好。"项梁就叫项籍进来。没一会儿,项梁就给项籍使眼色:"可以行动了!"于是项籍拔出剑来砍掉郡守的头颅。项梁手持郡守的头颅,身上佩戴着郡守的印绶。郡守身边跟随的人大惊,乱成一片,项籍趁机杀死了近百人。府中的人都因害怕而伏在地上,不敢再起来。项梁于是召集来了自己之前了解过的那些豪强官吏,告诉他们准备要做的大事,然后就在吴中发兵起事。派人去下属的各县征兵,得到精兵八千人。

居鄛人范增,年七十,素居家,好奇计。往说项梁曰①:"陈胜败固当。夫秦灭六国,楚最无罪。自怀王入秦不反,楚人怜之至今,故楚南公曰'楚虽三户,亡秦必楚'也。今陈胜首事,不立楚后而自立,其势不长。今君起江东,楚蠭午之将皆争附君者②,以君世世楚将,为能复立楚之后也。"于是项梁然其言,乃求楚怀王孙心民间,为人牧羊,立以为楚怀王,从民所望也。陈婴为楚上柱国,封五县,与怀王都盱台。项梁自号为武信君。

[注释]

①说(shuì):游说,劝说。
②蠭午:蜂起,纷然并起。蠭:同"蜂"。午:纵横交错。

[译文]

居鄛(cháo)人范增,七十岁了,平时住在家里,喜欢出奇计。他去游说项梁说:"陈胜失败本来就是应当的。秦灭掉六国,楚国是最没有得罪秦国而被吞灭的。当年楚怀王入秦没能再回来,楚人直到现在还在同情怀念他。所以楚南公说'楚国即使只剩三户人家,灭掉秦国的也必然是楚人'。现在陈胜首先起义,却不立楚王后裔而自立为王,他的势力不可能长久。如今您在江东起兵,而楚地蜂拥而起的将领都来归顺您,就是因为您家世世代代都是楚将,能够重新拥立楚王的后人为王。"于是项梁也同意他的意见,就在民间找到了楚怀王的孙子熊心,他正在给别人放羊,就把他立为楚怀王,以顺从楚国民众的愿望。陈婴任楚上柱国,以五个县作为封地,与楚怀王一起在盱台(xūyí)建都。项梁自称为武信君。

项梁起东阿,西,比至定陶,再破秦军,项羽等又斩李由,益轻秦,有骄色。宋义乃谏项梁曰:"战胜而将骄卒惰者败①。今卒少惰矣,秦兵日益②,臣为君畏之。"项梁弗听。

〔注释〕

①惰:懈怠,懒惰。
②益:增加。

〔译文〕

项梁从东阿出发,向西进军,到了定陶,又一次打败秦军,项羽等人又杀了李由,所以楚军越发轻视秦军,面有骄色。于是宋义劝告项梁说:"打了胜仗,如果将领骄傲、士兵懈怠,就会失败。现在士卒们已经稍有懈怠了,而秦军却日益增加,我替您担心。"项梁不听。

秦果悉起兵益章邯,击楚军,大破之定陶,项梁死。……章邯已破项梁军,则以为楚地兵不足忧,乃渡河击赵,大破之。当此时,赵歇为王,陈余为将,张耳为相,皆走入巨鹿城。章邯令王离、涉间围巨鹿,章邯军其南,筑甬道而输之粟。陈余为将,将卒数万人而军巨鹿之北,此所谓河北之军也。

[译文]

秦果然发动全部军队增援章邯,攻打楚军,在定陶大破楚军,项梁战死。……章邯已经打败项梁的军队,认为楚地的兵力不值得忧虑,于是就渡过黄河攻打赵国,大破赵军。在这个时候,赵歇为赵王,陈余为将军,张耳为丞相,都逃入巨鹿城。章邯命令王离、涉间围攻巨鹿,章邯的军队驻扎在巨鹿城南面,修建甬道来运送粮食。陈余任将军,统率数万士兵而驻扎在巨鹿城的北面,这就是人们说的河北军。

初,宋义所遇齐使者高陵君显在楚军,见楚王曰:"宋义论武信君之军必败,居数日,军果败。兵未战而先见败征①,此可谓知兵矣。"王召宋义与计事而大说之,因置以为上将军;项羽为鲁公,为次将;范增为末将,救赵。诸别将皆属宋义②,号为卿子冠军③。行至安阳,留四十六日不进。项羽曰:"吾闻秦军围赵王巨鹿,疾引兵渡河,楚击其外,赵应其内,破秦军必矣。"宋义曰:"不然。夫搏牛之虻不可以破虮虱④。今秦攻赵,战胜则兵罢⑤,我承其敝;不胜,则我引兵鼓行而西⑥,必举秦矣⑦。故不如先斗秦赵。夫被坚执锐⑧,义不如公;坐而运策,公不如义。"因下令军中曰:"猛如虎,很如羊⑨,贪如狼,强不可使者⑩,皆斩之。"乃遣其子宋襄相齐,身送之至无盐⑪,饮酒高会⑫。天寒大雨,士卒冻饥。项羽曰:"将戮力而攻秦⑬,久留不行。今岁饥民贫,士卒食芋菽⑭,军无见粮,乃饮酒高会,不引兵渡河因赵食⑮,与赵并力攻秦,乃曰'承其敝'。夫以秦之强,攻新造之赵,其势必举赵。赵举而秦强,何敝之承!且国兵新破,王坐不安席,扫境内而专属于将军⑯,国家安危,在此一举。今不恤士卒而徇其私⑰,非社稷之臣。"项羽晨朝上将军宋义,即其帐中斩宋义头,出令军中曰:"宋义与齐谋反楚,楚王阴令羽诛之。"当是时,诸将皆慴服,莫敢枝梧⑱。皆曰:"首立楚者,将军家也。今将军诛乱。"乃相与共立羽为假上将军⑲。使人追宋义子,及之齐,杀之。使桓楚报命于怀王。怀王因使项羽为上将军,当阳君、蒲将军皆属项羽。

〔注释〕

①征:征兆。

②诸别将:指除了专门委派任务的将领之外其他的所有将领。

③卿子:当时对人的尊称。冠军:诸军之冠。

④搏:斗,这里指捕捉。

⑤罢:同"疲"。

⑥鼓行而西:敲着鼓向西行军,攻打秦朝。

⑦举:攻克,占领。

⑧被:同"披"。坚:坚硬的铠甲。锐:锐利的兵器。

⑨很:同"狠",执拗。

⑩强(jiàng):倔强。

⑪身:亲自。

⑫高会:盛大的宴会。

⑬戮力:合力,并力。

⑭芋:指薯类。菽:豆类。

⑮因:凭借。

⑯属:同"嘱",托付,委托。

⑰徇:谋求。

⑱枝梧:这里指抵抗,抗拒。

⑲假:代理。

〔译文〕

之前宋义遇到的齐国使者高陵君显此时正在楚国的军营中,他面见楚怀王,说:"宋义当初判断武信君一定会失败,过了几天他的军队果然败了。军队还未打仗而预先看到失败的征兆,这可以说是懂得用兵之道。"于是楚怀王召见宋义,和他商计事情,感到非常高兴,就任命他为上将军;项羽为鲁公,担任次将;范增为末将,派他们一起去援救赵国。其他的一些将领也都归宋义统领,号称"卿子冠军"。军队到了安阳,停留了四十六天,不前进。项羽说:"我听说秦军把赵王围困在巨鹿,我们要尽快带兵渡河,楚军攻打秦军外围,赵军在里面响应,攻破秦军是必然的。"宋义说:"不是这样。抓牛身上的蛇虫是无法除去牛身上的虮虱的。现在秦军围攻赵国,秦军即便赢了,也势必疲惫不堪,我们可以乘机利用秦军的疲惫;秦军如果输了,我们就大张声势地率军西行,必定能一举打败秦军。所以不妨先让秦、赵互斗。身披铠甲、手执兵器,我宋义不如您;但坐着出谋划策,您不如我宋义。"于是向军中下令:"凶猛如虎,执拗如羊,贪婪如狼,像这种固执不听指挥的人,一律斩首。"宋义又派他的儿子宋襄去齐国为相国,亲自送至无盐县,摆酒宴饮。当时天气寒冷,下着大雨,士兵们都又冷又饿。项羽说:"本来计划全力攻秦,却长期停留下来而不前行。现在荒年无收成,百姓们都很贫困,士兵只能吃薯类和豆子,军中也没有粮食,宋义却在饮酒欢宴,不赶快率军渡河凭借赵国的粮食,和赵国合力攻打秦国,反而说'等秦军疲惫了再攻打'。以秦军的强大,去攻打刚刚建立起来的赵国,必然会一举攻下赵国。赵国被打垮了,秦军就会更加强大,哪能有什么秦军疲惫的机会可以利用!而且楚国最近刚被打败,楚王急得坐立不安,把楚国境内所有的兵力都集中起来由将军统领,楚国的安危,就在此一举了。现在将军不体恤士兵却谋求私利,绝非安定社稷的贤良之臣。"项羽早晨去拜见上将军宋义,在他的营帐中斩掉宋义的头颅,出来命令全军:"宋义和齐国密谋反楚,楚王密令我杀死他。"在这个时候,所有的将领都恐惧服从,没有人敢反抗。将领们都说:"第一个重立楚国的,是将军您家。现在又是将军杀掉了乱臣。"大家共同推举项羽为代理上将军。项羽又派人去追宋义的儿子,在齐国杀死了他。项羽派桓楚向楚怀王报告这件事。楚怀王就让项羽做了上将军,当阳君英布、蒲将军等都归项羽统领。

　　项羽已杀卿子冠军,威震楚国,名闻诸侯。乃遣当阳君、蒲将军将卒二万渡河,救巨鹿。战少利①,陈余复请兵。项羽乃悉引兵渡河,皆沉船,破釜甑②,烧庐舍,持三日粮,以示士卒必死,无一还心。于是至则围王离,与秦军遇,九战,绝其甬道,大破之,杀苏角,虏王离。涉间不降楚,自烧杀。当是时,楚兵冠诸侯。诸侯军救巨鹿下者十余壁③,莫敢纵兵。及楚击秦,诸将皆从壁上观。楚战士无不一以当十,楚兵呼声动天,诸侯军无不人人慴恐。于是已破秦军,项羽召见诸侯将,入辕门,无不膝行而前,莫敢仰视。项羽由是始为诸侯上将军,诸侯皆属焉。

〔注释〕

①少:稍微。
②釜:锅。甑(zèng):瓦罐,炊具。
③壁:壁垒,营垒。

〔译文〕

　　项羽杀了"卿子冠军"宋义,威震楚国,大名闻于诸侯。项羽派当阳君英布、蒲将军率领士兵两万人渡河,援救在巨鹿被围困的赵国。战事取得了一些胜利后,陈余又向项羽请求增援。于是项羽率领全军渡河,把全部船只凿沉,全部锅碗砸破,营舍也全都烧掉,只带三天的口粮,以表明全军决一死战、决不后退之心。等到了战场,立刻包围了王离的军队,与秦军正面相遇,多次交战,断绝秦军的甬道,大破秦军,又杀死苏角,俘虏王离。涉间不肯投降,自焚而死。在这个时候,楚军的勇猛冠绝各诸侯的军队。各地援救巨鹿的诸侯军队有十几支,谁都不敢出来参战。等楚军和秦军作战时,将领们都只敢在营垒上观望。楚军战士无不以一当十,士兵们喊声震天,各个诸侯的军队人人都胆战心惊。等到楚军大败秦军,项羽召见各个诸侯将领,将领们走入辕门时,都跪着用膝盖前行,没人敢抬头往上看。于是项羽就此成为诸侯们的上将军,各路诸侯都由他统率。

章邯军棘原,项羽军漳南,相持未战。……章邯欲约。约未成,项羽使蒲将军日夜引兵度三户,军漳南,与秦战,再破之。项羽悉引兵击秦军汙水上,大破之。

〔译文〕

章邯的军队驻扎在棘原,项羽的军队驻扎在漳水南岸,两军相持着,没有交战。……章邯想跟项羽谈判建立和约,但没有达成。项羽派蒲将军日夜不停,领兵渡过三户津,在漳水南岸驻扎,与秦军作战,又一次打败秦军。然后项羽率领全部战士在汙水上与秦军打仗,大败秦军。

章邯使人见项羽,欲约。项羽召军吏谋曰:"粮少,欲听其约。"军吏皆曰:"善。"项羽乃与期洹水南殷虚上。已盟……项羽乃立章邯为雍王,置楚军中。使长史欣为上将军,将秦军为前行。到新安。诸侯吏卒异时故繇使屯戍过秦中①,秦中吏卒遇之多无状②,及秦军降诸侯,诸侯吏卒乘胜多奴虏使之,轻折辱秦吏卒③。秦吏卒多窃言曰:"章将军等诈吾属降诸侯,今能入关破秦,大善;即不能④,诸侯虏吾属而东,秦必尽诛吾父母妻子。"诸侯微闻其计,以告项羽。项羽乃召黥布、蒲将军计曰:"秦吏卒尚众,其心不服,至关中不听⑤,事必危,不如击杀之,而独与章邯、长史欣、都尉翳入秦。"于是楚军夜击阬秦卒二十余万人新安城南⑥。

〔注释〕

①诸侯吏卒:项羽的部下。异时:过去。故:从前。繇使屯戍:指服徭役,派去驻守边境地区。秦中:秦统辖的关中地区。

②遇:对待。无状:无礼,不像样子。

③轻:轻易,随意。折辱:使受屈辱,侮辱。

④即:若,如果。

⑤不听:不听指挥,这里指叛变。

⑥阬:同"坑",活埋。

〔译文〕

　　章邯又派人去见项羽,想要订立和约。项羽召集部下们商议说："军粮很少，想和他们订立和约。"部下们都说："好的。"项羽就和章邯约定，在洹水南面的殷墟相见。订立和约之后……项羽立章邯为雍王，把他安置在楚军中。任命长史司马欣为上将军，率领秦军作为先行部队。军队到达了新安。诸侯军队的官兵们曾因服徭役兵役到过关中，关中的官兵对他们曾有欺负凌辱之事。现在秦军投降了项羽的诸侯军队，诸侯军队的官兵们乘着打了胜仗，把秦军当奴隶和俘虏，也欺负凌辱他们。秦军士兵就多在私底下议论道："章将军等人欺骗我们投降了诸侯的军队。现在如果能够入函谷关灭掉秦朝，那当然很好；如果不能，诸侯军队就会俘虏我们回到东边，那么秦朝一定会把我们的父母妻儿全都杀死。"诸侯军队的军官们隐约听到了他们的议论，就报告给了项羽。于是项羽召来英布、蒲将军商议道："秦军的人还很多，他们并未真心降服。如果到了关中不听从我们的指挥，事情就危险了。不如现在就把他们杀了，而只与章邯、长史司马欣、都尉董翳一起入秦。"于是楚军连夜就把秦军二十多万人活埋在了新安城南。

行略定秦地①。函谷关有兵守关，不得入。又闻沛公已破咸阳，项羽大怒，使当阳君等击关。项羽遂入，至于戏西。沛公军霸上，未得与项羽相见。沛公左司马曹无伤使人言于项羽曰："沛公欲王关中，使子婴为相，珍宝尽有之。"项羽大怒，曰："旦日飨士卒②，为击破沛公军！"当是时，项羽兵四十万，在新丰鸿门，沛公兵十万，在霸上。范增说项羽曰："沛公居山东时，贪于财货，好美姬。今入关,财物无所取,妇女无所幸③,此其志不在小。吾令人望其气,皆为龙虎,成五采,此天子气也。急击勿失。"

〔注释〕

①行:将要。
②旦日:明日。飨(xiǎng):用酒食款待,这里指犒劳。
③幸:宠爱。

〔译文〕

　　项羽将要去平定秦国的土地。函谷关有兵把守,进不去。又听说沛公已攻破咸阳,项羽大怒,派当阳君英布去攻打函谷关。然后项羽进入函谷关,到达了戏水西岸。这时沛公在霸上驻军,还没有和项羽相见。沛公的左司马曹无伤派人对项羽说:"沛公想在关中称王,让子婴当宰相,全部的珠宝都占为己有。"项羽大怒,说:"明天早晨让士兵们饱餐一顿,把沛公的军队打败!"这个时候,项羽的军队四十万人,驻扎在新丰鸿门,沛公的军队十万人,驻扎在霸上。范增劝说项羽:"沛公在山东的时候,贪财好色。现在进了关,不贪图财物,不亲近美女,看来他的野心不小。我派人观望他头顶上的云气,呈现出龙虎的形状,五彩斑斓,这是天子之气。赶快杀掉他,不要错失这个机会。"

　　楚左尹项伯者,项羽季父也,素善留侯张良。张良是时从沛公,项伯乃夜驰之沛公军,私见张良,具告以事,欲呼张良与俱去。曰:"毋从俱死也。"张良曰:"臣为韩王送沛公①,沛公今事有急,亡去不义,不可不语②。"良乃入,具告沛公。沛公大惊,曰:"为之奈何?"张良曰:"谁为大王为此计者?"曰:"鲰生说我曰③:'距关④,毋内诸侯⑤,秦地可尽王也。'故听之。"良曰:"料大王士卒足以当项王乎?"沛公默然,曰:"固不如也,且为之奈何?"张良曰:"请往谓项伯,言沛公不敢背项王也。"沛公曰:"君安与项伯有故?"张良曰:"秦时与臣游,项伯杀人,臣活之。今事有急,故幸来告良。"沛公曰:"孰与君少长?"良曰:"长于臣。"沛公曰:"君为我呼入,吾得兄事之。"张良出,要项伯⑥。项伯即入见沛公。沛公奉卮酒为寿,约为婚姻,曰:"吾入关,秋豪不敢有所近,籍吏民⑦,封府库,而待将军。所以遣将守关者,备他盗之出入与非常也⑧。日夜望将军至,岂敢反乎!愿伯具言臣之不敢倍德也⑨。"项伯许诺。谓沛公曰:"旦日不可不蚤自来谢项王⑩。"沛公曰:"诺。"于是项伯复夜去,至军中,具以沛公言报项王。因言曰:"沛公不先破关中,公岂敢入乎?今人有大功而击之,不义也,不如因善遇之。"项王许诺。

[注释]

①臣为韩王送沛公:张良为韩国人,秦末六国复立,张良任韩国司徒,后随刘邦入关。

②语(yù):告诉。

③鲰(zōu)生:浅薄无知的小人。鲰:小。
④距:同"拒"。
⑤内:同"纳"。
⑥要:邀请。
⑦籍:登记。
⑧非常:这里指意外变故。
⑨倍德:忘恩负义。倍,同"背"。
⑩蚤:同"早"。谢:谢罪,道歉。

[译文]

  楚国的左尹项伯,是项羽的叔父,和留侯张良一向关系很好。张良这个时候正跟随沛公,项伯就连夜骑马来到沛公的军营,私下见张良,把整个事情告诉了他,想让张良和他一起离开。项伯说:"不要跟着沛公一起送死。"张良说:"我是为韩王护送沛公的,现在沛公的情况危急,偷偷逃跑是不义的,我不能不告诉他。"于是张良就走进去,把情况全部都告诉了沛公。沛公大惊,说:"这要怎么办呢?"张良说:"是谁给大王出的这个主意?"沛公说:"有个毛头小子劝我,说:'把守住函谷关,不要让诸侯的军队进来,就可以占住秦国的地盘,在此称王。'所以我听了他的话。"张良说:"大王估计您的兵力,能够抵挡项王吗?"沛公沉默了一会儿,说:"确实是不如项羽的,现在该怎么办呢?"张良说:"请让我过去跟项伯说,沛公并不敢背叛项王。"沛公说:"你怎么跟项伯是故交?"张良说:"还在秦朝的时候,项伯与我交游,他杀了人,是我救了他。现在事情危急,多亏他来告诉我。"沛公说:"项伯与你,谁的年纪大些?"张良说:"项伯比我大。"沛公说："你去为我把他请进来,我对他以兄长相待。"张良出来,请项伯进来。于是项伯进去见沛公。沛公向项伯敬酒,并且和他约为儿女亲家。沛公说："我入关后,毫毛大的东西也不敢私自占有,登记吏民户口,封了仓库,就是为了等待项将军。之所以派将士把守函谷关,是防备有盗贼出入以及意外事件。我日夜盼望项将军的到来,怎么敢反叛呢!希望您能够向项将军详细传达我不敢忘恩负义的心思。"项伯答应,又对沛公说："明天早晨不可不早早过来向项王谢罪。"沛公说："好的。"于是项伯又连夜赶回去,到了军中,把沛公所说的全部报告了项王。项伯又说道："如果沛公不先攻破关中,你难道能这么轻易地进来吗?现在沛公有大功,反而去攻打他,这是不道义的,不如趁他明天过来,好好对待他。"项王答应了。

沛公<u>旦日</u>从百余骑来见项王,至鸿门,谢曰:"臣与将军戮力而攻秦,将军战河北,臣战河南,然不自意能先入关破秦①,得复见将军于此。今者有小人之言,令将军与臣有郤②。"项王曰:"此沛公左司马曹无伤言之,不然,籍何以至此。"项王即日因留沛公与饮。项王、项伯东向坐③,亚父南向坐④。亚父者,范增也。沛公北向坐,张良西向侍。范增数目项王,举所佩玉玦以示之者三⑤,项王默然不应。范增起,出召项庄,谓曰:"君王为人不忍,若入前为寿,寿毕,请以剑舞,因击沛公于坐,杀之。不者,若属皆且为所虏⑥。"庄则入为寿。寿毕,曰:"君王与沛公饮,军中无以为乐,请以剑舞。"项王曰:

"诺。"项庄拔剑起舞,项伯亦拔剑起舞,常以身翼蔽沛公⑦,庄不得击。于是张良至军门,见樊哙。樊哙曰:"今日之事何如?"良曰:"甚急。今者项庄拔剑舞,其意常在沛公也。"哙曰:"此迫矣,臣请入,与之同命⑧。"哙即带剑拥盾入军门。交戟之卫士欲止不内,樊哙侧其盾以撞,卫士仆地,哙遂入。披帷西向立,瞋目视项王,头发上指,目眦尽裂。项王按剑而跽曰⑨:"客何为者?"张良曰:"沛公之参乘樊哙者也⑩。"项王曰:"壮士,赐之卮酒。"则与斗卮酒⑪。哙拜谢,起,立而饮之。项王曰:"赐之彘肩。"则与一生彘肩。樊哙覆其盾于地,加彘肩上,拔剑切而啖之。项王曰:"壮士,能复饮乎?"樊哙曰:"臣死且不避,卮酒安足辞!夫秦王有虎狼之心,杀人如不能举⑫,刑人如恐不胜,天下皆叛之。怀王与诸将约曰:'先破秦入咸阳者王之。'今沛公先破秦入咸阳,豪毛不敢有所近,封闭宫室,还军霸上,以待大王来。故遣将守关者,备他盗出入与非常也。劳苦而功高如此,未有封侯之赏,而听细说⑬,欲诛有功之人。此亡秦之续耳,窃为大王不取也。"项王未有以应,曰:"坐。"樊哙从良坐。坐须臾,沛公起如厕,因招樊哙出。

〔注释〕

①不自意:自己也没有想到。
②郄(xì):缝隙,间隙。

③东向坐:面朝东面坐着,示尊贵之意。
④亚父:指对他的尊重和礼数仅次于父亲。这里是对范增的敬称。
⑤玦(jué):环形而有缺口的玉佩。与"决"谐音,暗示项羽快点下决心。三:好几次。
⑥若:你,尔。
⑦翼蔽:遮蔽,掩护。
⑧同命:拼命。一说,谓同生共死。
⑨跽(jì):由原本的跪坐而挺直上身,即长跪。一种警戒姿态。
⑩参乘:即"骖乘",在战车上居于右侧,担任警卫的人。
⑪斗卮:古代的盛酒器。
⑫举:尽。
⑬细说:指小人的谗言。

〔译文〕

　　第二天早上,沛公带着一百多名士兵,骑马来见项王,到了鸿门,对项王谢罪说:"我和将军同心协力攻打秦朝,将军在河北作战,我在河南作战,然而我也没想到能先入函谷关消灭秦朝,在这里又见到将军您。现在有小人挑拨,使将军和我之间有了隔阂。"项王说:"这是你的左司马曹无伤说的,不然,我又何至于此。"于是项王留沛公和他一同饮酒。项王、项伯面朝东坐,亚父面朝南坐。亚父就是范增。沛公面朝北坐,张良面朝西陪坐。范增多次向项王使眼色,举起佩带的玉玦向项王示意了好几次,项王都默然不予回应。范增起身,出去找到项庄,对他说:"项王为人心肠不狠,你进去给他们敬酒,敬完酒后就请求舞剑,然后乘机袭击沛公于座位上,杀死他。否则,你们这些人将来都会被他俘虏。"于是项庄进去敬酒。敬完酒后说道:"大王和沛公饮酒,军中也没什么可供娱乐的,请允许我舞剑助兴。"项王说:"好。"项庄拔剑起舞,项伯也拔剑起舞,一直用身体掩护沛公,使项庄找不到机会刺杀他。于是张良来到军门,找到樊哙。樊哙说:"今天的事怎么样了?"张良说:"非常紧急。现在项庄正在舞剑,他的目的可一直在沛公身上。"樊哙说:"这可太紧急了!让我进去,跟他一块死。"樊哙立即拿着剑,手持盾牌闯入军门。守门的士兵交叉双戟,不让樊哙进来,樊哙侧过盾牌撞过去,士兵们立刻倒在地上,樊哙进入军门,然后揭开帐幕,面朝西站立,怒目圆睁,瞪着项王,头发竖直,眼眶都要裂开了。项王本来跪坐着,立刻按剑挺直上身说道:"来客是什么人?"张良说:"他是沛公的参乘樊哙。"项王说:"这是一位壮士!赏他一杯酒。"旁边的人给了他一大杯酒。樊哙行拜礼致谢,起身,站着一饮而尽。项王说:"赏他猪腿。"旁边的人给他一条生猪腿。樊哙把盾牌平放在地上,又把猪腿放在盾上,拔剑切肉,就这么吃了。项王说:"壮士!还能再喝酒吗?"樊哙说:"我死都不怕,怎么会推辞一杯酒!秦王有虎狼之心,杀人唯恐杀不完,用刑唯恐不够厉害,天下人都背叛他。楚怀王当初和众将约定,说:'先攻破秦军进入咸阳的人,就当关中王。'现在沛公先攻破秦军进入咸阳,毫毛大的东西也不敢接近,封住宫室,把军队又驻扎在霸上,等待着大王的到来。之所以派人守关,是为了防备盗贼和意外事件。沛公如此劳苦功高,不但没有得到封侯的奖赏,您还听信小人之言,想杀掉有功之人。这是走了已灭亡的秦的老路,我个人认为大王这样做是不应该的。"项王无言以对,就说:"坐吧。"樊哙在张良旁边坐下来。坐了没一会儿,沛公起身上厕所,于是把樊哙也叫了出来。

沛公已出，项王使都尉陈平召沛公。沛公曰："今者出，未辞也，为之奈何？"樊哙曰："大行不顾细谨①，大礼不辞小让。如今人方为刀俎②，我为鱼肉，何辞为！"于是遂去。乃令张良留谢。良问曰："大王来何操？"曰："我持白璧一双，欲献项王；玉斗一双，欲与亚父。会其怒，不敢献。公为我献之。"张良曰："谨诺。"当是时，项王军在鸿门下，沛公军在霸上，相去四十里。沛公则置车骑③，脱身独骑，与樊哙、夏侯婴、靳强、纪信等四人持剑盾步走④，从郦山下，道芷阳间行⑤。沛公谓张良曰："从此道至吾军，不过二十里耳。度我至军中，公乃入。"沛公已去，间至军中⑥，张良入谢，曰："沛公不胜杯杓，不能辞。谨使臣良奉白璧一双，再拜献大王足下；玉斗一双，再拜奉大将军足下。"项王曰："沛公安在？"良曰："闻大王有意督过之⑦，脱身独去，已至军矣。"项王则受璧，置之坐上。亚父受玉斗，置之地，拔剑撞而破之，曰："唉！竖子不足与谋⑧。夺项王天下者，必沛公也，吾属今为之虏矣。"沛公至军，立诛杀曹无伤。

[注释]

①细谨：细小的礼节。
②俎（zǔ）：切肉的案板。
③置：放下，丢弃。
④步走：徒步跑。

⑤间行:抄小道而走。
⑥间:推测,估计。
⑦督过:责备。
⑧竖子:小子。一种鄙称。

〔译文〕

　　沛公出去后,项王让都尉陈平去叫沛公。沛公说:"我们出来了,但没有跟项王告辞,该怎么办?"樊哙说:"做大事不用顾及那些细节,行大礼也不在乎小的批评。如今人家是刀和切肉的案板,我们是鱼和肉,还去告辞干什么!"于是就这么离开了。又叫张良留下来辞谢。张良问道:"大王来时带了什么礼物?"沛公说:"我带来一对白璧,想要献给项王;一对玉斗,想要送给亚父。正遇到他们在生气,就没敢进献。你替我献给他们。"张良说:"好的。"当时,项王的军队驻扎在鸿门,沛公的军队驻扎在霸上,隔了四十里远。沛公就把车马都丢在这里,自己一个人骑马,樊哙、夏侯婴、靳强、纪信四人持剑拿盾,徒步跟在后面跑,从郦山下,由芷阳的小路离开。沛公对张良说:"从这条路回到我们的军营,仅有二十里。估计着我到了军中,你再进去。"沛公离开后,张良估计他们已经到了军中,就进去告辞,说:"沛公不胜酒力,喝醉了不能亲自来辞行。谨让我献上白璧一对,敬献大王;玉斗一对,敬献大将军。"项王问:"沛公现在哪里?"张良说:"听说大王有意要责罚他,已经一个人先离开了,现在已经回到军中。"项王接受了玉璧,放在座位上。亚父接过玉斗,放在地上,拔剑把玉斗击碎,说:"唉!这小子不值得跟他谋划大事。将来能夺得项王天下的,一定是沛公,我们这些人将要被他俘虏了。"沛公回到军中,立刻杀了曹无伤。

居数日,项羽引兵西屠咸阳,杀秦降王子婴,烧秦宫室,火三月不灭;收其货宝妇女而东。人或说项王曰:"关中阻山河四塞①,地肥饶,可都以霸。"项王见秦宫室皆以烧残破,又心怀思欲东归,曰:"富贵不归故乡,如衣绣夜行,谁知之者!"说者曰:"人言楚人沐猴而冠耳②,果然。"项王闻之,烹说者。

〔注释〕

①阻:凭借,倚仗。
②沐猴而冠:给猕猴戴上人的帽子,装扮得很像样,但本质却依然掩盖不了。

〔译文〕

过了几天,项羽带兵西进,在咸阳屠城,杀死了投降的秦王子婴,焚烧秦的皇宫,大火三个月不灭;搜刮秦朝的财宝和妇女,率军向东而去。有人曾劝项王说:"关中地区四面都有山河作为天然屏障,土地肥沃富饶,可以在这里建都,成就一番霸业。"但项王看到秦朝的宫殿已被大火烧得破烂不堪,心里又怀念故乡,想要东归,就说道:"富贵不回故乡,如同穿着锦绣的衣服却在夜里行走,有谁能看到呢!"劝项王的人说道:"有人说楚国人只不过是猴子戴帽子冒充人,果不其然啊!"项王听到这话,就把那个说他的人给煮了。

项王使人致命怀王①。怀王曰:"如约②。"乃尊怀王为义帝。项王欲自王,先王诸将相。谓曰:"天下初发难时,假立诸侯后以伐秦。然身被坚执锐首事,暴露于野三年,灭秦定天下者,皆将相诸君与籍之力也。义帝虽无功,故当分其地而王之。"诸将皆曰:"善。"乃分天下,立诸将为侯王。项王、范增疑沛公之有天下③,业已讲解④,又恶负约,恐诸侯叛之,乃阴谋曰⑤:"巴、蜀道险,秦之迁人皆居蜀。"乃曰:"巴、蜀亦关中地也。"故立沛公为汉王,王巴、蜀、汉中,都南郑。而三分关中,王秦降将以距塞汉王⑥。……项王自立为西楚霸王,王九郡,都彭城。

〔注释〕

①致命:汇报,请示。
②如约:即遵守"先破秦入咸阳者王之"的约定。如,遵守,遵照。
③疑:疑忌,猜忌。一说为惊恐、畏惧之意。
④讲解:和解。
⑤阴谋:暗中商量。
⑥距塞:阻塞,堵住。距:同"拒"。

〔译文〕

项羽派人向楚怀王请示汇报。楚怀王说:"要按照当初的约定办。"于是项羽就尊楚怀王为义帝。项羽想自己称王,就先把各诸侯将领们都封为王。他对大家说:"当初天下人发难讨秦,临时拥立原先六国诸侯的后裔,立他们为王。但是身穿铠甲手拿武器,首先起事,三年来一直在野外征战,消灭秦朝平定天下的,却都是各位将领和我的功劳。不过义帝即使没有功劳,也应该分给他土地,尊他为王。"将领们都说:"行。"于是项王划分天下,把诸位将领都封为王。项王、范增担心沛公将来会占了天下,但已经讲和,又厌恶违背和约的名声,担心诸侯们反叛,就暗中商议道:"巴、蜀地区道路险阻,秦朝流放的罪人都在蜀地。"于是说道:"巴、蜀也算是关中地区。"就把沛公立为汉王,在巴、蜀、汉中三个地区称王,定都南郑。而把秦朝的关中地区分为三个部分,把秦朝的三个降将封为王,以阻挡汉王将来的进军。……项王自立为西楚霸王,管理九郡,定都彭城。

汉之元年四月①,诸侯罢戏下②,各就国。项王出之国,使人徙义帝,曰:"古之帝者地方千里,必居上游。"乃使使徙义帝长沙郴县,趣义帝行③。其群臣稍稍背叛之,乃阴令衡山、临江王击杀之江中。

〔注释〕

①汉之元年:刘邦称汉王的第一年。
②戏(huī)下:麾下。
③趣:同"促",催促。

〔译文〕

汉王元年(前206)四月,诸侯在项王麾下各自离开,都到自己的封地去了。项王也离开关中,准备回封地,先派人迁徙义帝,说:"古代的帝王拥有方圆千里的土地,一定要住在江河的上游。"于是就派使者将义帝迁往长沙的郴县,并催促义帝赶快启程。义帝的臣子开始逐渐背叛项王,项王就暗中命令衡山王和临江王,在长江中把义帝和群臣杀掉。

春,汉王部五诸侯兵①,凡五十六万人,东伐楚。项王闻之,即令诸将击齐,而自以精兵三万人南从鲁出胡陵。四月,汉皆已入彭城,收其货宝美人,日置酒高会。项王乃西从萧,晨击汉军而东,至彭城,日中,大破汉军。汉军皆走,相随入谷、泗水,杀汉卒十余万人。汉卒皆南走山,楚又追击至灵壁东睢水上。汉军却,为楚所挤,多杀,汉卒十余万人皆入睢水,睢水为之不流。围汉王三匝。于是大风从西北而起,折木发屋,扬沙石,窈冥昼晦②,逢迎楚军。楚军大乱,坏散,而汉王乃得与数十骑遁去。欲过沛,收家室而西;楚亦使人追之沛,取汉王家。家皆亡,不与汉王相见。汉王道逢得孝惠、鲁元,乃载行。楚骑追汉王,汉王急,推堕孝惠、鲁元车下,滕公常下收载之。如是者三。曰:"虽急不可以驱,奈何弃之?"于是遂得脱。求太公、吕后,不相遇。审食其从太公、吕后间行,求汉王③,反遇楚军。楚军遂与归,报项王,项王常置军中。

〔注释〕

①部五诸侯兵:统率五国诸侯之兵,这里指"率天下之兵"。

②窈冥:昏暗得如同黑夜。

③审食其(shěnyìjī):刘邦的同乡,以舍人身份照顾刘邦的妻子儿女。求:寻找。

[译文]

(汉王二年,前205)春天,汉王统率天下诸侯的军队,共计五十六万人,东进伐楚。项王听到消息后,命令诸将继续攻打齐国,自己则带领精兵三万人向南由鲁县穿过胡陵去袭击汉军。四月,汉军攻入彭城,搜罗财宝、美女,每天都在饮酒欢宴。此时项王已经绕到彭城西边的萧县,早晨对汉军发动攻击,接着向东进军,到达彭城,至中午时,已大败汉军。汉军溃退逃走,士兵接连不断地掉入谷水、泗水,被杀的汉军士兵有十万余人。汉军又接着向南逃进山里,楚军一直追击到灵璧东面的睢水上。汉军继续退却,为楚军逼迫,聚在一起,多人被杀伤。汉军十多万人逃进睢水,睢水甚至都因此无法流动。楚军围住汉王,足有三层。这时突然有一阵大风从西北刮来,折断树木,掀翻屋顶,飞沙走石,天昏地暗,向楚军迎面而来。楚军大乱,队伍分散,汉王趁机与几十个随从骑马逃走。汉王本来想过沛县,接走家眷,一起向西逃跑,但楚军也派人一直追到沛县,想把汉王的家眷抓起来。这时汉王的家眷也都已经逃走,没有见到汉王。汉王在路上遇到一双儿女,即后来的孝惠帝和鲁元公主,把他们带上车一起逃离。楚军骑兵一直在追赶汉王,汉王着急了,又把孝惠帝和鲁元公主推下车去,滕公夏侯婴又赶快下车把他们抱上来。这样的事做了好几次之后,滕公说:"虽然事情紧急,也可以把车子赶得快一些,怎么能把孩子们扔掉呢?"后来汉王总算逃出来了,但没有找到父亲刘太公和妻子(后来的吕后)。审食其跟着刘太公和吕后从小路逃走,想找汉王,反而遇上楚军。楚军就把他们抓回军营,报告给了项王,项王把他们留在军营里做人质。

汉之三年,项王数侵夺汉甬道,汉王食乏,恐,请和,割荥阳以西为汉。项王欲听之。历阳侯范增曰:"汉易与耳①,今释弗取,后必悔之。"项王乃与范增急围荥阳。汉王患之,乃用陈平计间项王②。项王使者来,为太牢具③,举欲进之。见使者,详惊愕曰④:"吾以为亚父使者,乃反项王使者。"更持去,以恶食食项王使者⑤。使者归报项王,项王乃疑范增与汉有私,稍夺之权。范增大怒,曰:"天下事大定矣,君王自为之。愿赐骸骨归卒伍⑥。"项王许之。行未至彭城,疽发背而死。

〔注释〕

①易与:容易对付。
②间:离间。
③太牢具:指极为丰盛的宴席。太牢:古代用牛、羊、猪三牲祭祀。具:饭食,酒席。
④详:同"佯",假装。
⑤恶食:粗劣的饭食。食(sì):拿东西给人吃。
⑥卒伍:这里指乡里。卒、伍,古代的户籍编制单位。卒伍连用,多泛指军队。

〔译文〕

汉王三年(前204),项王多次抢夺汉军的甬道,汉王因粮食缺乏,非常担心,于是向项王请和,愿划地而治,荥阳以西的地盘归汉王。项王想要同意这件事。历阳侯范增说:"汉军是容易对付的,但现在放过他们不趁机消灭掉,将来一定会后悔。"项王就和范增紧急围攻荥阳。汉王忧虑这件事,于是就用陈平的计策离间项王。项王的使者到来,汉王派人准备了有猪、牛、羊在内的极其丰盛的宴席,正打算端上去。但是一看到使者,假装惊讶地说:"我以为是亚父范增派来的使者,没想到是项王的使者。"就把宴席撤了下去,换成粗劣的饭食给项王的使者吃。使者回来后就把这事报告给了项王,项王怀疑范增私下里和汉王勾结,就逐渐剥夺他的权力。范增知道后大怒,说道:"天下之事大局已定,君王您自己干吧!请放了我这把老骨头,让我回家乡去。"项王答应了他。范增没有走到彭城,就因为背上生毒疮,发病而死。

(汉四年)彭越数反梁地,绝楚粮食,项王患之。为高俎,置太公其上,告汉王曰:"今不急下,吾烹太公。"汉王曰:"吾与项羽俱北面受命怀王,曰'约为兄弟',吾翁即若翁,必欲烹而翁,则幸分我一杯羹。"项王怒,欲杀之。项伯曰:"天下事未可知,且为天下者不顾家,虽杀之无益,只益祸耳。"项王从之。

〔译文〕

(汉王四年,前203)彭越多次在梁地攻打楚军,截断楚军的粮食供给,项王对此很担忧。他设了一个高台当作砧板,把刘太公放在上面,告诉汉王说:"你如果不赶快撤兵,我就把刘太公煮了。"汉王说:"当初我和你都是在怀王那里北面称臣,说过'以兄弟相待'这样的话,我的父亲也是你的父亲,如果你一定要煮了你的父亲,希望你能分我一杯肉羹。"项王大怒,想把刘太公杀了。项伯说:"天下大事现在还不能预料,况且打天下的人都无从顾念家眷,所以即便杀了刘太公也没用,只会增加祸患。"项王听从了项伯的意见。

楚、汉久相持未决,丁壮苦军旅,老弱罢转漕①。项王谓汉王曰:"天下匈匈数岁者②,徒以吾两人耳。愿与汉王挑战决雌雄,毋徒苦天下之民父子为也。"汉王笑谢曰:"吾宁斗智,不能斗力。"项王令壮士出挑战。汉有善骑射者楼烦,楚挑战三合,楼烦辄射杀之。项王大怒,乃自被甲持戟挑战。楼烦欲射之,项王瞋目叱之,楼烦目不敢视,手不敢发,遂走还入壁,不敢复出。汉王使人间问之,乃项王也。汉王大惊。于是项王乃即汉王相与临广武间而语③。汉王数之④,项王怒,欲一战。汉王不听,项王伏弩射中汉王。汉王伤,走入成皋。

〔注释〕

①罢转漕:疲惫于水陆运输粮草。罢:同"疲"。转:车运。漕:船运。
②匈匈:纷扰不堪其苦。
③即:靠近。间:同"涧"。
④数(shǔ):列举罪状。

〔译文〕

　　楚、汉两军长期相持,胜负未决,青壮年为行军征战所苦,年老体弱的人也疲于运送粮草物资。项王对汉王说:"这么些年天下动乱纷扰,仅仅是因为你我两个人。我愿与你单独挑战,一决胜负,不要再让天下的老百姓为此受苦受罪了。"汉王笑着推辞说:"我宁可斗智,不愿斗力。"项王命令手下的壮士去挑战。汉军中有个精通骑马射箭的人,名叫楼烦,好几次楚军派壮士去挑战,都被楼烦射死。项王大怒,于是亲自身穿铠甲、手拿武器过来挑战。楼烦刚要拿箭射项王,项王怒目圆睁,大喝一声,楼烦吓得既不敢看项王,也不敢放箭,逃回营中,再也不敢出来。汉王派人出去打探,才知道挑战的人居然就是项王。汉王大惊。于是项王跟汉王隔着广武涧对话。汉王历数项王的罪状,项王非常生气,想跟汉王决战。汉王不答应,项王预先埋伏的弓箭手射中汉王。汉王受伤,退到成皋。

　　项王在睢阳,闻海春侯军败,则引兵还。汉军方围钟离眜于荥阳东,项王至,汉军畏楚,尽走险阻。是时,汉兵盛食多,项王兵罢食绝。汉遣陆贾说项王,请太公,项王弗听。汉王复使侯公往说项王,项王乃与汉约,中分天下,割鸿沟以西者为汉①,鸿沟而东者为楚。项王许之,即归汉王父母妻子。军皆呼万岁。……
　　项王已约,乃引兵解而东归。

〔注释〕

①鸿沟:战国时魏国所修运河,连通黄河和淮水,在今河南。

〔译文〕

项王在睢阳,听说海春侯的军队战败,就率军返回。此时汉军在荥阳的东面围攻钟离眛,项王一到,汉军害怕楚军,就全部退到险要地带。这个时候,汉军兵力强大,粮草充足,而楚军却士兵疲倦,粮草缺乏。汉王派陆贾去游说项王,把刘太公放了,项王没有答应。汉王又派侯公前去劝说项王,让项王和汉王订立盟约,平分天下,鸿沟以西的地方归汉王,鸿沟以东的地方归项王。项王同意了,于是就把汉王的父亲和妻子送了回去。汉军高呼万岁。……

项王已经订立和约,就带着军队,打算回到东方自己的领地。

汉欲西归,张良、陈平说曰:"汉有天下太半,而诸侯皆附之。楚兵罢食尽,此天亡楚之时也,不如因其机而遂取之。今释弗击,此所谓'养虎自遗患'也。"汉王听之。

〔译文〕

汉王也准备西归,张良、陈平劝说汉王:"汉王已经占了大半个天下,诸侯们也都归附于我们。而楚军士兵疲倦、粮草缺乏,这正是天要亡楚的时候啊,不如趁这个机会灭掉它。如果现在放走项王而不去攻打他,就是俗话说的'养老虎反而给自己带来祸患'。"汉王同意了。

项王军壁垓下①,兵少食尽,汉军及诸侯兵围之数重。夜闻汉军四面皆楚歌,项王乃大惊曰:"汉皆已得楚乎?是何楚人之多也!"项王则夜起,饮帐中。有美人名虞,常幸从;骏马名骓②,常骑之。于是项王乃悲歌慷慨,自为诗曰:"力拔山兮气盖世,时不利兮骓不逝。骓不逝兮可奈何,虞兮虞兮奈若何!"歌数阕,美人和之。项王泣数行下,左右皆泣,莫能仰视。

〔注释〕

①垓下之围前,楚汉固陵之战,汉大败。后韩信、彭越等带兵来跟刘邦会合,垓下之战,楚大败,被围。

②骓(zhuī):毛色苍白相杂的马。

〔译文〕

项王的军队驻扎在垓下,兵少粮尽,汉军和诸侯的军队把他们层层包围。深夜,项王听到四面的汉军都在唱楚地的歌曲,大惊道:"难道汉军已经把楚国全都占领了吗?为什么汉军中的楚人有这么多啊?"于是项王夜中起身,在营帐中饮酒。有一个名叫虞的美人,深受项王宠爱,常跟在他的身边;有一匹名叫骓的骏马,一直是项王的坐骑。项王慷慨悲歌,自己作诗唱道:"力气可拔山,豪气能盖世,时运却不利,乌骓难再驰!乌骓难驰又何

项羽本纪 | 75

妨,虞姬却又当如何!"一连唱了数遍,美人虞姬也和着他一起唱。项王泪下数行,左右侍从也都唏嘘哭泣,无法抬头仰视。

于是项王乃上马骑,麾下壮士骑从者八百余人,直夜溃围南出,驰走。平明,汉军乃觉之,令骑将灌婴以五千骑追之。项王渡淮,骑能属者百余人耳①。项王至阴陵,迷失道,问一田父,田父绐曰"左"②。左,乃陷大泽中,以故汉追及之。项王乃复引兵而东,至东城,乃有二十八骑。汉骑追者数千人。项王自度不得脱,谓其骑曰:"吾起兵至今八岁矣,身七十余战③,所当者破,所击者服,未尝败北,遂霸有天下。然今卒困于此,此天之亡我,非战之罪也。今日固决死,愿为诸君快战,必三胜之,为诸君溃围,斩将,刈旗④,令诸君知天亡我,非战之罪也。"乃分其骑以为四队,四向。汉军围之数重。项王谓其骑曰:"吾为公取彼一将。"令四面骑驰下,期山东为三处。于是项王大呼驰下,汉军皆披靡,遂斩汉一将。是时,赤泉侯为骑将,追项王,项王瞋目而叱之,赤泉侯人马俱惊,辟易数里⑤。与其骑会为三处。汉军不知项王所在,乃分军为三,复围之。项王乃驰,复斩汉一都尉,杀数十百人。复聚其骑,亡其两骑耳。乃谓其骑曰:"何如?"骑皆伏曰⑥:"如大王言。"

〔注释〕

①属:这里指跟随。

②绐(dài):欺骗。
③七十余战:言其多,非确数。
④刈(yì):砍倒。
⑤辟易:因惧怕而倒退。
⑥伏:同"服"。

[译文]

　　于是项王上马,麾下壮士骑马跟随他的有八百多人,夜里冲出重围,向南飞奔而去。直到天亮,汉军才发现项王已突围,就派骑将灌婴率领五千骑兵追赶。项王渡过淮水时,跟随他的骑兵还有一百多人。项王到阴陵时,迷了路,就去问一个种田的人,种田的人骗他说"往左"。项王往左行,结果陷入一片沼泽之中,致使汉军追上了项王。项王又率兵向东,到达东城,这时他身边就只剩二十八个骑兵了。追赶的汉兵有好几千人。项王认为这次不能脱身了,就对他身边的骑兵们说:"从我起兵到现在已有八年,经历了许多场征战,挡路的,击败他们,进攻的,无不投降,我从未打过败仗,所以能够称霸天下。然而现在困在这里,这是上天要灭亡我,而不是我打仗的过错。今日要决一死战,为各位再痛痛快快地打一仗,一定连胜三次,为大家突破重围,斩杀敌将,砍倒敌旗,让大家知道是上天要亡我,并非我打仗的过错。"于是项王把他的骑兵分成四队,向着四个方向。这时汉军已把项王重重包围。项王对他的骑兵们说:"我为你们取他一将的性命。"命令四队骑兵向四个方向冲出,约定在山的东面分三处集合。于是项王大喝一声,骑马飞驰,汉军吓得纷纷退却,项王趁乱斩杀了一个汉将。当时,赤泉侯杨喜正是骑将,追赶项王,项王怒目圆睁,大吼一声,赤泉侯人马俱惊,吓得退后了好几里。项王和他的骑兵们在约定的三处会合。汉军不知道项王在何处,就把军队分为三个部分,又把项王包围起来。项王再次骑马冲杀,又斩杀了汉军一个都尉,杀了汉兵近百人。项王的骑兵又聚合起来,只折损了两个人。项王问他的骑兵们道:"怎么样?"大家都非常佩服地说:"正如大王所说的那样。"

于是项王乃欲东渡乌江。乌江亭长舣船待①,谓项王曰:"江东虽小,地方千里,众数十万人,亦足王也。愿大王急渡。今独臣有船,汉军至,无以渡。"项王笑曰:"天之亡我,我何渡为!且籍与江东子弟八千人渡江而西,今无一人还,纵江东父兄怜而王我,我何面目见之?纵彼不言,籍独不愧于心乎?"乃谓亭长曰:"吾知公长者。吾骑此马五岁,所当无敌,尝一日行千里,不忍杀之,以赐公。"乃令骑皆下马步行,持短兵接战。独籍所杀汉军数百人。项王身亦被十余创。顾见汉骑司马吕马童,曰:"若非吾故人乎?"马童面之②,指王翳曰:"此项王也。"项王乃曰:"吾闻汉购我头千金,邑万户,吾为若德。"乃自刎而死。王翳取其头,余骑相蹂践争项王,相杀者数十人。最其后③,郎中骑杨喜,骑司马吕马童,郎中吕胜、杨武各得其一体④。五人共会其体,皆是。故分其地为五:封吕马童为中水侯,封王翳为杜衍侯,封杨喜为赤泉侯,封杨武为吴防侯,封吕胜为涅阳侯。

〔注释〕

①舣(yǐ):停船靠岸。
②面之:面对面。
③最:同"聚"。
④一体:一肢。四肢加头合称五体。

〔译文〕

　　然后项王想向东渡过乌江。乌江亭长把船靠在岸边,等着项王,对项王说:"江东虽小,但也方圆千里,民众数十万,也足以在此称王。希望大王赶紧渡江。现在只有我有一条船,汉军到来,也没有船渡江。"项王笑道:"这是上天要亡我,我还渡江干什么!何况我项籍曾与江东子弟八千人渡江西行,现在没有一人生还,纵然江东父老们可怜我,还愿意以我为王,我又有什么脸面去见他们呢?就算他们什么都不说,我难道能无愧于心吗?"然后项王对亭长说道:"我知道您是一位忠厚长者。我骑这匹马已经五年了,所向无敌,曾经一天之内可奔驰千里,我不忍心杀它,把它送给您吧。"于是命令骑兵们都下马步行,手拿短兵器与汉军交战。仅项王一人就杀死汉军几百人。项王的身上也受了十多处伤。他回头看到汉军骑司马吕马童,说道:"你不是我的一个老朋友吗?"吕马童面朝项王,指给王翳说:"这就是项王。"项王说:"我听说汉王用千斤黄金、万户封邑来悬赏我的头颅,我把这个好处施恩给你吧。"然后自刎而死。王翳取了项王的头,其他的骑兵争相抢夺项王的尸体,拥挤践踏,相互残杀而死的就有几十人。最后,郎中骑杨喜,骑司马吕马童,郎中吕胜、杨武各自得到项王的部分肢体。五个人把肢体凑拢在一起,正好是项王的全身。所以汉王把用来悬赏的土地分为五个部分:封吕马童为中水侯,封王翳为杜衍侯,封杨喜为赤泉侯,封杨武为吴防侯,封吕胜为涅阳侯。

项王已死,楚地皆降汉,独鲁不下。汉乃引天下兵欲屠之,为其守礼义,为主死节①,乃持项王头视鲁②,鲁父兄乃降。始,楚怀王初封项籍为鲁公,及其死,鲁最后下,故以鲁公礼葬项王谷城。汉王为发哀,泣之而去。

〔注释〕

①死节:为节义而死。
②视:同"示",给人看。

〔译文〕

项王死后,楚地全都投降了汉王,唯独鲁城拒绝投降。于是汉王率领所有的士兵准备屠灭鲁城,但因为鲁城人守节义,愿为项王而死,所以汉王没有屠城,于是拿项王的头颅给鲁城的人看,鲁城的父老们这才投降。起初,楚怀王曾封项籍为鲁公,等到项籍死了,鲁城又是最后投降的,所以就用鲁公之礼把项王埋葬在谷城。汉王为项王举行哀悼仪式,也掉了眼泪,然后才离开鲁城。

高祖本纪

[题解]

《高祖本纪》既是汉高祖刘邦的传记,同时又展示出西汉王朝建立的历史进程。全篇记述了刘邦起事、入关灭秦、楚汉相争、建立西汉、诛杀功臣、平定叛乱等大事迹,司马迁既对刘邦的坚忍机智、任用贤才大加赞赏,同时也写出他的轻浮任意、虚伪狡诈。开国之君的雄才大略和布衣出身的草莽流氓习气,统一在一个人身上,是司马迁"不虚美、不隐恶"创作思想的成功体现。

刘邦仅比秦始皇小三岁,秦始皇死后,刘邦在与项羽争夺天下的过程中,顺应历史发展方向,安抚民心,隐忍顽强,知人善任,从善如流,最终获得胜利。司马迁在塑造人物时,着重展示人物性格与命运的关系;相同的事件往往采用互见手法,本纪中多正面描写刘邦作为开国皇帝的德才与成就,而在其他人物的传记中,才表现刘邦的自私和狠毒,重点突出而不烦冗重复,体现了高明的创作手法。

高祖,沛丰邑中阳里人,姓刘氏,字季①。父曰太公,母曰刘媪。其先刘媪尝息大泽之陂②,梦与神遇。是时雷电晦冥,太公往视,则见蛟龙于其上。已而有身③,遂产高祖。

〔注释〕

①季:表示兄弟排行。
②陂(bēi):水边,岸边。
③已而:不久之后。有身:怀孕。

〔译文〕

高祖,是沛县丰邑中阳里人。姓刘,字季。他的父亲是刘太公,母亲是刘媪(ǎo)。早先刘媪曾在大泽边休息,睡着后在梦中与天神交合。这个时候,忽然雷鸣电闪,天地昏暗,刘太公去找刘媪,看见一条蛟龙盘在她身上。后来刘媪就怀了孕,生下了高祖。

高祖为人,隆准而龙颜①,美须髯,左股有七十二黑子②。仁而爱人,喜施,意豁如也③。常有大度,不事家人生产作业④。及壮,试为吏,为泗水亭长,廷中吏无所不狎侮⑤。好酒及色。常从王媪、武负贳酒⑥,醉卧,武负、王媪见其上常有龙,怪之。高祖每酤留饮⑦,酒雠数倍⑧。及见怪,岁竟,此两家常折券弃责⑨。

〔注释〕

①隆准:高鼻梁。准:鼻梁。龙颜:眉骨处突起。

②股:大腿。
③豁如:豪爽放达的样子。
④家人:平民百姓,平常人家。
⑤廷:官署。
⑥贳(shì):赊欠。
⑦酤(gū):买酒。
⑧雠(chóu):售,卖出去。
⑨折券弃责:毁掉借据,放弃债务。责:同"债"。

〔译文〕

高祖的长相,是高鼻梁,额头隆起,胡须很漂亮,左腿上有七十二颗黑痣。性情仁厚,喜欢施舍,心胸开阔。从小就有远大的志向,不愿从事一般老百姓的生产工作。长大后,曾试着做小吏,当泗水亭亭长,但是对县衙中的官吏,却无不轻慢戏弄。他好酒,也好女色。常常去王媪、武负那里赊酒,喝醉了就倒在店里睡觉,武负、王媪常看到他身体的上方有龙出现,都感到非常奇怪。高祖每次到酒店喝酒,酒都比平常要多卖出好几倍。酒店发现了这种怪现象,所以到年底,两家就把高祖赊欠的酒账免掉。

高祖常繇咸阳①,纵观②,观秦皇帝,喟然太息曰:"嗟乎,大丈夫当如此也!"

〔注释〕

①常:同"尝",曾经。繇:同"徭",服徭役。

②纵观:允许百姓随意观看。

〔译文〕

　　高祖曾经去咸阳服徭役,有一次秦始皇出巡,许可老百姓在路旁观看,高祖看到秦始皇,感慨长叹道:"啊!大丈夫就应当像这个样子!"

　　单父人吕公善沛令,避仇从之客①,因家沛焉。沛中豪桀吏闻令有重客②,皆往贺。萧何为主吏③,主进④,令诸大夫曰⑤:"进不满千钱,坐之堂下。"高祖为亭长,素易诸吏⑥,乃绐为谒曰"贺钱万"⑦,实不持一钱。谒入,吕公大惊,起,迎之门。吕公者,好相人,见高祖状貌,因重敬之,引入坐。萧何曰:"刘季固多大言,少成事。"高祖因狎侮诸客,遂坐上坐,无所诎⑧。酒阑⑨,吕公因目固留高祖。高祖竟酒,后。吕公曰:"臣少好相人,相人多矣,无如季相,愿季自爱。臣有息女⑩,愿为季箕帚妾⑪。"酒罢,吕媪怒吕公曰:"公始常欲奇此女,与贵人。沛令善公,求之不与,何自妄许与刘季?"吕公曰:"此非儿女子所知也⑫。"卒与刘季。吕公女乃吕后也,生孝惠帝、鲁元公主。

〔注释〕

①从之客:跟随他来这里客居。
②桀(jié):同"杰"。

③主吏:官名,亦称功曹。秦汉郡县地方官的属吏。
④主:主管。进:指收入的钱财。
⑤大夫:对宾客的尊称。
⑥易:轻视,轻慢。
⑦谒:名帖。
⑧诎(qū):同"屈",谦让,客气。
⑨酒阑:酒宴即将结束。
⑩息女:亲生女儿。息:生。
⑪箕帚妾:负责打扫的婢女,是妻子的谦辞。
⑫儿女子:意妇孺之辈,表示轻视的意味。

〔译文〕

　　单父县的吕公和沛县县令关系很好,因躲避仇人到了沛县县令家,后来又把全家迁到沛县。沛县的豪绅官吏听说县令有贵客来,都去送礼祝贺。萧何是县里的主吏,来县令家负责收贺礼事宜,对到来的客人们说:"贺礼不满一千钱的,请坐在堂下。"高祖是亭长,一向轻视那些官吏,于是就在名帖上诈写"贺钱一万",其实一个钱都没带。他入门拜谒,吕公见到他后大吃一惊,赶快起身,到门口迎接高祖。吕公擅长给人看相,看了高祖的相貌,就非常敬重他,把他迎到堂上入座。萧何说:"刘季常说大话,但很少做成事。"高祖戏弄了堂上的客人,自己还坐在上座,毫不客气。酒席快结束时,吕公给高祖使眼色,让他不要走。高祖就一直等到酒宴结束。吕公说:"我从年轻的时候就喜欢给别人看相,我看过的人很多,却没有见到一个像你刘季这样富贵的相貌,希望你能珍重。我愿意把亲生女儿嫁给你为妻。"酒席结束之后,吕媪对吕公非常生气,说:"你常认为这个女儿与众不同,想要把她嫁给贵人。沛县县令跟你关系很好,向你请求娶这个女儿,你都不答应,为什么突然随便地就把她许给刘季?"吕公说:"这个不是你们这些妇人之辈能理解的。"还是把女儿嫁给了刘季。吕公的女儿就是后来的吕后,她生了孝惠帝、鲁元公主。

  高祖以亭长为县送徒郦山①,徒多道亡。自度比至皆亡之②,到丰西泽中,止饮,夜乃解纵所送徒③。曰:"公等皆去,吾亦从此逝矣④!"徒中壮士愿从者十余人。高祖被酒⑤,夜径泽中⑥,令一人行前。行前者还报曰:"前有大蛇当径,愿还。"高祖醉,曰:"壮士行,何畏!"乃前,拔剑击斩蛇。蛇遂分为两,径开。行数里,醉,因卧。后人来至蛇所,有一老妪夜哭。人问何哭,妪曰:"人杀吾子,故哭之。"人曰:"妪子何为见杀?"妪曰:"吾子,白帝子也⑦,化为蛇,当道,今为赤帝子斩之,故哭。"人乃以妪为不诚,欲告之⑧,妪因忽不见。后人至,高祖觉。后人告高祖,高祖乃心独喜,自负⑨。诸从者日益畏之。

〔注释〕

  ①徒:服徭役的人。
  ②比:等到。
  ③解纵:解开,放走。
  ④逝:离开,逃亡。
  ⑤被(pī)酒:带有酒意。

⑥径:小路。这里是走小路的意思。
⑦白帝:五方天帝之一,居西方,五行属金。下文"赤帝",五方天帝之一,居南方,五行属火。火克金,暗指刘邦将取秦而代之。
⑧笞:同"答",打,击。
⑨自负:自认为不一般。

[译文]

　　高祖身为亭长为县里押送服劳役的人去郦山,很多人就在途中逃跑了。高祖估计等走到郦山人也差不多跑光了,于是等走到丰邑西面的沼泽地带时,停下来让大家喝酒,到了夜里就把所有人的绳子解开,把他们都放走了。高祖说:"你们都走吧,我也要从这儿远走高飞啦!"劳役中的年轻壮士,愿意跟随高祖的有十多个人。高祖带着酒劲儿,要连夜从小路穿过沼泽,先派一人前去探路。探路的人回来报告说:"前面有条大蛇挡在路正中,我们还是往回走吧。"高祖醉醺醺地说:"壮士走路,有什么好怕的!"于是就走到前面,拔出剑来去斩大蛇。蛇被斩作两段,道路就此畅通无阻。走了数里,因喝得太醉,就地躺下睡觉。后面的人走到斩蛇的地方,看到一个老妇人在夜里哭泣。人们问她为什么哭,她说:"有人杀死了我的儿子,所以我在这儿哭。"人们又问:"你的儿子因为什么被杀了?"老妇人说:"我的儿子是白帝的儿子,化成蛇形,挡在路正中,现在被赤帝的儿子杀了,所以我哭。"人们以为这个老妇人撒谎戏弄人,想打她,老妇人忽然不见了。后面的人赶到高祖身边时,他已经醒了。于是人们把刚才的事告诉了高祖,高祖听了心里暗暗高兴,觉得自己应该不是一般人。那些跟随他的人,也对他越来越敬畏。

秦始皇帝常曰"东南有天子气",于是因东游以厌之①。高祖即自疑,亡匿,隐于芒、砀山泽岩石之间。吕后与人俱求②,常得之。高祖怪问之,吕后曰:"季所居上常有云气,故从往常得季。"高祖心喜。沛中子弟或闻之,多欲附者矣。

〔注释〕

①厌(yā):同"压"。压住,镇住。
②求:寻找。

〔译文〕

秦始皇曾说"东南方向有天子气",于是就去东边巡游来压服它。高祖怀疑秦始皇的行动与自己有关,就逃了出去,藏到芒山、砀山的大泽和山岩之间。吕后和别人一块儿寻找高祖,常常很容易就找到他。高祖觉得奇怪,就问吕后是怎么找到他的,吕后说:"你所在的位置,其上常有云气,顺着云气的位置寻找,就总是能找到你。"高祖心里非常高兴。沛县的年轻人听说了这件事,很多人都想来追随他。

秦二世元年秋,陈胜等起蕲,至陈而王,号为"张楚"①。诸郡县皆多杀其长吏以应陈涉。沛令恐,欲以沛应涉。掾、主吏萧何、曹参乃曰:"君为秦吏,今欲背之,率沛子弟,恐不听。愿君召诸亡在外者,可得数百人,因劫众②,众不敢不听。"乃令樊哙召刘季。刘季之众已数十百人矣。

〔注释〕

①张楚:大楚。张:大。
②劫:劫迫,威胁。

〔译文〕

秦二世元年(前209)的秋天,陈胜等人在蕲县起事,在陈县自立为王,号称"张楚"。各个郡县的人都杀掉自己郡县的长官,以响应陈胜。沛县县令很害怕,就想要带着沛县的人也响应陈胜。主吏萧何、狱掾曹参对他说:"您身为秦朝的官吏,现在想要背叛秦朝,带领沛县子弟起事,恐怕他们不会听您的命令。希望您能召回那些逃亡在外的人,可以得到几百人,利用他们来挟持民众,人们就不敢不听您的命令了。"于是县令就派樊哙去召回刘季。这时刘季的队伍已经有百余人了。

于是樊哙从刘季来。沛令后悔,恐其有变,乃闭城城守①,欲诛萧、曹。萧、曹恐,逾城保刘季②。刘季乃书帛射城上,谓沛父老曰:"天下苦秦久矣。今父老虽为沛令守,诸侯并起,今屠沛③。沛今共诛令,择子弟可立者立之,以应诸侯,则家室完④。不然,父子俱屠,无为也。"父老乃率子弟共杀沛令,开城门迎刘季,欲以为沛令。刘季曰:"天下方扰,诸侯并起,今置将不善,一败涂地。吾非敢自爱⑤,恐能薄,不能完父兄子弟。此大事,愿更相推择可者。"萧、曹等皆文吏,自爱,恐事不就,后秦种族其家⑥,尽让刘季。诸父老皆曰:"平生所闻刘季诸珍怪⑦,当贵,且卜筮之,莫如刘季最吉。"于是刘季数让,众莫敢为,乃立季为沛公。祠黄帝,祭蚩尤于沛庭,而衅鼓旗⑧,帜皆赤。由所杀蛇白帝子,杀者赤帝子,故上赤。于是少年豪吏如萧、曹、樊哙等皆为收沛子弟二三千人,攻胡陵、方与,还守丰。

〔注释〕

①城守:依城墙而防守。
②保:依靠,依附。
③今:即将。
④完:完整,保全。
⑤自爱:吝惜自己的性命。爱,吝惜。
⑥种族:族诛,即灭族。
⑦平生:平素,一向。
⑧衅鼓旗:古代一种祭祀仪式,把牲畜的血涂在鼓上和旗上。

〔译文〕

樊哙跟着刘季回到沛县。沛县县令又后悔了,害怕刘季对他不利,就命人闭门守城,又想杀死萧何、曹参。萧何、曹参很害怕,就跳过城墙投奔刘季。刘季在帛上写了一封信,用箭射进城内,告诉沛县父老说:"天下的人受到秦统治的痛苦已经很久了。现在父老们虽然还为沛县县令守城,但各地诸侯纷纷起事,必然要来屠戮沛县。现在沛县人应该一起杀死县令,选择年轻人中优秀的立为首领,以响应诸侯,这样全家才能保全性命。否则,父子都会被杀,这又有何意义呢!"于是沛县父老们就率领年轻人共同杀了县令,打开城门,迎接刘季,想让他来当沛县县令。刘季说:"如今天下大乱,诸侯并起,如果将领选得不合适,就会一败涂地。我并不是在乎自己的性命,而是担心能力不够,无法保全父老兄弟们。这是一件大事,希望大家能共同推举一位更合适的人。"萧何、曹参等人都是文官,顾惜自己的性命,担心起事不成,将来会被秦朝诛灭全族,于是都全力推举刘季。父老们都说:"我们平时听到关于刘季的许多奇闻逸事,刘季就应该是一位贵人,而且又做了占卜,没有比刘季的预兆更吉利的人了。"刘季再三谦让,但没有人敢担任首领,还是立了刘季为沛公。刘季在沛县衙门内祭祀黄帝和蚩尤,又用祭祀的牲血抹在战鼓和战旗上,旗子都用红色。因为刘季斩杀的蛇是白帝的儿子,而杀蛇的人是赤帝的儿子,所以崇尚红色。然后萧何、曹参、樊哙等豪吏为沛公聚集手下约两三千沛县人,攻打胡陵、方与,又回到丰邑守城。

闻项梁在薛,从骑百余往见之。项梁益沛公卒五千人,五大夫将十人。

〔译文〕

刘邦听说项梁在薛县,就带了一百多骑兵去拜见项梁。项梁给了沛公士兵五千人,五大夫这个级别的将领十人。

项梁再破秦军①,有骄色。宋义谏,不听。秦益章邯兵,夜衔枚击项梁②,大破之定陶,项梁死。沛公与项羽方攻陈留,闻项梁死,引兵与吕将军俱东。吕臣军彭城东,项羽军彭城西,沛公军砀。

〔注释〕

①再:两次。
②衔枚:袭击敌人时,为防止士兵出声,在嘴里咬住一个像筷子一样的东西,即"枚"。枚的两头有绳子,系在脖子上。

〔译文〕

　　项梁又一次打败秦军,面露骄傲之色。宋义前去劝谏,项梁不肯听从。秦朝派兵增援章邯,夜间士兵们嘴里都衔着一根木棍,静悄悄地前去袭击项梁,在定陶大破楚军,项梁战死。沛公和项羽正在围攻陈留,听说项梁战死,就带兵与吕将军一起往东撤退。吕臣的军队驻扎在彭城东面,项羽的军队驻扎在彭城西面,沛公的军队驻扎在砀县。

　　章邯已破项梁军,则以为楚地兵不足忧,乃渡河,北击赵,大破之。当是之时,赵歇为王,秦将王离围之巨鹿城,此所谓河北之军也。

〔译文〕

　　章邯打败项梁的军队之后,认为楚地的兵力不值得担忧,就渡过黄河,向北去进攻赵国,大败赵军。这个时候,赵歇为赵王,秦将王离把赵歇围困在巨鹿城内,这就是所谓的河北军。

秦二世三年,楚怀王见项梁军破,恐,徙盱台都彭城,并吕臣、项羽军自将之。以沛公为砀郡长,封为武安侯,将砀郡兵。

〔译文〕

秦二世三年(前207),楚怀王看到项梁的军队被打败,很担心,就从盱台迁都到彭城,把吕臣、项羽的军队合并起来,亲自统率。让沛公任砀郡长,封为武安侯,统领砀郡的军队。

赵数请救,怀王乃以宋义为上将军,项羽为次将,范增为末将,北救赵。令沛公西略地入关。与诸将约,先入定关中者王之。

〔译文〕

赵国多次向楚请求救援,楚怀王就任命宋义为上将军,项羽为次将,范增为末将,一起北上救赵。又命令沛公向西进军,占领土地城池,攻入关中。楚怀王和各路将领们约定,谁先进入关中,谁就在关中称王。

当是时,秦兵强,常乘胜逐北,诸将莫利先入关[①]。独项羽怨秦破项梁军,奋[②],愿与沛公西入关。怀王诸老将皆曰:"项羽为人僄悍猾贼[③]。项羽尝攻襄城,襄城无遗类,皆阬之。诸所过无不残灭。且楚数进取[④],前陈王、项梁皆败。不如更遣长者扶义而西⑤,告谕秦父兄。秦父兄苦其主久矣,今诚得长者往,毋侵暴,宜可下。今项羽僄悍,今不可遣。独沛公素宽大长者,可遣。"卒不许项羽,而遣沛公西略地,收陈王、项梁散卒。乃道砀至成阳,与杠里秦军夹壁⑥,破魏二军⑦。楚军出兵击王离,大破之。

〔注释〕

①莫利:不认为对己有利。
②奋:愤激、气愤。
③僄(piào)悍:迅捷勇猛。猾贼:奸诈残忍。
④进取:进攻,攻取。
⑤长者:宽大厚道之人。扶义:实行仁义。
⑥夹壁:对垒。壁:营垒。
⑦魏:"魏"字疑误。《汉书·高帝纪》:"攻秦军壁,破其二军。"据此当为"秦"字。

〔译文〕

这个时候,秦军还很强大,常乘胜追击,诸侯们认为先入关不会得利。唯独项羽痛恨秦军打败项梁,心情激愤,想要和沛公一起西进入关。但怀王的老将们都说:"项羽为人剽悍凶猛,狡诈残忍。他曾经攻打襄城,襄城没有一个人活下来,全都被活埋了。项羽经过的地方,没有不被残杀毁灭的。况且楚军多次向西进攻,陈胜、项梁都失败了。不如另派一位性情宽厚的人,以仁义之心带兵向西,给秦地的父老兄弟讲清道理。秦地的父老兄弟为他们的君主残暴所苦已经很长时间了,现在如果真能有个宽厚长者过去,不残暴凌虐,就应该能攻下关中了。项羽剽悍凶猛,不能派他前去。只有沛公一向就是性情宽厚的长者,可以派他去。"所以最终没有答应项羽,而是派沛公向西进攻秦国,一路收编陈胜、项梁的散兵。经过砀县,到达成阳,与驻扎杠里的秦军对垒,打败秦的两支军队。这时北上援救赵国的楚军也出兵攻打王离,秦军大败。

沛公引兵西。……西过高阳,郦食其为监门,曰:"诸将过此者多,吾视沛公大人长者。"乃求见说沛公。沛公方踞床①,使两女子洗足。郦生不拜,长揖,曰:"足下必欲诛无道秦,不宜踞见长者②。"于是沛公起,摄衣谢之③,延上坐④。食其说沛公袭陈留,得秦积粟。

〔注释〕

①踞:伸开腿坐着。床:坐具。
②踞:同"倨",傲慢。
③摄:整理。谢:道歉。
④延:请,引入。

〔译文〕

沛公率军西进。……向西经过高阳,郦食其(yìjī)任闾里监门,说:"路过这里的将领们很多,但我只认为沛公是一位不同寻常的仁厚长者。"于是就去求见,想要游说沛公。沛公这时正坐在床上,让两个女子给他洗脚。郦生没有下拜,只深深作了个揖,说道:"如果足下想要诛灭暴虐无道的秦朝,就不应这样傲慢地接见长者。"于是沛公立刻站起来,整理好衣服,向郦生道歉,请他上座。郦食其劝说沛公袭击陈留,得到了囤积在陈留的粮食。

当是时,赵别将司马卬方欲渡河入关,沛公乃北攻平阴,绝河津①。南,战洛阳东,军不利,还至阳城,收军中马骑,与南阳守齮战犨东,破之。略南阳郡,南阳守齮走保城守宛②。沛公引兵过而西。张良谏曰:"沛公虽欲急入关,秦兵尚众,距险。今不下宛,宛从后击,强秦在前,此危道也。"于是沛公乃夜引兵从他道还,更旗帜③,黎明,围宛城三匝。南阳守欲自刭,其舍人陈恢曰:"死未晚也。"乃逾城见沛公,曰:"臣闻足下约,先入咸阳者王之。今足下留守宛。宛,大郡之都也,连城数十,人民众,积蓄多,吏人自以为降必死,故皆坚守乘城④。今足下尽日止攻⑤,士死伤者必多;引兵去宛,宛必随足下后。足下前则失咸阳之约,后又有强宛之患。为足下计,莫若约降⑥,封其守,因使止守,引其甲卒与之西。诸城未下者,闻声争开门而待,足下通行无所累。"沛公曰:"善。"乃以宛守为殷侯,封陈恢千户。引兵西,无不下者。

〔注释〕

①绝:断绝。津:渡口。

②走保城守宛:走:退走。保:依靠,依凭。城:筑城。守:防守。宛:宛城。
③更旗帜:改换旗帜,以防被人发现。
④乘城:守城。
⑤止攻:原地进攻。
⑥约降:建立盟约,让其投降。

[译文]

　　这个时候,赵国的偏将司马卬正准备渡过黄河进入函谷关,沛公因此北上攻打平阴,封堵黄河渡口。然后沛公率军向南,与秦军在洛阳东交战,没能打胜,退到阳城,集中了全军的骑兵,与南阳郡守齮(yǐ)在犨(chōu)县东交战,大败秦军。夺取南阳郡之后,南阳郡守齮逃走,退守宛城。沛公想率兵绕过宛城向西进发。张良劝谏道:"您虽然急于进入函谷关,但秦军人数尚多,又据守着险要之地。如果现在不拿下宛城,到时候宛城的守军从背后进攻,而强大的秦军又在正面阻挡,那我们就很危险了。"于是沛公连夜带兵从另外一条道路赶回来,改换旗帜,到天亮的时候,把宛城围了三圈。南阳郡守想要自杀,他的门客陈恢说:"还不是死的时候。"于是陈恢翻过城墙去求见沛公,对沛公说:"我听说您与诸侯们曾有约定,先入咸阳的人就在关中称王。现在您留在这里守着宛城。宛城是大郡的都城,连着的城池有数十座,人数众多,粮草充足,官吏和百姓都认为投降一定会被杀死,所以都在城墙上坚守着。如果您一直留在这里攻打宛城,死伤的士兵一定很多;但如果率军离开,宛城的军队又会跟在后面追击。所以您攻打宛城,则失去入咸阳为王的先机,率军离开，强大的宛城又会成为您的祸患。为您考虑，倒不如招降，封南阳郡守为侯，还让他留此守卫，您带着宛城的士兵一道西进。而那些没有攻下的城邑，听到这个消息，也会争先打开城门等待着您，您就可以畅行无阻了。"沛公说："好。"于是封南阳郡守为殷侯，封陈恢一千户。沛公率兵西进，没有不投降的。

及赵高已杀二世，使人来，欲约分王关中。沛公以为诈，乃用张良计，使郦生、陆贾往说秦将①，啖以利②，因袭攻武关，破之。又与秦军战于蓝田南，益张疑兵旗帜，诸所过毋得掠卤③，秦人憙④，秦军解⑤，因大破之。又战其北，大破之。乘胜，遂破之。

〔注释〕

①陆贾：此二字为衍文。
②啖（dàn）：吃。这里指收买。
③掠卤：抢掠。卤：同"虏"。
④憙：同"喜"。
⑤解（xiè）：同"懈"，懈怠。

〔译文〕

等到赵高杀了秦二世，派人见沛公，想要和沛公建立盟约，瓜分关中，共同称王。沛公认为其中可能有诈，就采用张良的计谋，先派郦食其、陆贾前去游说秦将，用利益诱惑他们，然后趁机袭击武关，大败秦军。又和秦军在蓝田的南面交战，派人打出许多旗帜，故布疑兵，而所有经过的地方，不许士兵劫掠百姓。秦地的老百姓非常高兴,而秦军有所懈怠,又大破秦军。随后又在蓝田的北面交战,再次战胜秦军。沛公乘胜追击,彻底打败秦军。

汉元年十月,沛公兵遂先诸侯至霸上。秦王子婴素车白马,系颈以组①,封皇帝玺、符、节,降轵道旁。诸将或言诛秦王。沛公曰:"始怀王遣我,固以能宽容;且人已服降,又杀之,不祥。"乃以秦王属吏②,遂西入咸阳。欲止宫休舍③,樊哙、张良谏,乃封秦重宝财物府库,还军霸上。召诸县父老豪桀曰:"父老苦秦苛法久矣,诽谤者族,偶语者弃市④。吾与诸侯约,先入关者王之,吾当王关中。与父老约,法三章耳:杀人者死,伤人及盗抵罪⑤。余悉除去秦法。诸吏人皆案堵如故⑥。凡吾所以来,为父老除害,非有所侵暴,无恐!且吾所以还军霸上,待诸侯至而定约束耳。"乃使人与秦吏行县乡邑,告谕之。秦人大喜,争持牛羊酒食献飨军士⑦。沛公又让不受,曰:"仓粟多,非乏,不欲费人。"人又益喜,唯恐沛公不为秦王。

[注释]

①素车白马,系颈以组:帝王投降时的样子。组:丝带。
②属:交付,托付。
③止宫休舍:留在秦宫里休息。
④偶语:相对私语。

⑤抵罪:当罪,判处。
⑥案堵如故:这里指一切照常。案堵:同"安堵"。堵:墙。
⑦飨:用酒食款待他人。

〔译文〕

汉王元年(前206)十月,沛公的军队比其他诸侯的军队先到达霸上。秦王子婴乘着素车白马,把丝绳系在脖子上,封好皇帝用的玺印、符节,在轵道旁投降沛公。沛公的将领中有人建议杀死秦王。沛公说:"当初楚怀王派我来,就是因为我能宽厚待人;何况人家已经屈服投降,又杀掉他,是不吉利的。"于是就把秦王交给官吏看管起来,接着向西来到咸阳。沛公想要住进秦王的宫殿里,樊哙、张良劝谏他,于是封了秦宫的贵重珠宝财物和仓库,又率军驻扎霸上。沛公召集关中各县的父老权贵们前来,说:"父老们为秦朝苛刻的法律所苦已经很久了,诽谤朝廷的会被灭族,相聚议论国事的会被处斩。我曾和诸侯们约定,谁先入关谁就在关中称王,所以我应当做关中王。我现在和父老们约法三章:杀人者偿命,伤人和偷盗则视情节严重处以相应的刑罚。其他秦朝法律全部废除。诸位官吏都一切如故。我之所以到这里,是为父老们除害,并不是要损害欺凌大家,不要害怕。我率军回到霸上驻扎,是为了等待诸侯们前来共同商定今后的规约。"然后沛公派人与秦的官吏到各县乡去,把这番话告知百姓。秦人们听了非常高兴,争先恐后拿着牛羊酒饭等招待士兵们。沛公又推辞不肯接受,说:"仓库的粮食很多,并不缺乏,不想让大家破费。"秦人更加高兴,唯恐沛公不当秦王。

或说沛公曰:"秦富十倍天下,地形强。今闻章邯降项羽,项羽乃号为雍王,王关中。今则来①,沛公恐不得有此。可急使兵守函谷关,无内诸侯军②,稍征关中兵以自益,距之。"沛公然其计,从之。十一月中,项羽果率诸侯兵西,欲入关,关门闭。闻沛公已定关中,大怒,使黥布等攻破函谷关。十二月中,遂至戏。沛公左司马曹无伤闻项王怒,欲攻沛公,使人言项羽曰:"沛公欲王关中,令子婴为相,珍宝尽有之。"欲以求封。亚父劝项羽击沛公。方飨士,旦日合战。是时项羽兵四十万,号百万。沛公兵十万,号二十万,力不敌。会项伯欲活张良,夜往见良,因以文谕项羽③,项羽乃止。沛公从百余骑,驱之鸿门,见谢项羽。项羽曰:"此沛公左司马曹无伤言之。不然,籍何以生此!"沛公以樊哙、张良故,得解归④。归,立诛曹无伤。

〔注释〕

①则:若,如果。
②内:同"纳",进入。
③以文谕项羽:刘邦托项伯向项羽解释。文:言辞。谕:告知,使明白。
④解:逃脱。

〔译文〕

有人劝说沛公:"秦地的富足,超过天下其他地方十倍,且地势险要。现在听说章邯已经投降了项羽,项羽就封他为雍王,在关中称王。现在章邯快来关中了,则您恐怕不能再占有这个地方。现在赶快派兵把守函谷关,不要让诸侯的军队进来,并且征召一些关中的士兵来增强自己的力量,挡住诸侯的军队。"沛公认为有道理,就按他说的做了。十一月中旬,项羽果然率领诸侯的军队向西而来,想要入关,发现函谷关的门关闭着。项羽听说沛公已经平定关中,大怒,派黥布等人攻破了函谷关。十二月中旬,项羽率军到达戏地。沛公的左司马曹无伤听说项王非常生气,准备攻打沛公,就派人对项羽说:"沛公想要在关中称王,让子婴当丞相,将全部珍宝占为己有。"想从项王那里求得封赏。亚父范增力劝项羽攻打沛公。于是让士卒饱餐,准备第二天跟沛公作战。这时项羽军队四十万人,号称百万。沛公军队十万人,号称二十万,兵力上比不过项羽。正好此时项伯想救张良,连夜去见张良,沛公趁机说好话请项伯转告项羽,项羽于是没有攻打沛公。沛公带了一百多人,骑马来到鸿门,向项羽表示歉意。项羽说:"这是你的左司马曹无伤说的。不然,我又何至于做这样的事。"沛公因为樊哙、张良的缘故,得以脱身回去。回去后,立刻杀了曹无伤。

项羽遂西,屠烧咸阳秦宫室,所过无不残破。秦人大失望,然恐,不敢不服耳。

〔译文〕

　　于是项羽西进关中,屠杀咸阳百姓,烧毁秦朝宫殿,所过之处,无不残害破坏。秦人对项羽极其失望,但由于内心恐惧,不敢不服从他。

项羽使人还报怀王。怀王曰:"如约。"项羽怨怀王不肯令与沛公俱西入关,而北救赵,后天下约。乃曰:"怀王者,吾家项梁所立耳,非有功伐①,何以得主约!本定天下,诸将及籍也。"乃详尊怀王为义帝②,实不用其命。

〔注释〕

①攻伐:功劳。
②详:同"佯",假意,假装。

〔译文〕

项羽派人回去把这件事报告给楚怀王。楚怀王说:"遵照原来的盟约。"项羽怪楚怀王当时不肯让他和沛公一起西进入关,反而派他北上去救赵国,使得自己在先入关者先称王的约定中落后,就说:"怀王,是我项家的项梁所立,他没有什么功劳,凭什么主持盟约!本来平定天下的,就是将领们和我项籍。"于是假装尊奉楚怀王为义帝,实际上并不听从他的命令。

正月,项羽自立为西楚霸王,王梁、楚地九郡,都彭城。负约,更立沛公为汉王,王巴、蜀、汉中,都南郑。三分关中,立秦三将:章邯为雍王,都废丘;司马欣为塞王,都栎阳;董翳为翟王,都高奴。

〔译文〕

　　正月,项羽自立为西楚霸王,在梁、楚地区称王,共有九个郡,建都彭城。他背弃旧约,改封沛公为汉王,统治巴、蜀、汉中等地,建都南郑。把关中地区分为三块,分给了投降的三个秦将:封章邯为雍王,建都废丘;封司马欣为塞王,建都栎阳;封董翳为翟王,建都高奴。

　　四月,兵罢戏下,诸侯各就国。汉王之国,项王使卒三万人从,楚与诸侯之慕从者数万人。从杜南入蚀中,去辄烧绝栈道①,以备诸侯盗兵袭之,亦示项羽无东意。至南郑,诸将及士卒多道亡归,士卒皆歌思东归。韩信说汉王曰:"项羽王诸将之有功者,而王独居南郑,是迁也②。军吏士卒皆山东之人也③,日夜跂而望归④。及其锋而用之⑤,可以有大功。天下已定,人皆自宁,不可复用。不如决策东乡⑥,争权天下。"

〔注释〕

　　①栈道:在山体岩壁上凿孔,架木铺板修成的架空的通道,又叫"阁道"。
　　②迁:下放,流放。
　　③山东:崤山以东。
　　④跂(qǐ)而望归:形容归乡心切。跂:踮起脚。
　　⑤锋:锐气,势头。
　　⑥东乡:向东进发。乡:同"向"。

〔译文〕

四月,诸侯们在项羽的麾下解散,各去自己的封国就任。汉王去汉中,项王派了三万人跟随,但楚国和其他诸侯国的士兵因仰慕汉王而跟随他的,也有几万人。他们从杜县南进入蚀中,走后就烧掉栈道,以防止诸侯的军队偷袭,也是向项羽表示不打算再东进回关中的意思。到了南郑后,汉王的很多将领和士兵都在中途逃走了,留下的士兵们也都唱着家乡的歌曲,想要回到东边。韩信劝说汉王:"项羽把有功的将领封为王,却让大王您独自待在南郑,这实际上是放逐。军中的官吏和士卒都是崤山以东的人,日日夜夜都踮起脚盼望着能够回到家乡。趁他们这股势头,利用他们,可以建立大功业。等到天下太平,人们都追求安乐,就很难再用这股劲了。不如现在下决心向东进军,争夺天下。"

八月,汉王用韩信之计,从故道还,袭雍王章邯。邯迎击汉陈仓,雍兵败,还走;止战好畤,又复败,走废丘。汉王遂定雍地。东至咸阳,引兵围雍王废丘,而遣诸将略定陇西、北地、上郡。令将军薛欧、王吸出武关,因王陵兵南阳,以迎太公、吕后于沛。楚闻之,发兵距之阳夏,不得前。令故吴令郑昌为韩王,距汉兵。

〔译文〕

八月,汉王用韩信的计策,率军从陈仓故道回到秦地,袭击雍王章邯。章邯在陈仓和汉军对战,雍军兵败逃走;到好畤又和汉军作战,再次失败,逃往废丘。于是汉王平定雍地。汉军向东到达咸阳,一面派军队在废丘围住雍王,一面又派将领们平定了陇西、北地、上郡等地。又命令将军薛欧、王吸出武关,借助南阳王陵的兵力,去沛县迎接太公、吕后。楚王听说这件事后,派兵在阳夏阻挡汉军,使其不能向前。楚王封原来的吴县县令郑昌为韩王,抵抗汉军。

二年,汉王东略地,塞王欣、翟王翳、河南王申阳皆降。……汉王之出关至陕,抚关外父老。……二月,令除秦社稷,更立汉社稷。

[译文]

二年(前205),汉王向东出兵攻城,塞王司马欣、翟王董翳、河南王申阳均投降汉王。……汉王西出函谷关来到陕县,安抚关外父老。……二月,下令废掉秦朝社稷坛,另建立汉朝社稷坛。

新城三老董公遮说汉王以义帝死故[1]。汉王闻之,袒而大哭[2]。遂为义帝发丧,临三日[3]。发使者告诸侯曰:"天下共立义帝,北面事之。今项羽放杀义帝于江南[4],大逆无道。寡人亲为发丧,诸侯皆缟素。悉发关内兵,收三河士[5],南浮江汉以下,愿从诸侯王击楚之杀义帝者。"

〔注释〕

①三老:乡官名,职掌教化。遮:拦路,挡住。
②袒:袒露左臂。
③临(lìn):哭吊。
④放杀:放逐,杀害。
⑤三河:河东、河内、河南三郡。

〔译文〕

　　新城县的三老董公在路上拦住汉王,告诉汉王义帝被杀一事。汉王听了,立刻袒露左臂大哭。然后为义帝发丧,哭吊三天。派使者告诉各位诸侯,说:"天下人共同拥立义帝,对他北面称臣。现在项羽流放义帝,又在江南将他杀害,实在是大逆不道。我亲自为义帝发丧,各位诸侯也都身着白色丧服。我要调动关中的全部兵力,征集河南、河北、河内的士兵,顺着汉水、长江坐船南下,愿意与各位诸侯共同征讨楚国那个杀害义帝的人。"

　　是时项王北击齐。……虽闻汉东,既已连齐兵①,欲遂破之而击汉。汉王以故得劫五诸侯兵②,遂入彭城。项羽闻之,乃引兵去齐,从鲁出胡陵,至萧,与汉大战彭城灵壁东睢水上,大破汉军,多杀士卒,睢水为之不流。乃取汉王父母妻子于沛,置之军中以为质。当是时,诸侯见楚强汉败还,皆去汉复为楚。

〔注释〕

①连齐兵:与齐军连接交战。
②劫:胁持。这里指统领。

〔译文〕

这时,项王正在北面攻打齐国,……虽然听到汉王在东边发兵的消息,但既然已经和齐军交战,就想等灭齐之后再去迎击汉王。汉王趁机统领各个诸侯国的军队,攻入彭城。项羽知道后,立刻带兵离开齐地,从鲁地经由胡陵,到达萧县,与汉军大战于彭城灵璧东面的睢水上,大破汉军,杀死的士卒之多,使睢水都被堵塞而不能流动。项羽派人去沛县抓住汉王的父母妻子,扣留在军中作为人质。这个时候,诸侯们看到楚王强盛而汉王失败,又都离开汉王,重新归附楚王。

吕后兄周吕侯为汉将兵,居下邑。汉王从之,稍收士卒,军砀。汉王乃西过梁地,至虞。使谒者随何之九江王布所,曰:"公能令布举兵叛楚,项羽必留击之。得留数月,吾取天下必矣。"随何往说九江王布,布果背楚。楚使龙且往击之。

〔译文〕

吕后的哥哥吕泽(后封周吕侯)为汉王带兵,驻扎在下邑县。汉王到他那里之后,逐渐收罗起残兵,驻扎在砀县。然后汉王向西经过梁地,到达虞县。他派谒者随何去九江王英布那里,汉王对随何说:"你如果能劝英布举兵叛楚,那么项羽就必然会留下来攻打英布。只要能把项王拖上几个月,我就一定能够得到天下。"随何就去游说九江王英布,英布果然背叛楚国。楚国派龙且去攻打他。

九江王布与龙且战,不胜,与随何间行归汉。汉王稍收士卒,与诸将及关中卒益出,是以兵大振荥阳,破楚京、索间。

〔译文〕

九江王英布和龙且作战,没有打赢,于是与随何从小路回到汉王军中。汉王逐渐聚集起士兵,再加上各诸侯和关中的军队,因此于荥(xíng)阳重振兵力,在京、索之间大败楚军。

汉王军荥阳南,筑甬道属之河①,以取敖仓②。与项羽相距岁余。项羽数侵夺汉甬道,汉军乏食,遂围汉王。汉王请和,割荥阳以西者为汉。项王不听。汉王患之,乃用陈平之计,予陈平金四万斤,以间疏楚君臣③。于是项羽乃疑亚父。亚父是时劝项羽遂下荥阳,及其见疑,乃怒,辞老,愿赐骸骨归卒伍,未至彭城而死。

〔注释〕

①属:连接。
②敖仓:秦朝在敖山修建的粮仓。

③间疏:离间。

〔译文〕

汉王的军队驻扎在荥阳南面,修筑了一条甬道与黄河相连,以便从敖仓获取粮食。汉王与项羽相持了一年多。项羽多次派兵攻击甬道,汉军缺乏粮草,楚军因此围困住汉王。汉王向项羽求和,想分割荥阳以西的土地作为汉的领土。项王没有同意。汉王非常担忧,就采用陈平的计谋,给了陈平黄金四万斤,以离间楚国君臣。项羽中计,怀疑亚父范增。此时亚父正在劝说项羽尽快攻下荥阳,发现项王怀疑自己,非常生气,就以年老为由,要求就此离开回到老家,但尚未走到彭城就因病而死。

汉军绝食,乃夜出女子东门二千余人,被甲,楚因四面击之。将军纪信乃乘王驾,诈为汉王,诳①楚,楚皆呼万岁,之城东观,以故汉王得与数十骑出西门遁。

〔注释〕

①诳:欺骗。

〔译文〕

汉军粮草已经断绝,就趁夜里打开东门,放出两千多女子,让她们身穿铠甲,楚军以为是汉军士兵,上前围攻。将军纪信坐着汉王的车子,伪装成汉王假意投降,楚军高呼万岁,都跑到东门去观看,因此才能使汉王借机带着几十个骑兵从西门逃走。

汉王之出荥阳,入关收兵,欲复东。袁生说汉王曰:"汉与楚相距荥阳数岁,汉常困。愿君王出武关,项羽必引兵南走,王深壁①,令荥阳、成皋间且得休。使韩信等辑河北赵地②,连燕齐,君王乃复走荥阳,未晚也。如此,则楚所备者多,力分,汉得休,复与之战,破楚必矣。"汉王从其计,出军宛、叶间,与黥布行收兵③。

〔注释〕

①深壁:加深壁垒。
②辑:聚集,集合。
③行收兵:行军过程中收集兵卒。

〔译文〕

汉王从荥阳逃走,进入函谷关,聚集士兵,想再次向东进发。袁生劝说汉王道:"汉与楚在荥阳相持了几年,汉军常处在困境中。希望您从武关出兵,项羽肯定会带兵向南,您加固壁垒,让荥阳、成皋之间的军队趁机得到休整。派韩信等人联合黄河以北的赵地,联合燕国、齐国,您再率军开赴荥阳,依然为时不晚。这样做,楚军需要防备的多,军力分散,汉军反而能得到休整,再与楚军作战,必能攻破楚军。"汉王采纳袁生的计谋,出兵到宛县、叶县一带,并且和英布一路征集士卒。

项羽闻汉王在宛,果引兵南。汉王坚壁不与战。是时彭越渡睢水,与项声、薛公战下邳,彭越大破楚军。项羽乃引兵东击彭越。汉王亦引兵北军成皋。项羽已破走彭越,闻汉王复军成皋,乃复引兵西,拔荥阳,诛周苛、枞公,而虏韩王信,遂围成皋。

〔译文〕

项羽听说汉王到了宛县,果然带兵南下。汉王坚固壁垒,不和楚军交战。这时彭越率军渡过睢水,与项声、薛公在下邳作战,大败楚军。于是项羽又率军向东征讨彭越。汉王则率军向北行进,驻扎在成皋。项羽打败彭越,彭越退走,听到汉军又驻扎在成皋的消息,又领兵向西,攻下荥阳,杀死周苛、枞公,俘虏了韩王信,包围成皋。

汉王跳①,独与滕公共车出成皋玉门,北渡河,驰宿修武。自称使者,晨驰入张耳、韩信壁②,而夺之军。乃使张耳北益收兵赵地,使韩信东击齐。汉王得韩信军,则复振。

〔注释〕

①跳:轻装逃走。
②壁:军营。

〔译文〕

汉王只身逃走,单独和滕公共乘一车,两人一同逃出成皋的玉门,向北渡过黄河,等到了修武才住了下来。早晨自称是汉王的使者，驾车进入张耳、韩信的军营中，强行收回了他们的军队，接着派张耳向北去赵地征集更多的士兵，又派韩信去东边攻打齐国。汉王得到韩信的军队后，重振威信。

楚、汉久相持未决，丁壮苦军旅，老弱罢转饷①。汉王、项羽相与临广武之间而语②。项羽欲与汉王独身挑战。汉王数项羽曰："……吾以义兵从诸侯诛残贼，使刑余罪人击杀项羽③，何苦乃与公挑战！"项羽大怒，伏弩射中汉王。汉王伤匈④，乃扪足曰："虏中吾指！"汉王病创卧，张良强请汉王起行劳军，以安士卒，毋令楚乘胜于汉。汉王出行军⑤，病甚，因驰入成皋。

〔注释〕

①罢转饷：疲惫于运输粮草。罢，同"疲"。转，车运。饷，军队的粮草等物资。
②广武之间：广武涧。
③刑余罪人：指受过刑的罪犯。
④匈：同"胸"。
⑤行军：视察、慰劳军队。

〔译文〕

楚、汉相持日久，未决胜负，年轻力壮者苦于当兵打仗，年老体弱者也疲于运送粮草。某日，汉王、项羽分别站在广武涧的两边进行对话。项羽想跟汉王单独决斗，一决胜负。汉王却历数项羽的罪行，说道："……我是率领正义之师，与各位诸侯一起来诛灭你这残暴的贼人,让受过刑的罪犯杀你就行了,我何必跟你单打独斗呢!"项羽大怒,让埋伏的弓弩手动手,一箭射中汉王。汉王胸部受伤,却立刻弯下腰来,摸着脚说道:"这小贼射中了我的脚趾!"汉王受伤,卧床不起,张良坚决劝说汉王要起来巡行军营慰劳士兵,以安定军心,同时也不让楚军乘机袭击汉军。于是汉王出来巡视军队,伤势加重,乘车去了成皋。

病愈,西入关,至栎阳。……留四日,复如军①,军广武。关中兵益出。

〔注释〕

①如:到,往。

〔译文〕

汉王伤势好了之后,西入函谷关,到达栎阳。……待了四天之后,又回到军中,驻扎在广武县。关中兵力大举出动。

当此时,彭越将兵居梁地,往来苦楚兵,绝其粮食。……项羽数击彭越等,齐王信又进击楚。项羽恐,乃与汉王约,中分天下,割鸿沟而西者为汉,鸿沟而东者为楚。项王归汉王父母妻子,军中皆呼万岁,乃归而别去。

〔译文〕

这个时候,彭越正率兵驻扎在梁地,不断地骚扰楚军,断绝楚军的粮食。……项羽多次率兵去东边攻打彭越,而齐王韩信又南下攻楚。项羽害怕,就和汉王订立盟约,平分天下,鸿沟以西归汉王,鸿沟以东归项羽。项王放回了汉王的父母妻子,汉军全都高呼万岁,楚汉两军各自撤兵返回。

  项羽解而东归。汉王欲引而西归,用留侯、陈平计,乃进兵追项羽,至阳夏南止军,与齐王信、建成侯彭越期会而击楚军①。至固陵,不会。楚击汉军,大破之。汉王复入壁,深堑而守之。用张良计,于是韩信、彭越皆往。及刘贾入楚地,围寿春,汉王败固陵,乃使使者召大司马周殷举九江兵而迎武王,行屠城父,随刘贾、齐梁诸侯皆大会垓下②。

〔注释〕

  ①期会:约定日期会师。
  ②皆:同"偕",一起。

〔译文〕

  于是项羽撤兵东归。汉王也想带兵西还,但听从张良、陈平的计策,又率军向东追击项羽,到阳夏南面才停下来驻扎此地,等着和齐王韩信、建成侯彭越在约定的时间会合,一起攻打楚军。但汉王到固陵时,韩信、彭越还没有来会合。楚军攻打汉军,汉军大败。汉王又躲进营垒,挖深壕沟防守不出。汉王采用张良的计策,韩信、彭越这才前来会合。刘贾已经进入楚地并包围了寿春,汉王在固陵打了败仗,就派使者召大司马周殷带领九江的士兵去迎接英布,两人在行军途中屠灭城父县,然后跟着刘贾以及齐梁的其他诸侯一起在垓下会合。

五年,高祖与诸侯兵共击楚军,与项羽决胜垓下。淮阴侯将三十万自当之,孔将军居左,费将军居右,皇帝在后,绛侯、柴将军在皇帝后。项羽之卒可十万①。淮阴先合②,不利,却。孔将军、费将军纵③,楚兵不利,淮阴侯复乘之④,大败垓下。项羽卒闻汉军之楚歌,以为汉尽得楚地,项羽乃败而走,是以兵大败。使骑将灌婴追杀项羽东城,斩首八万,遂略定楚地。鲁为楚坚守不下。汉王引诸侯兵北,示鲁父老项羽头,鲁乃降。

〔注释〕

①可:大约。
②合:交锋。
③纵:出击,出兵。
④乘:升,加。

〔译文〕

汉王五年(前202),高祖和各诸侯的军队一起攻打楚军,与项羽在垓下一决胜负。韩信率兵三十万在正面迎敌,孔将军率军在左面,费将军陈贺率军在右面,皇帝刘邦在韩信的后面,周勃、柴武又跟在皇帝的后面。项羽的军队此时大约有十万人。

韩信先跟项羽对战，但失败了，向后退兵。孔将军、费将军从两翼出击，楚军的形势不利，这时韩信又从正面反攻，大败项羽于垓下。项羽的士兵夜里听到汉军唱的都是楚国的歌曲，以为汉军已经全部占领楚地，项羽逃走，楚军大败。汉王派骑将灌婴追赶项羽至东城，杀死项羽，斩杀楚兵八万，平定楚地。只有鲁县还在为项羽坚守，不肯投降。汉王带领大军北上到达鲁县，拿着项羽的头给鲁县父老们看，鲁县才投降汉王。

正月，诸侯及将相相与共请尊汉王为皇帝。汉王曰："吾闻帝贤者有也，空言虚语①，非所守也②，吾不敢当帝位③。"群臣皆曰："大王起微细④，诛暴逆，平定四海，有功者辄裂地而封为王侯⑤。大王不尊号，皆疑不信。臣等以死守之⑥。"汉王三让，不得已，曰："诸君必以为便，便国家。"甲午⑦，乃即皇帝位氾水之阳。

〔注释〕

①空言虚语：指不实在的话。
②守：求。
③当：担任。
④微细：卑微。这里指出身平民。
⑤裂地：分地。
⑥守：坚持。
⑦甲午：汉王五年（前202）二月初三。

〔译文〕

正月，各诸侯和汉王手下的将相们一起请求汉王称帝。汉王却说:"我听说皇帝之位是只有贤德之人才能拥有的,说话不实在的人是不能守住的,所以我不敢接受皇帝之位。"群臣都说:"大王出身贫寒,却诛灭暴逆之贼,平定四海,对有功的人就割地将其封为王侯。大王如果不接受皇帝的尊号,那么功臣们对大王的封赏就会有所怀疑。臣等誓死坚持大王接受皇帝的尊号。"汉王再三推让,实在不得已,说道:"如果诸位认为这样做有利于国家,那我就当皇帝!"于是在甲午之日,汉王在氾水的北面正式即位。

高祖置酒洛阳南宫。高祖曰:"列侯诸将无敢隐朕,皆言其情。吾所以有天下者何?项氏之所以失天下者何?"高起、王陵对曰:"陛下慢而侮人,项羽仁而爱人。然陛下使人攻城略地,所降下者因以予之,与天下同利也。项羽妒贤嫉能,有功者害之①,贤者疑之,战胜而不予人功,得地而不予人利,此所以失天下也。"高祖曰:"公知其一,未知其二。夫运筹策帷帐之中②,决胜于千里之外,吾不如子房。镇国家,抚百姓,给馈饷③,不绝粮道,吾不如萧何。连百万之军,战必胜,攻必取,吾不如韩信。此三者,皆人杰也,吾能用之,此吾所以取天下也。项羽有一范增而不能用,此其所以为我擒也。"

〔注释〕

①害:嫉妒,忌恨。
②筹策:谋划,计谋。

③给(jǐ)馈饷:供应粮饷。

〔译文〕

高祖在洛阳南宫摆设宴席。在席间高祖说道:"各位诸侯和将领们不要对我隐瞒,都来说说真心话。我之所以得天下,原因是什么?项羽之所以失天下,原因是什么?"高起、王陵回答说:"虽然陛下傲慢且喜欢侮辱人,项羽仁慈而爱护别人,但是陛下每次派人攻城略地,谁攻打下这个地方就封给谁,这是和天下人同享利益。项羽却嫉贤妒能,有功的人他就设法加害,贤能的人他就怀疑,打了胜仗却不论功行赏,得了土地也不给别人分享好处,这就是他失去天下的原因。"高祖说:"你们只知其一,不知其二。要说运筹帷幄,决胜于千里之外,我不如张良。镇守后方,安抚百姓,供给粮草,使粮道不中断,我不如萧何。统率百万大军,战必胜,攻必取,我不如韩信。这三个人,都是人中豪杰,而我能任用他们,这就是我取得天下的原因。项羽只有一个范增还不能任用,所以会被我抓住。"

高祖欲长都洛阳,齐人刘敬说,及留侯劝上入都关中,高祖是日驾,入都关中。六月,大赦天下。

〔译文〕

高祖本想长期建都洛阳,但齐人刘敬劝说高祖,然后留侯张良也劝说高祖入都关中,高祖当天就起身,进入关中建都。六月,高祖大赦天下。

六年,高祖五日一朝太公,如家人父子礼。太公家令说太公曰:"天无二日,土无二王。今高祖虽子,人主也;太公虽父,人臣也。奈何令人主拜人臣!如此,则威重不行。"后高祖朝,太公拥篲,迎门却行①。高祖大惊,下扶太公。太公曰:"帝,人主也,奈何以我乱天下法!"于是高祖乃尊太公为太上皇。心善家令言,赐金五百斤。

〔注释〕

①篲(huì):扫帚。下文"却行"意为倒退着走。"拥篲却行"以示恭敬。

〔译文〕

高祖六年(前201),高祖每五天朝见一次太公,依照家中的父子之礼。太公的家令劝诫太公说:"天上没有两个太阳,地上没有两个君王。现在高祖虽然是你的儿子,但他却是一国之君;太公虽然是高祖的父亲,却又是君王的臣子。怎么能让君王拜见臣子呢!如果这样做,会让君王失去威严和尊重。"后来高祖来朝见太公,太公抱着扫帚在门口迎接,倒退着行走。高祖大惊,下车搀扶住太公。太公说:"皇帝是一国之君,怎么能因为我而弄乱天下的法度!"于是高祖就尊太公为太上皇。高祖在心里称赞家令的话,赐给他黄金五百斤。

未央宫成。高祖大朝诸侯群臣,置酒未央前殿。高祖奉玉卮,起为太上皇寿,曰:"始大人常以臣无赖①,不能治产业,不如仲力②。今某之业所就孰与仲多?"殿上群臣皆呼万岁,大笑为乐。

〔注释〕

①无赖:没有才能,不中用。
②力:努力。

〔译文〕

　　未央宫建成。高祖大会诸侯和群臣,在未央宫前殿大摆酒席。高祖捧着玉做的酒杯,起身向太上皇敬酒,说道:"当初大人常认为我没有用,不能治理产业,不如仲能干。如今我的产业和仲的相比,谁的多?"殿上群臣都高呼万岁,大笑作乐。

　　十一年……春,淮阴侯韩信谋反关中,夷三族。

〔译文〕

　　高祖十一年(前196)……春天,淮阴侯韩信在关中谋反,失败,被诛灭三族。

　　夏,梁王彭越谋反,废迁蜀;复欲反,遂夷三族。立子恢为梁王,子友为淮阳王。

〔译文〕

　　夏天,梁王彭越谋反,失败后封号被废,贬往蜀地;彭越还想要造反,被灭掉三族。高祖封儿子刘恢为梁王,儿子刘友为淮阳王。

秋七月,淮南王黥布反。……高祖自往击之。立子长为淮南王。

〔译文〕

秋天七月,淮南王英布造反。……高祖亲自带兵前去征讨。封儿子刘长为淮南王。

高祖还归,过沛,留。置酒沛宫,悉召故人父老子弟纵酒。发沛中儿得百二十人,教之歌。酒酣,高祖击筑,自为歌诗曰:"大风起兮云飞扬,威加海内兮归故乡,安得猛士兮守四方!"令儿皆和习之。高祖乃起舞,慷慨伤怀,泣数行下。谓沛父兄曰:"游子悲故乡①。吾虽都关中,万岁后吾魂魄犹乐思沛②。且朕自沛公以诛暴逆,遂有天下,其以沛为朕汤沐邑③,复其民④,世世无有所与⑤。"沛父兄诸母故人日乐饮极欢,道旧故为笑乐。十余日,高祖欲去,沛父兄固请留高祖。高祖曰:"吾人众多,父兄不能给。"乃去。沛中空县皆之邑西献⑥。高祖复留止,张饮三日⑦。沛父兄皆顿首曰:"沛幸得复,丰未复,唯陛下哀怜之。"高祖曰:"丰吾所生长,极不忘耳,吾特为其以雍齿故反我为魏⑧。"沛父兄固请,乃并复丰,比沛。于是拜沛侯刘濞为吴王。

〔注释〕

①悲：思念。

②乐思沛：喜欢和思念沛县。

③汤沐邑：皇室之人收取赋税的私邑。

④复：免除徭役赋税。

⑤与：参与。

⑥献：献牛和酒。古代馈赠、犒劳、祭祀所用的物品。

⑦张：同"帐"，这里指设帷帐。

⑧特：只是，只不过。

〔译文〕

高祖率军北归，经过沛县，停留下来。高祖在沛宫摆设酒席，把以前的朋友和乡亲都召来喝酒。从沛县找来了一百二十个青少年，教他们唱歌。酒喝到畅快时，高祖一边击筑，一边自作歌，唱道："大风起兮云飞扬，威加海内兮归故乡，安得猛士兮守四方！"让这些青少年都跟着一起唱。接着高祖起舞，慷慨感伤，流下泪来。他对沛县的父老们说道："游子思念故乡。我虽然在关中建都，但将来身死之后，魂魄却仍然喜爱和思念故乡沛县。况且我是从沛公这个身份开始诛讨暴逆的，最终夺取了天下，现在就让沛县作为我的汤沐邑，免除沛县百姓的赋税徭役，世世代代都不需要纳税服役。"沛县的男女长辈、故旧亲朋天天开怀欢饮，说些故人旧事为乐。过了十多天，高祖准备离开，沛县的父老们仍执意挽留。高祖说："我带的人很多，大家要供养不起了。"于是高祖就动身离开。沛县的百姓倾城而出，都到城西向高祖进献牛、酒等礼物。高祖又留了下来,设置了帷帐和他们欢饮三天。沛县父老们叩头请求道:"沛县有幸,得以免除徭役赋税,但丰邑的徭役赋税还没有免掉,愿陛下可怜丰邑,也免掉吧。"高祖说:"丰邑本来是我生长的地方,我是不会忘记的,但丰邑曾经跟随雍齿而反叛我去帮助魏国。"沛县的父老百姓坚持请求,于是高祖和对待沛县一样,也免除了丰邑的赋税。又封沛侯刘濞为吴王。

汉将别击布军洮水南北,皆大破之,追得斩布鄱阳。

〔译文〕

汉将追击英布的军队一直到了洮水两岸,大破英布的军队,又在鄱阳追上并杀死英布。

高祖击布时,为流矢所中①,行道病。病甚,吕后迎良医。医入见,高祖问医。医曰:"病可治。"于是高祖嫚骂之曰②:"吾以布衣提三尺剑取天下,此非天命乎?命乃在天,虽扁鹊何益!"遂不使治病,赐金五十斤罢之。已而吕后问:"陛下百岁后,萧相国即死,令谁代之?"上曰:"曹参可。"问其次,上曰:"王陵可。然陵少戆③,陈平可以助之。陈平智有余,然难以独任。周勃重厚少文,然安刘氏者必勃也,可令为太尉。"吕后复问其次,上曰:"此后亦非而所知也。"

〔注释〕

①流矢:飞箭。
②嫚骂:辱骂。
③戆(zhuàng):憨厚刚直。

〔译文〕

高祖追击英布时,被流箭射中,在回来的路上伤重生病。后来病情越来越严重,吕后请来名医。医生看过后,高祖问病情如何。医生说:"病还可以治好。"但高祖却骂道:"我身为一介布衣,手提三尺长剑而得天下,这不就是天命吗?命是天定的,即使有扁鹊,又有什么用!"于是高祖不让医生医治,赏他黄金五十斤,让他离开了。过了一阵,吕后问高祖道:"陛下百年之后,如果萧何死了,让谁来接替他?"高祖说:"曹参可以。"吕后又问曹参之后,高祖说:"王陵可以。不过王陵性情稍微有点鲁莽,可以让陈平协助他。陈平智慧有余,却难以独自担当大任。周勃学问不足但稳重敦厚,将来能安定刘氏天下的一定是周勃,可以让他做太尉。"吕后又问之后的事,高祖说:"这之后也不是你能知道的了。"

四月甲辰,高祖崩长乐宫。

〔译文〕

四月甲辰日,高祖病逝于长乐宫。

孔子世家

[**题解**]

  孔子,中国古代思想家、教育家,儒家学派的创始人,对中国思想史、文化史有着重要贡献和深远影响。孔子虽非诸侯,但司马迁对孔子的成就极为推崇,遂将孔子列入"世家"。

  本篇讲述了孔子出生、成长、勤学、授徒、入仕,周游列国十四载后返回鲁国,从事教育和文化典籍整理的经历。孔子一生怀抱政治理想,积极宣扬自己的政治主张,虽处处碰壁,遭遇挫折仍百折不挠。在教育方面,孔子首开私人授徒讲学,学而不厌,诲人不倦,提倡有教无类,循循善诱。孔子编纂和整理了《诗》《书》《礼》《乐》《易》《春秋》等重要古代文化典籍,为古代典籍的保存和传播做出了巨大贡献。

  《孔子世家》深刻地揭示了孔子一生"知其不可为而为之"的悲剧色彩,表现了司马迁对孔子极高的敬重和同情,也是研究孔子生平和思想的重要文献资料。

  孔子生鲁昌平乡陬邑。其先宋人也,曰孔防叔。防叔生伯夏,伯夏生叔梁纥。纥与颜氏女野合而生孔子^①,祷于尼丘得孔子。鲁襄公二十二年而孔子生。生而首上圩顶^②,故因名曰丘云。字仲尼,姓孔氏。

〔注释〕

①野合:未经婚嫁之礼而私配。
②圩(yú)顶:头顶凹陷。

〔译文〕

孔子生于鲁国的昌平乡陬邑。他的祖先是宋国人,叫孔防叔。孔防叔生伯夏,伯夏生叔梁纥。叔梁纥与一位颜姓的女子没经过正式婚娶就生了孔子。他们到尼丘山祈祷求子,之后得了孔子。鲁襄公二十二年(前551),孔子诞生。他出生时头顶凹而四周高,所以给他取名叫作丘。他的字是仲尼,姓孔。

丘生而叔梁纥死,葬于防山。防山在鲁东,由是孔子疑其父墓处,母讳之也^①。孔子为儿嬉戏,常陈俎豆^②,设礼容。孔子母死,乃殡五父之衢^③,盖其慎也。陬人挽父之母诲孔子父墓^④,然后往合葬于防焉。

〔注释〕

①讳:不愿说。
②俎(zǔ)豆:古代祭祀时盛放祭品的器具。
③殡:停放灵柩。这里指临时埋葬。五父之衢(qú):街道名。
④诲:告诉,告知。

孔子世家

〔译文〕

　　孔子出生后不久,父亲叔梁纥就死了,葬在防山。防山在鲁国东部,但孔子一直不知道父亲的坟墓在什么地方,他的母亲不愿意说这件事。孔子小时候做游戏,常常摆放各种祭器,学习大人的样子进行祭祀的礼节仪式。孔子的母亲过世后,孔子就把她的灵柩暂时停放在五父之衢,这是因为还没有找到父亲的墓地,所以谨慎地没有立刻埋葬母亲。陬邑人挽(wǎn)父的母亲把孔子父亲的墓地告诉了他,然后孔子就把母亲的灵柩与父亲一起葬在防山。

　　孔子年十七,鲁大夫孟釐子病且死①,诫其嗣懿子曰:"孔丘,圣人之后,灭于宋。其祖弗父何始有宋而嗣让厉公。及正考父佐戴、武、宣公,三命兹益恭②,故鼎铭云:'一命而偻③,再命而伛④,三命而俯,循墙而走,亦莫敢余侮。饘于是⑤,粥于是,以糊余口。'其恭如是。吾闻圣人之后,虽不当世⑥,必有达者。今孔丘年少好礼,其达者欤?吾即没,若必师之。"及釐子卒,懿子与鲁人南宫敬叔往学礼焉。是岁,季武子卒。平子代立⑦。

〔注释〕

①且:将要,将近。
②三命:为公侯伯之卿。命:爵命。兹益:更加。兹:同"滋"。

③偻(lǚ):躬背,这里指弯腰鞠躬。
④伛(yǔ):弯腰。
⑤馓(zhān):稠粥。这里指煮粥。
⑥当世:执政。
⑦平子代立:事见鲁昭公二十四年(前518)。

〔译文〕

孔子十七岁那年,鲁国大夫孟釐(lí)子病重,临终前告诫他的儿子懿子说:"孔丘,是圣人的后代,他的先祖在宋国,后来家族衰败了。他的祖先弗父何本来可以当宋国国君,但让位给了弟弟厉公。到了正考父时,先后辅佐宋国的戴公、武公、宣公三代,曾三次受命晋封,却一次比一次更谦恭,所以正考父的一个鼎上刻着铭文说:'第一次任命鞠躬而受,第二次任命弯腰而受,第三次任命俯首而受,走路时顺着墙根走,也就没有人敢来欺侮我。每天煮粥,来糊口度日。'他的谦恭就是这个样子。我听说圣人的后代,即使不做官执政,也必定会声名显达。现在孔子年轻却好礼,就是那个会声名显达的人吧?我快要死了,你一定要请他当你的老师。"等孟釐子过世后,孟懿子和鲁国人南宫敬叔就去孔子那里学礼。这一年,季武子死。季平子接替他立为卿。

鲁南宫敬叔言鲁君曰:"请与孔子适周①。"鲁君与之一乘车,两马,一竖子俱②,适周问礼,盖见老子云。辞去,而老子送之曰:"吾闻富贵者送人以财,仁人者送人以言。吾不能富贵,窃仁人之号,送子以言,曰:'聪明深察而近于死者，好议人者也。博辩广大危其身者，发人之恶者也。为人子者毋以有己，为人臣者毋以有己。'"孔子自周反于鲁，弟子稍益进焉。

〔注释〕

①适：往，到。
②竖子：童仆。俱：一起。

〔译文〕

鲁国的南宫敬叔对鲁昭公说："请让我和孔子一起去周王室那里。"鲁昭公给了他们一辆车、两匹马，一名童仆跟随，到周去问礼，大概还见到了老子。辞别之时，老子送他们，说："我听说富贵的人用财物赠送别人，而仁人用语言赠送别人。我不是富贵的人，只能窃用'仁人'的名号，送给您几句话，是：'聪明深察的人往往更靠近死亡，因为他们喜欢议论别人。博学善辩才能广大的人往往更不安全，因为他们常揭露别人的罪恶。做子女的应忘掉自己，做臣子的同样也要忘掉自己。'"孔子从周王室回到鲁国，他的弟子逐渐多了起来。

孔子年五十。公山不狃以费畔季氏，使人召孔子。孔子循道弥久，温温无所试，莫能己用，曰："盖周文、武起丰、镐而王，今费虽小，傥庶几乎①！"欲往。子路不说，止孔子。孔子曰："夫召我者岂徒哉②？如用我，其为东周乎！"然亦卒不行。

其后定公以孔子为中都宰,一年,四方皆则之③。由中都宰为司空,由司空为大司寇。

〔注释〕

①傥:同"倘",或许。庶几:差不多。
②徒:徒劳,白费。
③则:效法。

〔译文〕

孔子五十岁。公山不狃凭借费城而背叛季氏,派人请孔子前去。孔子探索所依循的治国之道已经很长时间,但抑郁不得志,无处施展,没有人任用自己,说:"当初周文王、周武王兴起于丰、镐而成就王业,现在费城虽然很小,但也许差不多吧!"想要去费城。子路很不高兴,阻止孔子。孔子说:"请我去,难道能让我白跑一趟吗?如果用我,我将在东方复兴周王朝!"然而最终也没能去费城。

后来鲁定公任命孔子做中都的地方官,一年后,各诸侯国都效法孔子的做法。孔子由中都的长官提升为鲁国的司空,又由司空提升为大司寇。

定公十年春,及齐平①。夏,齐大夫黎鉏言于景公曰:"鲁用孔丘,其势危齐。"乃使使告鲁为好会,会于夹谷。鲁定公且以乘车好往②。孔子摄相事,曰:"臣闻有文事者必有武备,有武事者必有文备。古者诸侯出疆,必具官以从。请具左右司马。"定公曰:"诺。"具左右司马。会齐侯夹谷,为坛位③,土阶三等④,以会遇之礼相见⑤,揖让而登。献酬之礼毕,齐有司趋而进曰:"请奏四方之乐⑥。"景公曰:"诺。"于是旍旄羽袚矛戟剑拨鼓噪而至⑦。孔子趋而进,历阶而登⑧,不尽一等,举袂而言曰:"吾两君为好会,夷狄之乐何为于此!请命有司⑨!"有司却之,不去,则左右视晏子与景公。景公心怍⑩,麾而去之。有顷,齐有司趋而进曰:"请奏宫中之乐。"景公曰:"诺。"优倡侏儒为戏而前。孔子趋而进,历阶而登,不尽一等,曰:"匹夫而营惑诸侯者罪当诛⑪!请命有司!"有司加法焉⑫,手足异处。景公惧而动,知义不若,归而大恐,告其群臣曰:"鲁以君子之道辅其君,而子独以夷狄之道教寡人,使得罪于鲁君,为之奈何?"有司进对曰:"君子有过则谢以质,小人有过则谢以文⑬。君若悼之⑭,则谢以质。"于是齐侯乃归所侵鲁之郓、汶阳、龟阴之田以谢过。

〔注释〕

①平:亦称为"成",指两国和好。

②乘车:即安车,供有地位的人使用。安车多用一马,礼尊者则用四马。好往:毫无戒备地前往。

③坛:以土筑成,用于祭祀、朝会及盟誓的高台。

④土阶三等:登坛的台阶只有三级。

⑤会遇之礼:指国君相会时的一种比较简略的礼节。

⑥四方之乐:指四方少数民族的舞乐。
⑦旍(jīng)旄羽袚(fú)矛戟剑拨(fá):乐舞中使用的舞具物品。旍、旄:旗类。用以指挥或开道。羽、袚:羽毛编成的舞具。拨:大盾。
⑧历阶而登:指一步一个台阶。古代礼法规定,登台阶时应每一级并一次脚。这里指事态紧急,顾不上并足。
⑨有司:主管官员。
⑩怍(zuò):惭愧。
⑪营惑:迷惑。
⑫加法:施加刑法。
⑬文:花言巧语。上文"质"指具体实在的东西。
⑭悼:痛心,悔愧。

〔译文〕

鲁定公十年(前500)的春天,鲁国与齐国和解。到了夏天,齐国大夫黎鉏对齐景公说:"鲁国任用孔丘,势必威胁到齐国。"于是景公派使者告诉鲁定公,举行两国的友好会见,地点约在齐国的夹谷。鲁定公准备坐着安车前往,且没有做任何戒备工作。孔子以大司寇的身份代理宰相职务,对鲁定公说:"我听说办理文事必须要有武力准备,办理武事也必须要有文事的准备。以前诸侯但凡离开自己国家,一定会带着必要的文武官员跟随。请您也安排左、右司马一起去。"鲁定公说:"好的。"就带着左、右司马一道前往。在夹谷与齐景公相见,那里已经修建土坛,坛上共有三级台阶,两位国君以平等简洁的礼节相见,互相推让着登上土坛。相互敬酒应酬的礼仪结束之后,齐国相关的管事官员快步上前,请示说:"请允许演奏四方各族的乐舞。"齐景公说:"好的。"于是有人前面举旗,拿着羽毛做成的舞具,一群士兵手执矛、戟、剑、盾等武器喧哗着一起到了坛下。孔子立刻小步快速地来到坛下，一步登一个台阶，还差最后一级台阶时，抬臂挥袖对坛下说道："我们两国国君友好会面，这些夷狄的乐舞为什么会在这里表演！管事官员快来处理！"管事的官员只好让士兵们退下，但他们却不肯离开，于是孔子左右来回看着晏婴与齐景公。齐景公心里觉着羞愧，挥手让士兵们离开。过了一会儿，齐国的管事官员又快步过来请示说："请允许演奏宫中的乐舞。"景公说："好的。"于是一些玩笑取乐的艺人和侏儒都上前来表演。孔子再次小步快速地来到坛下，一步登一个台阶，在还差登最后一级台阶时说道："这些小人敢过来迷惑诸侯，论罪当杀！管事官员快来处理！"于是管事官员只好执行腰斩之刑，让他们手足异处。齐景公大为惊恐，知道自己在道义上比不了孔子，回到齐国后非常害怕，跟他的大臣们说："鲁国的臣子孔子是以君子之道辅佐国君的，而你们却用夷狄的办法来教我，让我得罪了鲁国国君，这该怎么办？"齐国管事的官员上前说道："君子有了过错，就用实际行动来道歉；小人有了过错，却用花言巧语掩盖自己的错误来道歉。您如果担心这事，就用实际行动来道歉吧。"于是齐景公就归还了原来侵占的鲁国的郓、汶阳、龟阴等地，以此来向鲁国表示歉意。

定公十三年夏，孔子言于定公曰："臣无藏甲①，大夫毋百雉之城②。"使仲由为季氏宰，将堕三都③。于是叔孙氏先堕郈。季氏将堕费，公山不狃、叔孙辄率费人袭鲁。公与三子入于季氏之宫，登武子之台。费人攻之,弗克,入及公侧。孔子命申句须、乐颀下伐之,费人北。国人追之,败诸姑蔑。二子奔齐,遂堕费。将堕成,公敛处父谓孟孙曰:"堕成,齐人必至于北门。且成,孟氏之保鄣④,无成,是无孟氏也。我将弗堕。"十二月,公围成,弗克。

〔注释〕

①甲:这里指武器。
②雉:长三丈高一丈为一雉。
③三都:指季孙氏之费、孟孙氏之成、叔孙氏之邱。
④鄣:同"障"。

〔译文〕

鲁定公十三年(前497)夏天,孔子对定公说:"大臣家里不能收藏武器,大夫不能有高一丈、长三百丈的城墙。"于是派仲由去当季氏的家臣,准备拆掉季孙氏、孟孙氏、叔孙氏三家封邑的城墙。于是叔孙氏先把邱邑的城墙拆掉。季孙氏准备拆费邑城墙的时候,公山不狃和叔孙辄率领费邑的人袭击鲁国。鲁定公和季孙氏、孟孙氏、叔孙氏三人躲进季氏的家中,登上武子的高台。费人攻打他们,没能打胜,但有一些人先进入定公所登的武子之台的旁边。孔子命令申句须、乐颀下台去讨伐他们,费邑的人失败逃跑。鲁国人追赶上去,在姑蔑把他们彻底打败。公山不狃、叔孙辄两人逃到了齐国,于是把费邑的城墙也拆掉。准备拆成邑的城墙时,孟孙氏的家臣公敛处父告诉孟孙氏说:"如果拆掉成邑的城墙,齐国人一定会来到北门的。况且成邑是你们孟孙氏的保障,没有成邑也就没有了孟孙氏。我不打算拆掉城墙。"十二月,鲁定公率兵围攻成邑,没有取胜。

定公十四年,孔子年五十六,由大司寇行摄相事,有喜色。门人曰:"闻君子祸至不惧,福至不喜。"孔子曰:"有是言也。不曰'乐其以贵下人'乎?"于是诛鲁大夫乱政者少正卯。与闻国政三月,粥羔豚者弗饰贾①,男女行者别于涂②,涂不拾遗;四方之客至乎邑者不求有司,皆予之以归。

〔注释〕

①粥:同"鬻(yù)",卖。贾:同"价"。
②涂:同"途",道路。

〔译文〕

鲁定公十四年(前496),孔子五十六岁,他由大司寇代理宰相的职务,脸上露出喜色。他的弟子说:"听说君子有灾祸降临而不感到害怕,有福气到来也不会面露喜色。"孔子说:"是有这样的话。但不是还有一句'身居高位而以能礼贤下士为乐'吗?"于是杀掉了鲁国一位扰乱国政的大夫少正卯。孔子参与国政三个月后,卖小羊、小猪的人就不敢乱要价钱了;男女在路上行走时自觉地互相分开各走一边;掉在路上的东西也没有人捡走;四方的人来到鲁国的,不用去向管事的官员们求告,就都能得到很好的接待和照顾,如同回到自己家一样。

齐人闻而惧,曰:"孔子为政必霸,霸则吾地近焉,我之为先并矣。盍致地焉?"黎鉏曰:"请先尝沮之①,沮之而不可则致地,庸迟乎!"于是选齐国中女子好者八十人,皆衣文衣而舞《康乐》②,文马三十驷③,遗鲁君。陈女乐文马于鲁城南高门外④。季桓子微服往观再三,将受,乃语鲁君为周道游⑤,往观终日,怠于政事。子路曰:"夫子可以行矣。"孔子曰:"鲁今且郊⑥,如致膰乎大夫⑦,则吾犹可以止。"桓子卒受齐女乐,三日不听政;郊,又不致膰俎于大夫。孔子遂行,宿乎屯。而师己送,曰:"夫子则非罪。"孔子曰:"吾歌可夫?"歌曰:"彼妇之口,可以出走;彼妇之谒,可以死败。盖优哉游哉,维以卒岁!"师己反,桓子曰:"孔子亦何言?"师己以实告。桓子喟然叹曰:"夫子罪我以群婢故也夫!"

〔注释〕

①沮:破坏,阻挠。

②文衣:指华丽的衣服。《康乐》:舞曲名。

③文马:身上有花纹的马。驷:古代一车有四匹马为一驷。

④高门:鲁都城南门。

⑤周道游:指出游各地。

⑥郊:城外举行的祭天仪式。

⑦膰(fán):祭祀用的烤肉。"致膰"指把祭祀用的烤肉分发给各大臣,以示尊重。

〔译文〕

　　齐国听说后非常害怕,说:"假如孔子一直在鲁国执政,鲁国就定能称霸,而如果鲁国称霸,我们齐国离它最近,必定会先来吞并我们。我们何不先让给鲁国一些土地呢?"黎鉏说:"我们先尝试阻止他们,如果不成,再割让土地,难道这还算迟吗?"于是从齐国挑选了八十个美貌女子,都穿上华丽的衣服,教她们跳《康乐》之舞,再加上身上有花纹的马一百二十四,一起送给鲁君。先把女乐和文马置于鲁国都城南面的高门外。季桓子穿着便服去看了好几次,准备接受下来,就告诉鲁君说自己打算周游视察,却整天待在南门欣赏,对政事非常懈怠。子路对孔子说:"先生可以离开了。"孔子说:"鲁国就要去郊外祭天了,如果祭祀后还能按照礼法把祭肉分给大夫们,那么我还是可以留下来。"季桓子终于接受了齐国送来的女乐,连着三天不过问朝政之事;在郊外祭天之后,又不把祭肉分给大夫们。于是孔子离开了鲁国,夜里住在屯邑。鲁国的师己来为孔子送行,说:"先生您没有过错。"孔子说:"我能唱一首歌吗?"于是孔子唱道:"妇人之言,可以让人出走奔亡;妇人之谒,可以让人身死事灭。悠闲啊悠闲,只有这样才能安度岁月!"师己返回后,季桓子问道:"孔子说了些什么?"师己如实相告。季桓子长叹一声,说道:"先生是怪我接受了齐国那群女乐!"

　　孔子遂适卫。……居十月,去卫。将适陈,过匡,颜刻为仆,以其策指之曰:"昔吾入此,由彼缺也。"匡人闻之,以为鲁之阳虎。阳虎尝暴匡人,匡人于是遂止孔子。

孔子状类阳虎,拘焉五日。颜渊后,子曰:"吾以汝为死矣。"颜渊曰:"子在,回何敢死!"匡人拘孔子益急,弟子惧。孔子曰:"文王既没,文不在兹乎?天之将丧斯文也,后死者不得与于斯文也;天之未丧斯文也,匡人其如予何!"孔子使从者为宁武子臣于卫,然后得去。

〔译文〕

　　于是孔子到了卫国。……住了十个月,离开卫国。将要到陈国去,经过卫国一个叫匡的地方,颜刻正好为孔子赶车,用马鞭指着城墙说:"我从前进过匡城,就是从那个缺口进去的。"匡人听他这样说,以为孔子是鲁国的阳虎。阳虎曾经欺凌过匡人,于是匡人就围困住孔子。孔子的模样很像阳虎,被困住五天。颜渊赶来后,孔子说:"我还以为你已经死了。"颜渊说:"您还活着,我怎么敢死呢!"匡人围攻孔子越来越急,弟子们都很害怕。孔子说:"周文王已经逝去,周代的礼乐不就在我们这里吗?如果上天真的要毁灭周的礼乐,就不会让我学习它;上天不想让周的礼乐毁灭,匡人又能拿我怎么样呢!"孔子派了一个他的学生到卫国的宁武子那里做家臣,这才得以离开匡邑。

　　灵公夫人有南子者,使人谓孔子曰:"四方之君子不辱欲与寡君为兄弟者①,必见寡小君②。寡小君愿见。"孔子辞谢,不得已而见之。夫人在絺帷中③。孔子入门,北面稽首④。夫人自帷中再拜,环珮玉声璆然⑤。孔子曰:"吾乡为弗见⑥,见之礼答焉。"子路不说。孔矢之曰⁷:"予所不者⁸,天厌之!天厌之!"居卫月余,灵公与夫人同车,宦者雍渠参乘⁹,出,使孔子为次乘,招摇市过之。孔子曰:"吾未见好德如好色者也。"于是丑之,去卫,过曹。是岁,鲁定公卒。

〔注释〕

①不辱:不以为辱。
②寡小君:称本国国君夫人为"寡小君",谦辞。
③绤(chī)帷:细葛布做的帐子。
④稽(qǐ)首:叩头触地,古代最恭敬的拜见之礼。
⑤璆(qiú)然:美玉碰撞发出的声音。
⑥乡:同"向",向来。为:将要。
⑦矢:发誓。
⑧不(fǒu):否。
⑨参乘(shèng):参乘居右,在车上担任警卫工作。这里指陪乘。

〔译文〕

卫灵公有个叫南子的夫人,派人来对孔子说:"各国的君子,凡是愿意与我国国君建立像兄弟一般情谊的,必定会来见我们南子夫人。南子夫人也愿意见您。"孔子先推辞谢绝,后来推辞不过,不得已去见了南子。南子夫人坐在一层细薄的帷帐后面等待。孔子进门后,向北面叩头。南子夫人也从帷帐里拜了两拜,身上佩戴的各种饰物发出叮叮当当的响声。孔子回来后说:"我本来是不想去见她的,但是见了也就只好以礼相答。"子路很不高兴。孔子就发誓说:"我如果说谎了,上天一定会厌弃我!上天一定会厌弃我!"孔子他们在卫国住了一个多月,灵公与南子夫人同车,宦官雍渠陪侍在车右,一起出宫,又让孔子坐在第二辆车子上跟随着,在集市上招摇而过。孔子说:"我从没有见过喜好道德能像喜好美色一样。"于是对卫灵公的做法感到羞耻,就离开卫国,往曹国去了。在这一年,鲁定公去世。

孔子去曹适宋,与弟子习礼大树下。宋司马桓魋欲杀孔子,拔其树。孔子去。弟子曰:"可以速矣。"孔子曰:"天生德于予,桓魋其如予何!"

[译文]

孔子离开曹国来到宋国,与弟子们一起在大树下演习礼仪。宋国的司马桓魋(tuí)想杀孔子,就派人把树拔掉。孔子又离开宋国。弟子们说:"我们快点走吧。"孔子却说:"上天既然把传播德行的责任赋予我,桓魋又能把我怎么样呢!"

孔子适郑,与弟子相失,孔子独立郭东门。郑人或谓子贡曰:"东门有人,其颡似尧①,其项类皋陶,其肩类子产,然自要以下不及禹三寸②,累累若丧家之狗③。"子贡以实告孔子。孔子欣然笑曰:"形状,末也④;而谓似丧家之狗,然哉!然哉!"

[注释]

①颡(sǎng):额头。

②要:同"腰"。
③累累:颓丧的样子。
④末:不重要。一说,"末"乃"未"之讹,未必的意思。

〔译文〕

孔子到了郑国,与弟子们走散了,一个人站在外城的东门处。有郑国人对子贡说:"东门有个人,他的额头像唐尧,脖子像皋陶,肩膀像子产,就是腰部以下比禹矮了三寸,他那郁郁不得志的样子像一条丧家狗。"子贡见到孔子,就把这番话如实地告诉了老师。孔子却欣然笑着说道:"他形容我的相貌,这倒不重要;但他说我像丧家狗,确实啊!确实啊!"

孔子击磬,有荷蒉而过门者①,曰:"有心哉,击磬乎!硁硁乎②,莫己知也夫而已矣!"

〔注释〕

①蒉(kuì):用草编成的盛土器具。
②硁硁(kēng):象声词。

〔译文〕

孔子正在敲击着磬,有个背着草筐的人从门口经过,说道:"这是有心思啊,这个击磬的人!这硁硁的磬声!既然不被人家赏识,那就算了吧!"

孔子学鼓琴师襄子,十日不进。师襄子曰:"可以益矣。"孔子曰:"丘已习其曲矣,未得其数也①。"有间,曰:"已习其数,可以益矣。"孔子曰:"丘未得其志也。"有间,曰:"已习其志,可以益矣。"孔子曰:"丘未得其为人也。"有间,有所穆然深思焉②,有所怡然高望而远志焉。曰:"丘得其为人:黯然而黑,几然而长,眼如望羊③,如王四国,非文王其谁能为此也!"师襄子辟席再拜④,曰:"师盖云《文王操》也。"

〔注释〕

①数:技艺、技巧。
②穆然:静思的样子。
③望羊:又作"望洋",远视、远望的样子。
④辟:同"避"。

〔译文〕

孔子向师襄子学习弹琴,连着弹了十天都没有再学新的曲子。师襄子说:"可以学新曲了。"孔子说:"我已经会弹曲子了,但还没有掌握弹琴的技法。"过了一段时间,师襄子说:"你已经学到弹琴的技法了,可以学新曲子了。"孔子说:"我还没有领悟乐曲的情志。"过了一段时间,师襄子说:"你已经领悟乐曲的情志了,可以学新曲子了。"孔子说:"我还没有体会出作曲者的形貌品性。"过了一段时间,孔子先沉静深思,后欣然高望,显出志向高远的样子。孔子说:"我体会到作曲者的形貌品性了:他肤色黝黑,身材高大,眼睛看起来像大海一样深邃,仿佛是统治四方诸侯的王者。除了周文王,又有谁能如此呢!"师襄子离开座位,向孔子拜了两拜,说:"我老师曾经说过,这首乐曲是《文王操》啊!"

秋,季桓子病,辇而见鲁城,喟然叹曰:"昔此国几兴矣,以吾获罪于孔子,故不兴也。"顾谓其嗣康子曰:"我即死,若必相鲁;相鲁,必召仲尼。"后数日,桓子卒,康子代立。已葬,欲召仲尼。公之鱼曰:"昔吾先君用之不终,终为诸侯笑。今又用之,不能终,是再为诸侯笑。"康子曰:"则谁召而可?"曰:"必召冉求。"于是使使召冉求。冉求将行,孔子曰:"鲁人召求,非小用之,将大用之也。"是日,孔子曰:"归乎归乎!吾党之小子狂简,斐然成章,吾不知所以裁之。"子赣知孔子思归[1],送冉求,因诫曰"即用,以孔子为招"云。

〔注释〕

①子赣:即子贡。

〔译文〕

秋天,季桓子病重,坐着辇车巡视鲁国都城,感慨地说:"当年这个国家几乎就要兴盛起来了,因为我得罪了孔子,所以未能兴盛。"回过头对他的继承人季康子说:"我死之后,你一定会接替我成为鲁国的宰相;你成为宰相之后,定要召回孔子。"过了几天,季桓子死了,季康子接替他成为宰相。葬礼办完之后,就想要召回孔子。公之鱼说:"当初我们宰相任用孔子却没能有始有终,最后被诸侯们耻笑。现在您要再任用孔子,如果也不能有始有终,就会再次被诸侯们耻笑。"季康子说:"那么召谁来才好?"公之鱼说:"召回冉求。"于是季康子就派人去叫冉求。冉求准备动身时,孔子说:"鲁国叫冉求回去,不会是小用,而是要重用他。"就在这一天,孔子说:"回去吧,回去吧!我家乡的弟子们志向高远而处事疏阔,文采斐然下笔成章,我都不知道该如何教育他们。"子贡知道孔子思念家乡想回鲁国,在送冉求的时候,就叮嘱他"你如果被重用,要想着把老师也请回去"这样的话。

明年,孔子自蔡如叶。叶公问政,孔子曰:"政在来远附迩。"他日,叶公问孔子于子路,子路不对。孔子闻之,曰:"由,尔何不对曰'其为人也,学道不倦,诲人不厌,发愤忘食,乐以忘忧,不知老之将至'云尔。"

[译文]

第二年,孔子从蔡国前往楚国的叶邑。叶公问孔子如何治理国家,孔子说:"治理国家就在于能够使远方的贤能之人前来投奔,近处的人归附。"某天,叶公向子路问有关孔子的情况,子路没有回答。孔子听说后,说道:"仲由,你为何不回答说'他这个人,学习道不感觉疲倦,教导人不感觉厌烦,发愤之时忘记吃饭,快乐之时忘记忧愁,连老年将至也不知道了'。"

孔子迁于蔡三岁,吴伐陈。楚救陈,军于城父①。

闻孔子在陈、蔡之间,楚使人聘孔子②。孔子将往拜礼③,陈、蔡大夫谋曰:"孔子贤者,所刺讥皆中诸侯之疾④。今者久留陈、蔡之间,诸大夫所设行皆非仲尼之意⑤。今楚,大国也,来聘孔子。孔子用于楚,则陈、蔡用事大夫危矣。"于是乃相与发徒役围孔子于野。不得行,绝粮。从者病,莫能兴⑥。孔子讲诵弦歌不衰。子路愠⑦,见曰:"君子亦有穷乎?"孔子曰:"君子固穷,小人穷斯滥矣⑧。"

〔注释〕

①军:驻扎。
②聘:带着财物来请。
③拜礼:接收礼物后的拜谢之礼。
④疾:弊病。
⑤设行:这里指施政方针、制度。
⑥兴:站起,站立。
⑦愠(yùn):发怒,恼怒。
⑧滥:没有节制。

〔译文〕

孔子在蔡国居住的第三年,吴国讨伐陈国。楚国救援陈国,驻扎于城父。听说孔子住在陈国和蔡国的边境,楚王便派人去请孔子。孔子准备前去拜见,陈国、蔡国的大夫们听说这件事后商议道:"孔子是位有才德的贤人,他所批评讽刺的都切中诸侯的弊病。现在长期停留在我们陈国和蔡国之间,大夫们的所作所为都不合孔子的思想。如今的楚国是个大国,他们却来请孔子。如果孔子在楚国被重用,那么陈、蔡两国主事的大夫们就危险了。"于是他们派服劳役的人去围困孔子,将孔子及其弟子困在野外,让他们无法行动,也断绝了粮食。跟随孔子的人因饥饿而生病,站都站不起来。但孔子依然给弟子们讲学诵诗,唱歌弹琴而不停歇。子路生气地来见孔子:"君子也会有困窘无奈的时候吗?"孔子说:"君子在困窘的时候依旧能坚守节操,而小人遇到困难就会什么不好的事都做得出来。"

子贡色作。孔子曰:"赐,尔以予为多学而识之者与①?"曰:"然。非与?"孔子曰:"非也。予一以贯之。"

〔注释〕

①识:同"志",记忆,记住。

〔译文〕

子贡的脸色也变了。孔子说:"赐啊,你认为我是博学且不会忘记的人吗?"子贡说:"是的。难道不是这样吗?"孔子说:"不是这样。我只是用一个基本思想把全部所学贯穿起来。"

孔子知弟子有愠心,乃召子路而问曰:"《诗》云'匪兕匪虎①,率彼旷野'。吾道非邪?吾何为于此?"子路曰:"意者吾未仁邪?人之不我信也。意者吾未知邪?人之不我行也。"孔子曰:"有是乎!由,譬使仁者而必信②,安有伯夷、叔齐？使知者而必行,安有王子比干？"

〔注释〕

①兕(sì)：犀牛。
②譬使：假使。

〔译文〕

孔子知道弟子们都很不高兴,就叫子路来,问道:"《诗经》里说'既不是犀牛,也不是老虎,却在旷野上奔走不停'。是我追求的道不对吗？我为何会落到这种境地呢？"子路说:"大概是因为我们还不够有仁德吧？所以人们还不信任我们。大概是我们还不够有智谋吧？所以人们不肯让我们畅行无阻。"孔子说:"是这样的道理吗？仲由啊,如果一个人有仁德就会让人们信任,那么伯夷、叔齐还会饿死在首阳山吗？如果一个人有智谋就能畅行无阻,王子比干还会被人剖心吗？"

子路出,子贡入见。孔子曰:"赐,《诗》云'匪兕匪虎,率彼旷野'。吾道非邪？吾何为于此？"子贡曰:"夫子之道至大也,故天下莫能容夫子。夫子盖少贬焉①？"孔子曰:"赐,良农能稼而不能为穑②,良工能巧而不能为顺。君子能修其道,纲而纪之,统而理之,而不能为容。今尔不修尔道而求为容。赐,而志不远矣！"

〔注释〕

①盖少贬焉：何不稍微降低一点呢？盖：同"盍",何不。

②稼:耕种。穑:收获。

[译文]

　　子路退出后,子贡进来见孔子。孔子说:"赐,《诗经》里说'既不是犀牛,也不是老虎,却在旷野上奔走不停'。是我追求的道不对吗?我为何会落到这种境地呢?"子贡说:"老师的道实在是太博大了,所以整个天下没有一个地方能容纳您。老师何不稍微降低一点您的标准呢?"孔子说:"赐,最好的农夫善于耕种,但不一定能有好的收成;最好的工匠手艺可以非常精巧,但他做出来的东西却不一定能让人们都满意。君子能让自己的道尽量完善,从大的方面掌握它,从总的方面梳理它,可是却不能被世人接受容纳。现在你不去修养自己的道,却只是想着能让世人接受。赐,你的志向还不够远大。"

　　子贡出,颜回入见。孔子曰:"回,《诗》云'匪兕匪虎,率彼旷野'。吾道非邪?吾何为于此?"颜回曰:"夫子之道至大,故天下莫能容。虽然,夫子推而行之,不容何病①?不容然后见君子!夫道之不修也,是吾丑也。夫道既已大修而不用,是有国者之丑也。不容何病?不容然后见君子!"孔子欣然而笑曰:"有是哉颜氏之子!使尔多财,吾为尔宰。"

[注释]

　　①病:患。

孔子世家 | 149

[译文]

子贡退出后,颜回进来见孔子。孔子说:"回,《诗经》里说'既不是犀牛,也不是老虎,却在旷野上奔走不停'。是我追求的道不对吗?我为何会落到这种境地呢?"颜回说:"老师的道实在是太博大了,所以整个天下没有一个地方能容纳您。但即使是这样,老师仍然在坚持推行自己的学说,那么不被世人接受又有什么关系呢?不被接受,反而从中见出君子本色!一个人不修养自己的道,是自己的耻辱。道已经涵养完善却仍不见用,这是当权者的耻辱。即使不被世人接受又有什么关系呢?不被接受,反而从中见出君子本色!"孔子听到后欣慰地笑着说道:"不错啊,颜家的小子!假如你有很多钱财,我情愿给你当管家。"

于是使子贡至楚。楚昭王兴师迎孔子,然后得免。

[译文]

于是派子贡到楚国去。楚昭王派兵来迎接孔子,这才免除了被困之厄。

楚狂接舆歌而过孔子,曰:"凤兮凤兮,何德之衰!往者不可谏兮,来者犹可追也!已而已而,今之从政者殆而!"孔子下,欲与之言。趋而去,弗得与之言。

〔译文〕

楚国的狂人接舆唱着歌从孔子的车旁经过,他唱道:"凤凰呀凤凰,你的美德为什么不受重视?已经过去的不可挽回,未来的却还可以追得上!算了吧算了吧!现在参与政事的人都很危险!"孔子听到后赶快下车,想和接舆谈谈。接舆却快步离开,孔子没能与他谈话。

于是孔子自楚反乎卫。是岁也,孔子年六十三,而鲁哀公六年也。

〔译文〕

于是孔子从楚国返回卫国。这一年,孔子六十三岁,是鲁哀公六年(前489)。

孔子曰:"鲁卫之政,兄弟也。"是时,卫君辄父不得立,在外,诸侯数以为让①。而孔子弟子多仕于卫,卫君欲得孔子为政。子路曰:"卫君待子而为政,子将奚先?"孔子曰:"必也正名乎!"子路曰:"有是哉,子之迂也!何其正也?"孔子曰:"野哉由也!夫名不正则言不顺,言不顺则事不成,事不成则礼乐不兴,礼乐不兴则刑罚不中,刑罚不中则民无所错手足矣②。夫君子为之必可名,言之必可行。君子于其言,无所苟而已矣③。"

〔注释〕

①让:责备,责怪。
②错:同"措"。
③苟:苟且,随便。

〔译文〕

孔子说:"鲁国的政治和卫国的政治,就像兄弟一般相似。"这个时候,卫出公辄的父亲蒯聩没能继位,流亡在外,诸侯对此事多次指责。而孔子的弟子很多都在卫国做官,卫出公也想请孔子来主持政事。子路说:"卫国国君想请您主持政事,您打算先做什么?"孔子说:"一定要先纠正名分!"子路说:"有这样的事吗?您也太迂阔了!为什么要先纠正名分?"孔子说:"仲由,你太鲁莽了!如果名分不正,说出来的话就不正当;说的话不正当,那么事情就办不成;事情办不成,礼乐教化就不能兴盛;礼乐教化不能兴盛,那么刑罚也不能准确得当;刑罚不能准确得当,那么老百姓就手足无措,不知该怎么办。所以君子行事一定要有正确的名分,所说的话一定要顺理成章。君子对他说出的话,绝不可随便苟且啊!"

其明年①,冉有为季氏将师,与齐战于郎,克之。季康子曰:"子之于军旅②,学之乎?性之乎?"冉有曰:"学之于孔子。"季康子曰:"孔子何如人哉?"对曰:"用之有名;播之百姓,质诸鬼神而无憾③。求之至于此道,虽累千社④,夫子不利也。"康子曰:"我欲召之,可乎?"对曰:

"欲召之,则毋以小人固之⑤,则可矣。"而卫孔文子将攻太叔,问策于仲尼。仲尼辞不知,退而命载而行⑥,曰:"鸟能择木,木岂能择鸟乎!"文子固止。会季康子逐公华、公宾、公林,以币迎孔子⑦,孔子归鲁。

〔注释〕

①其明年:指鲁哀公八年(前487),但事件实际发生在鲁哀公十一年(前484)。
②军旅:指挥作战。
③质:询问,问明。
④社:二十五家为一社。
⑤固:阻碍,限制。
⑥命载:命令备车。
⑦币:泛指车、马、皮、帛、玉器等礼物。

〔译文〕

第二年,冉有为季氏统率军队,在郎地与齐国作战,打败了齐军。季康子说:"您统率军队作战的才能,是学来的,还是天生的?"冉有说:"是从孔子那里学来的。"季康子说:"孔子是个什么样的人呢?"冉有说:"孔子做事要名正言顺;他的言行可以宣告于百姓,可以通报于鬼神,没有任何的遗憾欠缺。我所做的统率军队这样的事,即使用两万五千家的土地封赏他,孔子也不会去做的。"康子说:"我想请他回来,可以吗?"冉有说:"您想请他回来,不要让小人从中阻碍他,就可以了。"当时,卫国大夫孔文子准备攻打太叔,向孔子求问计策。孔子用自己也不知道来推辞他,回去后立刻就叫人收拾了行李离开卫国。孔子说:"鸟选择树木来休息,怎么能由树木去选择鸟呢?"孔文子坚决地请他留下。正好这时季康子派公华、公宾、公林带着礼物来迎接孔子,孔子就返回鲁国去了。

孔子之去鲁凡十四岁而反乎鲁。

〔译文〕

孔子离开鲁国十四年后,又回到了鲁国。

孔子之时,周室微而礼乐废,《诗》《书》缺。追迹三代之礼①,序《书传》,上纪唐虞之际,下至秦缪②,编次其事。曰:"夏礼吾能言之,杞不足征也。殷礼吾能言之,宋不足征也。足,则吾能征之矣。"观殷、夏所损益,曰:"后虽百世可知也,以一文一质。周监二代③,郁郁乎文哉。吾从周。"故《书传》《礼记》自孔氏④。

〔注释〕

①追迹:追踪,考索。
②秦缪:秦穆公。缪:同"穆"。
③监:同"鉴",借鉴。
④《礼记》:孔子所见记载上古礼仪、礼制的书,非西汉戴圣所编《礼记》。

〔译文〕

孔子生活的时代,周王室衰微,礼崩乐坏,《诗》《书》也已残缺不全。孔子查考夏、商、周三代的礼乐制度，又整理了《书传》的篇目次序，上起唐尧、虞舜，下至秦穆公，全部整理编排起来。孔子说："夏代的礼仪制度我能说出来，但夏的后代杞国没有留下足够的证明。殷代的礼仪制度我能说出来，但殷的后代宋国没有留下足够的证明。如果杞、宋两国有足够的历史文献和贤者，我就能用来做证了。"孔子考察了殷代的礼仪制度对夏代的礼仪制度的增减，说道："这以后百代的制度都可以推断出来了，一代崇尚文采，一代崇尚质朴。周代的礼仪制度是以夏和殷为基础制定的，多么丰富多彩呀！我主张用周代的。"所以《书传》《礼记》都是由孔子编定的。

孔子语鲁大师："乐其可知也。始作翕如①，纵之纯如②，皦如③，绎如也④，以成。""吾自卫反鲁，然后乐正，《雅》《颂》各得其所。"

〔注释〕

①翕(xī)如：盛大的样子。
②纯如：和谐的样子。
③皦(jiǎo)如：清晰鲜明的样子。
④绎如：连续不断的样子。

〔译文〕

孔子对鲁国的乐官太师说："音乐的演奏规律是可以通晓的。刚开始的时候热烈宏大，随着演奏的进行乐声和谐纯正，节奏清晰鲜明，连续不绝，这样直到乐曲最终演奏完成。"孔子又说:"我从卫国返回鲁国,而后审定乐曲,使《雅》《颂》各自得到合适的安排。"

古者《诗》三千余篇,及至孔子,去其重①,取可施于礼义,上采契、后稷,中述殷、周之盛,至幽、厉之缺,始于衽席②,故曰"《关雎》之乱以为《风》始③,《鹿鸣》为《小雅》始,《文王》为《大雅》始,《清庙》为《颂》始"。三百五篇孔子皆弦歌之④,以求合《韶》《武》《雅》《颂》之音⑤。礼乐自此可得而述,以备王道,成六艺。

〔注释〕

①"古者"句:此即"孔子删《诗》说"。学界一般认为,《诗经》在孔子之时,篇目内容已基本定型,孔子只是做了一些修订、整理工作,而非将三千篇诗歌删为三百篇。
②衽(rèn)席:床席,这里指夫妻家庭生活。
③乱:音乐的尾声。"之乱"二字或为衍文。
④三百五篇:《诗经》中诗歌的总数。
⑤《韶》:舜时古乐名。《武》:也作《大武》,西周乐曲名。

〔译文〕

古代留传下来的《诗》有三千多篇,到孔子时,他删掉重复的,选取那些符合礼仪教化的诗篇,最开始是歌颂殷契、后稷的,其次是讲述殷、周两代繁荣兴盛的,直到批评周幽王、周厉王政治缺失的。编排顺序上,开头是叙述夫妻关系和家庭生活的诗篇,所以说"《关雎》的乐章是《国风》的第一篇,《鹿鸣》是《小雅》的第一篇,《文王》是《大雅》的第一篇,《清庙》是《颂》的第一篇"。这三百零五篇诗歌孔子都将其配上乐曲,能够与《韶》《武》《雅》《颂》这些乐曲的音调相合。礼乐这才恢复旧观而得以称述,王道完备,孔子也完成了"六艺"(《诗》《书》《易》《礼》《乐》《春秋》)的编修。

孔子晚而喜《易》,序《彖》《系》《象》《说卦》《文言》。读《易》,韦编三绝①。曰:"假我数年,若是,我于《易》则彬彬矣②。"

〔注释〕

①韦:熟牛皮条。
②彬彬:文雅的样子。这里指有学问,理解透彻。

〔译文〕

孔子晚年喜欢研读《易》,写了《彖(tuàn)辞》《系辞》《象辞》《说卦》《文言》等。孔子读《易》的次数之多,居然把编连书简的牛皮绳子也弄断了多次。孔子说:"再多给我几年时间,我对《易》的理解就能更透彻了。"

孔子以《诗》《书》《礼》《乐》教,弟子盖三千焉,身通六艺者七十有二人。如颜浊邹之徒,颇受业者甚众。

〔译文〕

孔子用《诗》《书》《礼》《乐》来教育弟子,受到过孔子教导的弟子大约三千人,其中精通六艺的有七十二人。像颜浊邹那样,受到孔子的教诲却没有成为正式弟子的就更多了。

鲁哀公十四年春,狩大野。叔孙氏车子鉏商获兽①,以为不祥。仲尼视之,曰:"麟也。"取之。曰:"河不出图②,洛不出书③,吾已矣夫!"颜渊死,孔子曰:"天丧予!"及西狩见麟,曰:"吾道穷矣!"

〔注释〕

①车子:指驾车的人。
②河出图:伏羲之时,有龙马背着图从黄河里出来。伏羲氏据此图而画八卦。
③洛出书:大禹之时,有灵龟背着书从洛水里浮出。大禹据此书作《九畴》。《易·系辞上》:"河出图,洛出书,圣人则之。"河出图,洛出书,比喻政治清明的时代。

〔译文〕

鲁哀公十四年(前481)春天,哀公带人在大野泽狩猎。给叔孙氏驾车的鉏(jǔ)商捕获了一头奇怪的野兽,众人都以为是不祥之兆。孔子看了之后说:"这是麒麟。"就把它带走了。孔子说:"黄河里没有龙马再次背着八卦图出现,洛水里也没有灵龟带着文书出现,我大概是没有指望啦!"后来颜渊死了,孔子说:"这是老天要我死啊!"等到这次西去狩猎见到麒麟,孔子说:"我的主张到了尽头了!"

子曰:"弗乎弗乎,君子病没世而名不称焉①。吾道不行矣,吾何以自见于后世哉?"乃因史记作《春秋》,上至隐公,下讫哀公十四年,十二公。据鲁②,亲周③,故殷④,运之三代⑤。约其文辞而指博⑥。故吴楚之君自称王,而《春秋》贬之曰"子";践土之会实召周天子,而《春秋》讳之曰"天王狩于河阳":推此类以绳当世⑦。贬损之义,后有王者举而开之⑧。《春秋》之义行,则天下乱臣贼子惧焉。

〔注释〕

①病:担忧。
②据鲁:以鲁国为中心记述史事。
③亲周:尊周,以周王室为正统。
④故殷:以殷朝旧事为借鉴。故:古,引申为规鉴。
⑤运:连贯,贯通。
⑥约:简约。指:同"旨",宗旨。
⑦绳:以此为准绳、准则。
⑧举:兴起,发动。

〔译文〕

孔子说:"不成啊,不成啊!君子最担忧的就是死了之后名声不能传于后世。我的主张不能施行,我要凭借什么让名声传于后世呢?"于是孔子就依据鲁国的史书作了《春秋》,上起鲁隐公元年(前722),下至鲁哀公十四年(前481),记载了鲁国十二代国君在位期间发生的事。这部书根据鲁国的历史记录,以尊崇周天子为宗旨,以殷商的历史为借鉴,贯通夏、商、周三代史事。这部书文辞简约而旨意广博。吴国、楚国的国君自称为王,但在《春秋》中仍贬称其为"子";晋文公在践土与诸侯会盟,周襄王实际上是被召集来的,但《春秋》中为天子避讳,说"周天子巡狩来到河阳"。类似这样的笔法,是《春秋》中用来褒贬当时政治的一种准则。这种贬损批评的深义,后世的圣王会把它发扬光大。《春秋》的思想能够得到推行,那么乱臣贼子们就都会害怕起来了。

孔子在位听讼,文辞有可与人共者,弗独有也。至于为《春秋》,笔则笔①,削则削②,子夏之徒不能赞一辞③。弟子受《春秋》,孔子曰:"后世知丘者以《春秋》,而罪丘者亦以《春秋》④。"

〔注释〕

①笔:写上去。
②削:删掉。
③不能赞一辞:不能修改或增删一个字。
④罪:责怪,怪罪。

〔译文〕

孔子在鲁国担任司寇审理案件时,写判辞有可与别人商量的地方,从不独自决断。等到写《春秋》的时候,他认为该写的一定会写上,认为该删的一定会删掉,连子夏这些以文章擅长的弟子,也一个字都不能进行增删。弟子们学习《春秋》,孔子说:

"后人理解我,会因为《春秋》;后人怪罪我,也会因为《春秋》。"

明岁①,子路死于卫。孔子病,子贡请见。孔子方负杖逍遥于门②,曰:"赐,汝来何其晚也?"孔子因叹,歌曰:"太山坏乎③!梁柱摧乎!哲人萎乎!"因以涕下。谓子贡曰:"天下无道久矣,莫能宗予④。夏人殡于东阶,周人于西阶,殷人两柱间。昨暮予梦坐奠两柱之间⑤,予始殷人也。"后七日卒。

〔注释〕

①明岁:第二年,指鲁哀公十五年(前480)。
②负杖:拄着拐杖。逍遥:徘徊不进。
③太山:泰山。太:同"泰"。
④宗予:尊行我的理念。
⑤坐奠:坐着受人祭奠。

〔译文〕

第二年,子路死在卫国。孔子此时也生病了,子贡来看望孔子。孔子正拄着拐杖在门外散步,看到子贡,就说:"赐,你来得为什么这样迟啊?"孔子于是发出叹息,然后唱道:"泰山要崩塌了!梁柱要折断了!哲人要枯萎了!"边唱,边流下了眼泪。孔子对子贡说:"天下无道已经很久了,没有人能够奉行我的主张。夏人死了把灵柩停在东面的台阶上,周人死了把灵柩停在西面的台阶上,殷人死了把灵柩停在屋内两根柱子中间。昨天晚上,我梦见自己坐在两柱之间受人祭奠,我原本就是殷商人啊!"过了七天,孔子过世。

孔子年七十三,以鲁哀公十六年四月己丑卒。

〔译文〕

孔子享年七十三岁,死于鲁哀公十六年(前479)四月的己丑日。

孔子葬鲁城北泗上……弟子及鲁人往从冢而家者百有余室,因命曰孔里。鲁世世相传以岁时奉祠孔子冢①,而诸儒亦讲礼乡饮、大射于孔子冢②。孔子冢大一顷。故所居堂、弟子内③,后世因庙,藏孔子衣冠琴车书,至于汉二百余年不绝。高皇帝过鲁,以太牢祠焉。诸侯卿相至④,常先谒,然后从政。

〔注释〕

①岁:年关。时:四时。
②讲:讲习。冢:坟墓。一说为"家"之误。下"冢"字同。
③内:内室。
④诸侯卿相:被封在鲁地或来此做官的人。

〔译文〕

孔子死后,葬在鲁国都城北面的泗水岸边……孔子的弟子和一些鲁国人,前往孔子墓旁居住的有一百多家,于是就把这里命名为"孔里"。鲁国世代相传,每年到过年或过节时,都来孔子的墓前祭拜,而儒生们也来这里讲习乡饮、大射一类的礼仪。孔子的墓地有一顷之大。孔子的故居以及他的弟子们居住过的房子,后世的人把它们改成了庙,在里面收藏了孔子生前穿戴过的衣帽,使用过的琴、车仗、书籍等,到汉代已经延续了两百多年,一直没有废弃。高皇帝刘邦经过鲁国时,用牛羊猪三牲的太牢去祭祀孔子。其他的诸侯、卿大夫、宰相等来此上任,总是要先去拜谒孔庙,然后才去执行政务。

陈涉世家

〔题解〕

秦朝末年，财匮力尽，民不聊生，终于爆发了中国历史上第一次农民起义。《陈涉世家》就是对这次起义的忠实记录，详细记述了起义从发生、发展、辉煌到失败的全过程，有力地揭示了起义的正义性，同时也反思起义失败的原因，对陈涉的历史功绩予以肯定和赞扬。陈涉虽起于布衣，但他的地位和功绩堪比诸侯，故司马迁将其列入"世家"。

本篇通过对陈涉、吴广"大泽乡起义"的详细描绘，表现了陈涉的胸怀大志、果断勇敢，以及陈涉卓越的军事才能和大无畏的反抗精神，塑造了一个英勇机智的农民起义军领袖形象。同时又通过"陈涉败亡"，写出陈涉在起义成功后贪图享受、脱离群众的局限性，这也是历代农民起义反复出现的问题，体现出司马迁对这一问题的深切思考。

陈胜者，阳城人也，字涉。吴广者，阳夏人也，字叔。陈涉少时，尝与人佣耕①，辍耕之垄上②，怅恨久之，曰："苟富贵，无相忘③。"庸者笑而应曰④："若为庸耕⑤，何富贵也?"陈涉太息曰:"嗟乎,燕雀安知鸿鹄之志哉⑥!"

〔注释〕

①佣耕:被雇佣给人耕田。
②辍耕:停止耕作。这里指劳作中间停下来休息。
③无:同"毋"。
④庸者:被雇佣的人。庸:同"佣"。
⑤若:你。
⑥鸿鹄:天鹅。

〔译文〕

　　陈胜,是阳城人,字涉。吴广,是阳夏人,字叔。陈涉年轻的时候,曾经和别人一起被雇佣耕地,有一次,陈涉停止耕作,到田埂上去休息,郁闷不平了好一会儿,说:"假如谁将来富贵了,大家可不要彼此相忘。"陈涉的伙伴们却笑他说:"你只是被雇佣替人家耕地的,怎么可能富贵得了呢?"陈涉叹息着说道:"唉!燕雀怎么能理解鸿鹄的远大志向啊!"

　　二世元年七月,发闾左適戍渔阳①,九百人屯大泽乡②。陈胜、吴广皆次当行③,为屯长。会天大雨④,道不通,度已失期。失期,法皆斩。陈胜、吴广乃谋曰:"今亡亦死,举大计亦死⑤,等死,死国可乎⑥?"陈胜曰:"天下苦秦久矣。吾闻二世少子也,不当立,当立者乃公子扶苏。扶苏以数谏故,上使外将兵。今或闻无罪,二世杀之。百姓多闻其贤,未知其死也。项燕为楚将,数有功,爱士卒,楚人怜之。或以为死,或以为亡。今诚以吾众诈自称公子扶苏、项燕,为天下唱⑦,宜多应者。"吴广以为然。乃行卜。卜者知其指意⑧,曰:"足下事皆成,有功。然足下卜之鬼乎?"陈胜、吴广喜,念鬼,曰:"此教我先威众耳。"乃丹书帛曰"陈胜王",置人所罾鱼腹中⑨。卒买鱼烹食,得鱼腹中书,固以怪之矣⑩。又间令吴广之次所旁丛祠中⑪,夜篝火,狐鸣呼曰:"大楚兴,陈胜王"。卒皆夜惊恐。旦日,卒中往往语,皆指目陈胜⑫。

〔注释〕

①发闾左:征调居住在里巷左侧的贫苦百姓去服役。適戍:发配戍守。適:同"谪"。
②屯:驻扎。
③皆次当行:按照征发的次序,都应该前往。次:编次。
④会:正赶上,遇上。
⑤举大计:干大事,这里指起义。举:发动。大计:重大的谋划。
⑥死国:为国而死。
⑦唱:同"倡",倡导,发端。
⑧指意:目的,意图。指:同"旨"。
⑨罾(zēng):渔网。这里用如动词,指用渔网捕到。
⑩以:同"已"。
⑪间:暗中。次所:临时驻扎的地方。丛祠:隐蔽在树林中的庙。
⑫指目:指指点点,私下注视。

[译文]

　　秦二世元年(前209)七月,征调住在里巷左边的贫民去渔阳戍边,共有九百人,途中驻扎在大泽乡。陈胜、吴广都在这次征发服役的行列之中,担任屯长。正遇上天降大雨,道路不通,估计已经耽误了规定的到达渔阳的期限。误了期限,按照法律都要杀头。陈胜、吴广就商量道:"现在我们要是逃走,被抓住是个死;造反做一番事业,失败了也不过是个死,都是死,为国事而死不好吗?"陈胜说:"天下为秦的暴政所苦已经很久了。我听说秦二世只是始皇帝的小儿子,本不该由他继位,继位的应当是公子扶苏。扶苏因为多次规劝始皇帝,被派到外面守边。如今听说他并没有什么罪,却被秦二世给杀害了。老百姓只听说过他的贤德,并不知道他已经被害。项燕是楚国的将军,多次立过战功,爱护士卒,楚国人都很爱戴他。有人以为他已经死了,有人以为他只是逃走躲了起来。现在假使我们冒用公子扶苏和项燕的名义,在天下领头造反,应该会有不少人响应我们的。"吴广也认为是这样。于是就去找人占卜吉凶。占卜的人猜到了他们的意图,就说:"你们问的事都能成功,可以建功立业。不过你们不再向鬼神求个吉凶吗?"陈胜、吴广非常高兴,又琢磨"求问鬼神"是什么意思,说道:"这应该是教我们先以鬼神之名使众人敬畏。"于是就在一块白绸上写了"陈胜王"三个红色的字,偷偷塞进别人捕上来的一条鱼的肚子里。戍卒们买了鱼回来煮着吃,发现了鱼肚子里写着字的白绸,本来就对这件事感到很奇怪了,陈胜又派吴广偷偷躲在驻地附近林子里的一个荒庙中,夜里点起篝火,模仿狐狸的声音喊道:"大楚兴盛,陈胜为王。"戍卒们半夜听到这样的叫声,都感到非常害怕。第二天早晨,戍卒之间悄悄地议论起来,还指指点点地斜着眼睛偷看陈胜。

吴广素爱人,士卒多为用者。将尉醉,广故数言欲亡,忿恚尉①,令辱之,以激怒其众。尉果笞广②。尉剑挺③,广起,夺而杀尉。陈胜佐之,并杀两尉。召令徒属曰:"公等遇雨,皆已失期,失期当斩。藉弟令毋斩④,而戍死者固十六七。且壮士不死即已⑤,死即举大名耳⑥,王侯将相宁有种乎!"徒属皆曰:"敬受命。"乃诈称公子扶苏、项燕,从民欲也。袒右⑦,称大楚。为坛而盟,祭以尉首。陈胜自立为将军,吴广为都尉。攻大泽乡,收而攻蕲。蕲下,乃令符离人葛婴将兵徇蕲以东⑧。攻铚、酂、苦、柘、谯,皆下之。行收兵,比至陈,车六七百乘,骑千余,卒数万人。攻陈,陈守令皆不在⑨,独守丞与战谯门中⑩。弗胜,守丞死,乃入据陈。数日,号令召三老、豪杰与皆来会计事。三老、豪杰皆曰:"将军身被坚执锐,伐无道,诛暴秦,复立楚国之社稷,功宜为王。"陈涉乃立为王,号为"张楚"。

〔注释〕

①忿恚(huì):恼怒。这里指使将尉恼怒。
②笞(chī):鞭打。
③剑挺:佩剑从剑鞘中被甩了出来。一说,剑拔出鞘。

④藉弟令:即使。藉:同"假",即使,假使。弟:同"第",但。
⑤即:则。
⑥大名:指王侯将相之"大名"。
⑦袒右:脱去右袖,露出右臂。起义盟誓时的状态。
⑧徇:巡行。这里指率军攻占各地。
⑨守令:指郡守和县令。
⑩谯门:建有瞭望楼的城门。

[译文]

　　吴广一向爱护士卒,大家也都愿意为他效力。有一天,负责押送戍卒的将尉喝醉了,吴广故意多次声称想要逃跑,以激怒将尉,让他当众折辱自己,再借以激起士卒们的激愤之心。将尉果然中计,当众鞭打吴广。将尉又拔出佩剑想震慑他,吴广趁机一跃而起,抢过佩剑杀死将尉。陈胜在旁边帮助吴广,把两个将尉都杀死了。陈胜、吴广随即把所有的士卒都召集过来,说道:"大伙在这里遇上大雨,耽误了期限,按照法律规定就要被杀头。即使不被杀头,但是去守边而死的也有十之六七。何况大丈夫不死便罢,死就要扬名天下,王侯将相难道都是天生的吗?"士卒们听了以后都说:"我们都听您的命令。"于是就借用公子扶苏和楚将项燕的名义,以顺应百姓的心愿。大家都袒露右臂作为标志,号称"大楚"。筑起高台,宣誓结盟,用两个将尉的头来祭祀天地。陈胜自立为将军,吴广为都尉。他们先进攻大泽乡,攻下后又进攻蕲县。蕲县攻下后,就命令符离人葛婴率兵攻打蕲县以东的地方。陈胜和吴广则向西,攻下铚(zhì)、酂(cuó)、苦(hù)、柘(zhè)、谯(qiáo)等地。他们在进军途中不断扩充队伍,等到了陈郡郊外的时候,已拥有兵车六七百辆,骑兵一千多人,步兵好几万人。在攻打陈郡时,陈郡的郡守和县令都不在,只有郡丞领兵与义军在城门下作战。义军没有攻下陈郡,直到郡丞被人杀死,这才进入城中占领陈郡。过了几天,陈胜下令召集郡中各县的三老和地方豪杰都来集会议事。三老和豪杰们都说:"将军身披铠甲,手执利器,讨伐无道的皇帝,诛杀暴虐的秦朝,重新建立楚国的政权,论功劳应当称王。"于是陈涉就自立为王,国号"张楚"。

当此时,诸郡县苦秦吏者,皆刑其长吏①,杀之以应陈涉。乃以吴叔为假王,监诸将以西击荥阳②。令陈人武臣、张耳、陈余徇赵地,令汝阴人邓宗徇九江郡。当此时,楚兵数千人为聚者③,不可胜数。

〔注释〕

①刑:杀。
②监:统领。
③聚:集合。

〔译文〕

在这个时候,天下各个郡县凡受秦官吏暴政之苦的人,都把他们的长官抓起来,杀死他们以响应陈涉。于是陈涉让吴广代行政事,自己督率诸将领向西进攻荥阳。命令陈郡人武臣、张耳、陈余等去原来赵国的地盘进行扩张,命令汝阴人邓宗南下攻打九江郡。在这个时候,楚地几千人聚集在一起起义的,多得不可胜数。

陈胜王凡六月。已为王,王陈。其故人尝与庸耕者闻之,之陈,扣宫门曰:"吾欲见涉。"宫门令欲缚之。自辩数①,乃置②,不肯为通。陈王出,遮道而呼涉③。陈王闻之,乃召见,载与俱归。入宫,见殿屋帷帐,客曰:"夥颐④!涉之为王沉沉者⑤!"楚人谓多为夥,故天下传之,"夥涉为王",由陈涉始。客出入愈益发舒⑥,言陈王故情。或说陈王曰:"客愚无知,颛妄言⑦,轻威。"陈王斩之。诸陈王故人皆自引去⑧,由是无亲陈王者。陈王以朱房为中正,胡武为司过,主司群臣⑨。诸将徇地,至,令之不是者⑩,系而罪之⑪,以苛察为忠。其所不善者,弗下吏⑫,辄自治之。陈王信用之。诸将以其故不亲附。此其所以败也。

〔注释〕

①辩数:反复解释诉说。

②置:放开。

③遮道:拦路。

④夥(huǒ)颐:意思是"真多啊"。夥:多。颐:语气词。

⑤沉沉:形容宫室高大深邃、富丽堂皇的样子。

⑥发舒:放肆,放纵。

⑦颛:同"专",专门。

⑧引:退。

⑨司:同"伺",暗中监视、查探。
⑩令之不是者:下了命令但是不肯顺从的人。不是:不顺从。
⑪系:拘捕。罪之:判罪,定罪。
⑫下吏:交给执法的官吏。

〔译文〕

　　陈胜自立为王,共计六个月的时间。陈胜称王之后,建都陈郡。有一位过去曾和他一起被雇佣耕田的人听说了这件事,就来到陈郡,扣着宫门说:"我要见陈涉。"守宫门的人就要把他绑起来。他反复解释了好多遍,这才被放开,但守门令仍然不肯替他通报。等到陈王出来时,这个人拦住车子喊陈涉的名字。陈王听到后,才召见了他,让他同坐一辆车子,一起回宫。进入宫殿,看见里面的殿堂屋宇、帷幕床帐,这人惊讶地说:"夥颐!陈涉你当王真够豪华阔气的啊!"楚地人把"多"叫作"夥",所以天下流传的"夥涉为王"的俗语,就是从陈涉开始的。这个人在宫中进出越来越放肆随便,还跟人讲一些陈涉之前的旧事。有人劝陈王道:"您的这个客人愚昧无知,爱胡说八道,会损害您的威信。"陈王就叫人把他杀掉了。陈王以前的旧相识们也都悄悄地自己离开了,从此再没有敢来亲近陈王的。陈王命朱房做中正官,胡武做司过官,专门督察臣下的过失。诸将领们出去攻城略地的,等他们回陈郡,如果不听从朱房、胡武的命令,就会被抓起来治罪,用这样对臣下苛察的方式,来表示对陈王的忠心。凡是朱房、胡武不喜欢的人,根本不会通过司法的官吏审理,而是自己擅加惩处。但陈王却非常信任他们。将领们因为这个缘故,不再亲附陈王。这就是陈王最终失败的原因。

陈胜虽已死,其所置遣侯王将相竟亡秦,由涉首事也。高祖时为陈涉置守冢三十家砀,至今血食①。

〔注释〕

①血食:享受祭祀。古代祭祀时要宰杀牲畜作为祭品,故名"血食"。

〔译文〕

陈胜虽然已经死了,但由他分封、派遣的王侯将相最终灭掉了秦朝,这是由于陈涉首先起兵反秦。汉高祖时,在砀县专门安排了三十户人家为陈涉守墓,直到现在仍然祭祀陈王。

孙子吴起列传

[题解]

《孙子吴起列传》记载了孙武、孙膑、吴起三位春秋战国时期兵家的代表人物,本篇选取孙膑和吴起两个人物的部分。

孙膑是孙武的后代,被庞涓陷害,遭受膑刑,但仍以顽强意志逃到齐国,"围魏救赵"显示出他卓越的战略思想和军事才华。在马陵道与庞涓的心理战尤为精彩,通过兵法的巧妙谋划,最终使庞涓自刎,得报己仇。

吴起是战国初期卓越的军事家、政治家,曾在鲁、魏一展才华,但都因为受到猜忌而不得不逃离。吴起最后来到楚国,实行变法,使楚国富裕强盛起来,但因为得罪了楚国旧贵族,楚悼王一死即遭杀害。

司马迁以"兵法"把人物事迹连贯起来,文中人物形象鲜明,是一篇优秀的传记作品。

孙武既死,后百余岁有孙膑①。膑生阿、鄄之间,膑亦孙武之后世子孙也。孙膑尝与庞涓俱学兵法。庞涓既事魏,得为惠王将军,而自以为能不及孙膑,乃阴使召孙膑。膑至,庞涓恐其贤于己,疾之②,则以法刑断其两足而黥之③,欲隐勿见④。

〔注释〕

①膑:砍掉膝盖骨的酷刑。孙子膑脚,故称孙膑。
②疾:同"嫉",忌妒,忌恨。
③法刑:找了个罪名处刑。黥(qíng):墨刑,在人脸上刺字并涂墨。
④见:同"现",出现。

〔译文〕

在孙子过世一百多年后,又有一位叫孙膑的善于用兵的人。孙膑生在阿城和鄄城一带,也是孙武的后代子孙。孙膑曾经和庞涓一起学习兵法。庞涓后来去魏国当官,做了魏惠王的将军,他清楚自己的才能比不上孙膑,就暗中派人把孙膑叫来。等孙膑到了之后,庞涓担心他的才能超过自己,忌妒他,就找了个罪名把他的两只脚砍断,还在他的脸上刺了字,想让他因羞辱而躲藏起来不再露面。

齐使者如梁,孙膑以刑徒阴见①,说齐使。齐使以为奇,窃载与之齐②。齐将田忌善而客待之。忌数与齐诸公子驰逐重射③。孙子见其马足不甚相远,马有上、中、下辈。于是孙子谓田忌曰:"君弟重射④,臣能令君胜。"田忌信然之,与王及诸公子逐射千金。及临质⑤,孙子曰:"今以君之下驷与彼上驷,取君上驷与彼中驷,取君中驷与彼下驷。"既驰三辈毕,而田忌一不胜而再胜⑥,卒得王千金。于是忌进孙子于威王。威王问兵法,遂以为师。

〔注释〕

①刑徒:受过刑的人,犯人。
②窃:暗地里。
③驰逐:即赛马。重射:下巨额赌注。射:打赌。
④弟:同"第",但,只管。
⑤临质:指临场比赛。
⑥再胜:获胜两次。

〔译文〕

齐国的使者来到大梁,孙膑以犯人的身份暗中求见,请齐使相救。齐使认为孙膑是个奇才,就偷偷用车载着他一起回到齐国。齐国将军田忌赞赏孙膑的才能,以宾客之礼对待他。田忌多次跟齐国公子们赛马,下的赌注很大。孙膑发现那些马的脚力都差不多,分为上、中、下三等。于是孙膑就对田忌说:"您尽管下大的赌注,我可以让您取胜。"田忌相信孙膑,就跟齐王和公子们赌千金赛马。等到比赛开始前,孙膑说:"现在用您的下等马和别人的上等马比赛,用您的上等马和别人的中等马比赛,用您的中等马和别人的下等马比赛。"等到三场比赛结束,田忌输了一场而赢了两场,最终赢得了齐王的千金。于是田忌就把孙膑推荐给了齐威王。齐威王向孙膑请教兵法,然后又尊他为老师。

其后魏伐赵,赵急,请救于齐。齐威王欲将孙膑,膑辞谢曰:"刑余之人不可①。"于是乃以田忌为将,而孙子为师,居辎车中②,坐为计谋。田忌欲引兵之赵,孙子曰:"夫解杂乱纷纠者不控卷③,救斗者不搏撠④,批亢捣虚⑤,形格势禁⑥,则自为解耳。今梁赵相攻,轻兵锐卒必竭于外⑦,老弱罢于内。君不若引兵疾走大梁⑧,据其街路,冲其方虚,彼必释赵而自救。是我一举解赵之围而收弊于魏也⑨。"田忌从之,魏果去邯郸,与齐战于桂陵,大破梁军。

〔注释〕

①刑余之人:受过肉刑的人。

②辎车:带有帷盖的车子。

③控卷(quán):握掌。卷:同"拳"。

④搏撠(jǐ):意思是揪住。

⑤批亢捣虚:击打要害,攻击敌人空虚的地方。批:击。亢:咽喉,引申为要害部位。

⑥形格势禁:谓形势受到阻碍或限制。格:阻碍。

⑦竭:力尽。

⑧疾:快速,赶快。

⑨弊:败,疲困。

〔译文〕

后来魏国攻打赵国,赵国的形势危急,向齐国求救。齐威王打算让孙膑当将军,孙膑推辞道:"我是受过刑罚的人,不能担任主将。"于是就任用田忌为主将,孙膑为军师,让他坐在有帷盖的车子里,暗中出谋划策。田忌打算率兵直接去赵国,孙膑说:"想解开缠绕在一起的东西,不能靠拳头;劝解斗殴的人,不能在双方相持很紧张的地方搏击。要抓住要害部位乘虚而入,则对方受到形势限制不再纠缠,就会自行解围。如今魏国和赵国正在对战,则魏国的精兵强将必定在对外的战场上精疲力竭,而留在国内的老弱之人疲惫不堪。将军您不如率军直接奔向大梁,占据其交通要道,攻打它的虚弱之处,魏国必定会放弃攻赵而回兵自救。这样,我们就能一举解救赵国之围,又能利用魏国的疲困而占有优势。"田忌听取了孙膑的建议,魏国军队果然离开邯郸,回去的路上在桂陵与齐军交战,齐军大胜魏军。

后十三岁,魏与赵攻韩,韩告急于齐。齐使田忌将而往,直走大梁。魏将庞涓闻之,去韩而归,齐军既已过而西矣①。孙子谓田忌曰:"彼三晋之兵素悍勇而轻齐②,齐号为怯,善战者因其势而利导之。兵法,百里而趣利者蹶上将③,五十里而趣利者军半至。使齐军入魏地为十万灶,明日为五万灶,又明日为三万灶。"庞涓行三日,大喜,曰:"我固知齐军怯,入吾地三日,士卒亡者过半矣。"乃弃其步军,与其轻锐倍日并行逐之④。孙子度其行,暮当至马陵。马陵道陕⑤,而旁多阻隘,可伏兵,乃斫大树白而书之曰⑥"庞涓死于此树之下"。于是令齐军善射者万弩,夹道而伏,期曰"暮见火举而俱发"。庞涓果夜至斫木下,见白书⑦,乃钻火烛之⑧。读其书未毕,齐军万弩俱发,魏军大乱相失。庞涓自知智穷兵败,乃自刭,曰:"遂成竖子之名!"齐因乘胜尽破其军,虏魏太子申以归。孙膑以此名显天下,世传其兵法。

〔注释〕

①既已过:已越过齐国边境。既已:已经。

②三晋之兵:这里指魏国的士兵。春秋末年,韩、赵、魏三家分晋,故称三晋。悍勇:勇猛。

③趣利:逐利。趣:同"趋"。蹶:受挫。

④倍日并行:加速行军,两天的路一天走完。

⑤陕:同"狭"。

⑥斫(zhuó):砍,劈。白:刮去树皮露出白色的树干。书:写。

⑦书:字。

⑧钻火:泛指生火。烛:照,照亮。

〔译文〕

十三年后,魏国和赵国联合攻打韩国,韩国向齐国急求救援。齐王派田忌率军前往,直奔大梁。魏将庞涓听到这个消息后,率军从韩国回到魏国,这时齐军已经越过边境向西而行了。孙膑对田忌说:"魏国的军队一向强悍勇猛,看不起齐军,认为齐兵胆小怯懦,那么擅长作战的将领,就要利用这种心理并加以引导。兵书上说,行军百里想取胜,反而可能折损上将;行军五十里想取胜,反而可能有一半的士兵掉队。现在让进入魏国的齐军造十万人做饭用的灶,第二天造五万人做饭用的灶,第三天只造三万人做饭用的灶。"庞涓在后面跟着行军三日,看到灶的情况,大喜,说道:"我就知道齐军胆小怯懦,进入我国境内这才三天,士兵逃走的就超过大半了!"于是让步兵不用跟着,只带着轻装的精锐部队,日夜兼程追击齐军。孙膑判断庞涓的行程,当晚就能赶到马陵。马陵的道路狭窄,道路两旁又尽是险要之处,适合预前埋伏士兵。孙膑就叫人砍掉树皮,在露出的白色树干上写下"庞涓死于此树之下"。于是命一万名擅长射箭的士兵,在道路两旁埋伏好,约定"夜晚看到有火光亮起,就一起放箭"。庞涓果然在当晚赶到了马陵,看见被削去树皮的树干上写着字,命人点火来照。树上的字还没读完,齐军埋伏的射箭手就万箭齐发,魏军大乱,彼此失散,难以指挥。庞涓自知无计可施,拔剑自刎,说道:"竟成就了孙膑这小子的名声!"齐军乘胜大败魏军,俘虏了魏国太子申,回到齐国。孙膑凭此战扬名天下,世上流传着他的《兵法》一书。

吴起者,卫人也,好用兵①。尝学于曾子,事鲁君。齐人攻鲁,鲁欲将吴起,吴起取齐女为妻②,而鲁疑之。吴起于是欲就名③,遂杀其妻,以明不与齐也④。鲁卒以为将。将而攻齐,大破之。

〔注释〕

①好用兵:擅长用兵。
②取:同"娶"。
③就名:成就名声。就:成就,完成。
④不与齐:不亲附齐国。

〔译文〕

　　吴起,卫国人,善于用兵。曾经向曾子求学,侍奉鲁国国君。齐军攻打鲁国,鲁君想让吴起当将军,但吴起的妻子是齐国人,鲁君又因此疑心他。吴起想要成就功名,就杀死了自己的妻子,以此表明他不会亲附齐国。鲁君最终让他当了将军。他率军攻齐,大败齐军。

　　鲁人或恶吴起曰①:"起之为人,猜忍人也②。其少时,家累千金,游仕不遂,遂破其家。乡党笑之,吴起杀其谤己者三十余人,而东出卫郭门。与其母诀,啮臂而盟曰③:'起不为卿相,不复入卫。'遂事曾子。居顷之,其母死,起终不归。曾子薄之④,而与起绝。起乃之鲁,学兵法以事鲁君。鲁君疑之,起杀妻以求将。夫鲁小国,而有战胜之名,则诸侯图鲁矣。且鲁卫兄弟之国也⑤,而君用起,则是弃卫。"鲁君疑之,谢吴起⑥。

〔注释〕

①或:有的人。恶:毁谤,说坏话。
②猜忍:猜忌残忍。
③啮(niè)臂而盟:把胳膊咬出血来发誓,表示坚决之意。
④薄:鄙薄,轻视。
⑤鲁卫兄弟之国:鲁卫两国都是姬姓,所以称兄弟之国。
⑥谢:谢绝,委婉地拒绝。

〔译文〕

　　鲁国有人诋毁吴起说:"吴起的为人,猜疑残忍。他年轻的时候,家里本有千金积蓄,可是他在外边奔走求官没有结果,反而把家产全都花光了。同乡邻里有人笑话他,他居然把笑话自己的三十多个人都给杀了,从卫国的东门逃走。他和母亲告别时,咬破手臂发誓说:'我不当上卿相,绝不会再回卫国。'于是就跟着曾子求学。过了不久,他的母亲去世,吴起最终也没有回卫国奔丧。曾子因此瞧不起他,和他断绝师徒关系。吴起就到鲁国去,学习兵法侍奉鲁君。鲁君怀疑他,吴起居然杀掉妻子,表明心迹,以谋求将军的职位。鲁国是个小国,却有了打败大国的名声,其他国家就要来谋算鲁国了。况且鲁卫是兄弟国家,他在卫国犯了事,而鲁君却重用他,那就等于抛弃了卫国。"鲁君由此怀疑吴起,就把他辞退了。

　　吴起于是闻魏文侯贤,欲事之。文侯问李克曰:"吴起何如人哉?"李克曰:"起贪而好色,然用兵司马穰苴不能过也。"于是魏文侯以为将,击秦,拔五城①。

〔注释〕

　　①拔:攻克,夺取。

〔译文〕

　　吴起听说魏文侯是个贤君,想要侍奉他。魏文侯问李克:"吴起这个人怎么样?"李克说:"吴起贪婪好色,但是他用兵的才能,连司马穰苴也比不上。"于是魏文侯就任用吴起为将,攻打秦国,夺取了秦的五座城池。

起之为将,与士卒最下者同衣食。卧不设席,行不骑乘,亲裹赢粮①,与士卒分劳苦。卒有病疽者,起为吮之。卒母闻而哭之。人曰:"子卒也,而将军自吮其疽,何哭为?"母曰:"非然也。往年吴公吮其父,其父战不旋踵②,遂死于敌。吴公今又吮其子,妾不知其死所矣。是以哭之。"

[注释]

①赢粮:余粮。
②不旋踵:不转身,即不退缩之意。旋:旋转。踵:脚跟。

[译文]

吴起当将军的时候,跟最下等的士兵衣食都一样。睡觉的时候不铺席具,行军的时候不骑马乘车,亲自背着兵粮,和士兵们同甘共苦。有个士兵长了痈疮,吴起替他吸吮脓液。这个士兵的母亲听说后,就大哭起来。有人问她:"你儿子只是个无名小卒,将军却亲自替他吸脓,你怎么反而哭了?"这位母亲说道:"并不是这样啊!昔日吴将军曾替孩子的父亲吸过脓,他父亲因此在战场奋勇杀敌,结果死在敌人手上。现在吴将军又给我的儿子吸疮脓,我不知道他将来会战死在什么地方,所以我才哭泣。"

文侯以吴起善用兵,廉平,尽能得士心,乃以为西河守,以拒秦、韩。

〔译文〕

魏文侯因为吴起善于用兵打仗,廉洁公正,尽得士兵拥戴,就任命他为西河地区的长官,来防守秦国和韩国的入侵。

魏文侯既卒,起事其子武侯。武侯浮西河而下,中流,顾而谓吴起曰:"美哉乎山河之固,此魏国之宝也!"起对曰:"在德不在险。昔三苗氏左洞庭,右彭蠡,德义不修,禹灭之。夏桀之居,左河济,右泰华,伊阙在其南,羊肠在其北,修政不仁,汤放之。殷纣之国,左孟门,右太行,常山在其北,大河经其南,修政不德,武王杀之。由此观之,在德不在险。若君不修德,舟中之人尽为敌国也。"武侯曰:"善。"

〔译文〕

魏文侯死后,吴起继续侍奉他的儿子魏武侯。武侯乘船,沿着黄河顺流而下,行到黄河的中间,回过头来对吴起说:"山川是多么险要壮美,这是魏国的珍宝啊!"吴起回答道:"国家的安定稳固,在于施行德政,而不在于地理形势的险要。昔日三苗氏,左边可倚靠洞庭湖,右边可依凭鄱阳湖,但是为政者不修德义,所以最终被夏禹灭掉。夏桀的国都,左边有黄河、济水,右边有泰山、华山,南边有伊阙山,北边有太行山的羊肠坂,只是因为他不行仁政,所以最终被商汤放逐。殷纣的国都,左边有孟门山,右边有太行山,北边有恒山,南边有黄河,可是因为他不行德政,最终为武王所杀。由此看来,国家的稳固在于施行德政而不是凭借险要的地形。如果您不行德政,那么这条船上的人都会变成您的敌人。"武侯说:"讲得好。"

吴起为西河守,甚有声名。魏置相,相田文。吴起不悦,谓田文曰:"请与子论功,可乎?"田文曰:"可。"起曰:"将三军,使士卒乐死①,敌国不敢谋,子孰与起?"文曰:"不如子。"起曰:"治百官,亲万民,实府库,子孰与起?"文曰:"不如子。"起曰:"守西河而秦兵不敢东乡,韩、赵宾从②,子孰与起?"文曰:"不如子。"起曰:"此三者,子皆出吾下,而位加吾上,何也?"文曰:"主少国疑,大臣未附,百姓不信,方是之时,属之于子乎③?属之于我乎?"起默然良久,曰:"属之子矣。"文曰:"此乃吾所以居子之上也。"吴起乃自知弗如田文。

〔注释〕

①乐死:为国效命。
②宾从:服从,归顺。这里是结盟之意。
③属:同"嘱",委托,托付。

〔译文〕

吴起做西河地区的长官,有很高的声望。魏国设相位,命田文担任相国。吴起很不高兴,对田文说:"让我和您比比功劳,可以吗?"田文说:"可以。"吴起说:"统率三军,让士兵们愿意为国效命,使敌国不敢图谋,您和我谁的功劳更大?"田文说:"我不如您。"吴起说:"管理百官,让百姓亲附,使府库充实,您和我谁的功劳更大?"田文说:"我不如您。"吴起说:"驻守西河,使秦国的军队不敢向东侵扰,让韩、赵两国归附,您和我谁的功劳更大?"田文说:"我不如您。"吴起说:"这三个方面,您都不如我,可是您的职位却在我之上,这是为什么?"田文说:"现在国君很年轻,国家尚不安定,大臣们没有完全顺服,百姓也还不信任,在这个时候,是把政事交给您呢,还是交给我呢?"吴起沉默了许久,说道:"是应该交给您。"田文说:"这就是我的职位在您之上的原因。"吴起从此知道自己不如田文。

田文既死,公叔为相,尚魏公主^①,而害吴起^②。公叔之仆曰:"起易去也。"公叔曰:"奈何?"其仆曰:"吴起为人节廉而自喜名也。君因先与武侯言曰:'夫吴起贤人也,而侯之国小,又与强秦壤界^③,臣窃恐起之无留心也。'武侯即曰:'奈何?'君因谓武侯曰:'试延以公主,起有留心则必受之,无留心则必辞矣。以此卜之^④。'君因召吴起而与归,即令公主怒而轻君。吴起见公主之贱君也^⑤,则必辞。"于是吴起见公主之贱魏相,果辞魏武侯。武侯疑之而弗信也。吴起惧得罪,遂去,即之楚。

[注释]

①尚:古代娶帝王之女为妻叫尚。

②害:嫉妒,忌恨。
③壤界:国土相连。
④卜:预料,推测。
⑤贱:蔑视,藐视。

[译文]

　　田文死后,公叔担任相国,娶了魏国的公主,他很畏忌吴起。公叔的仆从说:"赶走吴起是很容易的。"公叔问:"怎么做?"仆从说:"吴起是个严正不贪又爱好名声的人。您可以先去跟武侯说:'吴起是个贤能的人,但您的国家很小,又和强大的秦国接壤,我私下里担心吴起没有长期留在魏国的打算。'武侯如果说:'那怎么办呢?'您就对武侯说:'可以用把公主嫁给他的办法来试探,如果吴起打算长期留在魏国,就会接受这个提议;如果他没有长期留下的打算,就一定会推辞。用这个法子来试探他。'然后您就请吴起一同到家里来,要故意让公主当着吴起的面生气并且藐视您。吴起见到公主看不起您,就一定会推辞武侯把公主嫁给他的提议。"吴起见到公主如此藐视公叔,果然谢绝了魏武侯的提亲。武侯从此怀疑吴起,也不再信任他。吴起害怕会有灾祸,就离开魏国,到楚国去了。

　　楚悼王素闻起贤,至则相楚。明法审令①,捐不急之官②,废公族疏远者,以抚养战斗之士。要在强兵③,破驰说之言从横者④。于是南平百越,北并陈、蔡,却三晋⑤,西伐秦。诸侯患楚之强。故楚之贵戚尽欲害吴起。及悼王死,宗室大臣作乱而攻吴起,吴起走之王尸而伏之。击起之徒因射刺吴起,并中悼王。悼王既葬,太子立,乃使令尹尽诛射吴起而并中王尸者。坐射起而夷宗死者七十余家⑥。

[注释]

①审:察知,知道。
②捐:弃置,撤除。不急之官:无关紧要的冗官。
③要:要旨。
④驰说:往来奔走游说。从横:同"纵横"。
⑤却:打败,打退。
⑥坐:因为。夷宗:灭族。

[译文]

楚悼王一向听说吴起贤能,所以吴起一到楚国就任命他为相国。吴起制定明确的法令,撤除冗官,废掉那些与楚王室疏远的同族的供给,用钱财来供养军队。吴起执政的核心在于加强军事力量,反对那些到处奔走游说合纵连横的说客。于是楚国向南平定了百越,向北吞并了陈、蔡两国,打退韩、赵、魏三国的进犯,又向西征讨秦国。各诸侯国都对楚国的强大感到忧虑,而那些楚国的旧王族又都想害死吴起。等到楚悼公一死,王室大臣立刻作乱,追杀吴起。吴起逃到楚悼王停尸的地方,趴伏在悼王的尸体上。追杀吴起的那些人用箭射吴起,同时也射中悼王的尸体。悼王下葬之后,太子即位,就命令令尹把那些用箭射吴起,同时射中悼王尸体的人全部杀死。因为射吴起而被灭族的有七十多家。

商君列传

[题解]

秦国最终能够兼并六国,与一百多年前的商鞅变法有莫大关系。《商君列传》记述了商鞅去魏就秦、实行变法、相秦十年、孝公去世商鞅被杀的系列史事,通过对商鞅变法的详细记录,阐发了变法使秦国最终走向富国强兵,为秦始皇统一天下奠定基础的重要结论。

司马迁既肯定商鞅的政治成就,同时对这位法家的代表人物又持批评态度。商鞅从政治、经济、法律、军事等各个方面对秦国进行变革,严重损害了旧贵族的利益,与旧贵族的矛盾和冲突是商鞅被杀的根本原因。司马迁在人物形象塑造上,一方面描写商鞅的冷静果决,极富政治才能,另一方面又刻画他的刻薄少恩,指出这也是商鞅被害的重要原因。

商君者,卫之诸庶孽公子也①,名鞅,姓公孙氏,其祖本姬姓也。鞅少好刑名之学②,事魏相公叔座为中庶子。公叔座知其贤,未及进,会座病,魏惠王亲往问病,曰:"公叔病有如不可讳③,将奈社稷何?"公叔曰:"座之中庶子公孙鞅,年虽少,有奇才,愿王举国而听之。"王嘿然④。王且去,座屏人言曰⑤:"王即不听用鞅,必杀之,无令出境。"王许诺而去。公叔座召鞅谢曰:"今者王问可以为相者,我言若,王色不许我。我方先君后臣,因谓王'即弗用鞅,当杀之'。王许我。汝可疾去矣,且见禽⑥。"鞅曰:"彼王不能用君之言任臣,又安能用君之言杀臣乎?"卒不去。惠王既去,而谓左右曰:"公叔病甚,悲乎,欲令寡人以国听公孙鞅也,岂不悖哉⑦!"

〔注释〕

①庶孽:妾生的孩子。
②刑名之学:即法家的学说。
③不可讳:死亡的婉转说法。
④嘿:同"默"。
⑤屏:同"摒",摒弃,排除。
⑥禽:同"擒"。
⑦悖:荒谬,糊涂。

〔译文〕

商君,是卫国国君姬妾生的公子,名鞅,姓公孙氏,他的祖先本来姓姬。公孙鞅年轻的时候喜欢刑名之学,侍奉魏国国相公叔座,担任侍从官中庶子。公叔座知道他的才能,但还没来得及向魏国国君举荐,就得了病,魏惠王亲自去探问病情,问道:"您的病万一有不测,国家社稷应该怎么办呢?"公叔座说:"我的中庶子公孙鞅,虽然年轻,但是有奇才,希望大王您能把国政都交给他。"魏惠王听后没有说话。魏惠王要离开时,公叔座屏退左右随从,说道:"大王假如不打算用公孙鞅这个人,就一定要杀掉他,千万不要让他出走到别的国家。"魏王答应了他的要求,然后就离开了。公叔座命人把公孙鞅叫来,道歉说:"刚才大王问谁能够担任相国,我推荐了你,但看大王的神情应该是没有同意我的建议,我才以君为先,以臣为后,所以劝大王'如果不用公孙鞅,就应该杀了他'。大王答应了我的请求。你赶快离开魏国吧,否则就要被抓了。"公孙鞅说:"大王既然不肯听您的建议用我,又怎么会再听您的建议杀我呢?"所以没有离开。惠王走后,对左右侍从说:"公叔座的病很严重了啊,真叫人悲伤!他想让我任用公孙鞅,把国政都交给他,这难道不是老糊涂了吗?"

公叔既死,公孙鞅闻秦孝公下令国中求贤者,将修缪公之业,东复侵地,乃遂西入秦,因孝公宠臣景监以求见孝公。孝公既见卫鞅,语事良久,孝公时时睡,弗听。罢而孝公怒景监曰:"子之客妄人耳,安足用邪!"景监以让卫鞅①。卫鞅曰:"吾说公以帝道②,其志不开悟矣。后五日,复求见鞅。"鞅复见孝公,益愈③,然而未中旨。罢而孝公复让景监,景监亦让鞅。鞅曰:"吾说公以王道而未入也④。请复见鞅。"鞅复见孝公。孝公善之而未用也。罢而去,孝公谓景监曰:"汝客善,可与语矣。"鞅曰:"吾说公以霸道⑤,其意欲用之矣。诚复见我,我知之矣。"卫鞅复见孝公。公与语,不自知膝之前于席也。语数日不厌。景监曰:"子何以中吾君?吾君之欢甚也。"鞅曰:"吾说君以帝王之道比三代,而君曰:'久远,吾不能待。且贤君者,各及其身显名天下,安能邑邑待数十百年以成帝王乎⑥?'故吾以强国之术说君,君大说之耳。然亦难以比德于殷周矣⑦。"

〔注释〕

①让:责备。

②帝道:尧、舜等五帝治理国家的方法。

③益愈:稍微好一点。

④王道:三王(夏禹、商汤、周之文王和武王)治理国家的方法。

⑤霸道:春秋五霸的治国方法。

⑥邑邑:同"悒悒(yì)",郁闷不乐的样子。

⑦比德:比量德行。

〔译文〕

公叔座死后,公孙鞅听说秦孝公下令在国内寻求贤才,想要重振秦穆公的霸业,向东收复被魏国占领的土地,于是他就西行来到秦国,通过秦孝公的宠臣景监求见孝公。秦孝公召见公孙鞅,听他讲国家大事讲了很久,孝公边听边打瞌睡,一点也听不进去。公孙鞅走了之后,孝公生气地责怪景监说:"你推荐来的这个人说话狂妄不切实际,怎么能用这样的人呢!"景监用孝公的话责怪公孙鞅。公孙鞅说:"我用帝道来劝说大王,但看来他不能领悟这个。五天以后,请你再次举荐我。"公孙鞅又去见秦孝公,情况比上次好一些,孝公听进去了一些,但依然不符合孝公的心意。公孙鞅走后,孝公又责备景监,景监也再次责备公孙鞅。公孙鞅说:"我用王道来劝说大王,看来他还是没听进去。请你再帮我举荐一次。"公孙鞅又一次见到秦孝公。这次孝公认为他有才能,可是并没有任用他。公孙鞅离开后,孝公对景监说:"你的客人还不错,我可以跟他谈一谈。"公孙鞅知道后,说:"这次我用霸道来劝说大王,看他的意思是愿意采用了。如果能再召见我一次,我知道该说些什么了。"于是公孙鞅又一次见到秦孝公。孝公和他谈话,经常不知不觉就把膝盖靠近公孙鞅的座位。谈了好几天孝公都不觉得厌烦。景监说:"您说了什么能切中大王的心思?我们国君高兴极了。"公孙鞅说:"我一开始用帝王之道劝说大王,使国家能够治理得如同夏、商、周那样,但是大王说:'那样太慢了,我不能等。况且贤君都希望自己在位时就能扬名天下,怎么能苦闷不堪地等上几十年乃至上百年,再成就帝王大业呢?'于是我就用富国强兵的办法劝说大王,他非常高兴。不过,这样就不能达到殷、周那样的德政水平了。"

孝公既用卫鞅,鞅欲变法,恐天下议己。卫鞅曰:"疑行无名①,疑事无功。且夫有高人之行者,固见非于世;有独知之虑者,必见敖于民②。愚者暗于成事③,知者见于未萌。民不可与虑始而可与乐成。论至德者不和于俗④,成大功者不谋于众。是以圣人苟可以强国,不法其故；苟可以利民，不循其礼。"孝公曰："善。"甘龙曰："不然。圣人不易民而教⑤，知者不变法而治。因民而教，不劳而成功；缘法而治者，吏习而民安之。"卫鞅曰："龙之所言，世俗之言也。常人安于故俗，学者溺于所闻。以此两者居官守法可也，非所与论于法之外也⑥。三代不同礼而王，五伯不同法而霸。智者作法，愚者制焉⑦；贤者更礼，不肖者拘焉。"杜挚曰："利不百，不变法；功不十，不易器。法古无过，循礼无邪。"卫鞅曰："治世不一道，便国不法古。故汤武不循古而王，夏殷不易礼而亡。反古者不可非，而循礼者不足多。"孝公曰："善。"以卫鞅为左庶长，卒定变法之令。

〔注释〕

①疑：犹豫，怀疑自己。
②敖：同"謷(áo)"，诋毁，诽谤。
③暗：不明。
④论：讲论。
⑤易民：改变过去的风俗习惯。
⑥法之外：旧法之外的事，即指变法。
⑦制：被制约。

〔译文〕

孝公任用公孙鞅后，公孙鞅打算实行变法，但秦孝公又怕天下人议论自己。公孙鞅说："行动总犹豫不决，就不会有声誉；

办事总犹豫不决，就不会成功。况且一个人行事超出旁人，就一定会被世俗非议；一个人见解有独到之处，就一定会被常人诋毁。愚笨的人事情成功之后也不明白其所以然，聪明的人事情未发生之前就早已预见。老百姓不能和他们谋划一件事情的开始，但可以和他们共享最后的成果。讲最高道德的人不合于世俗，成就大功业的人不去向一般人征求意见。因此，圣人只要能使国家强盛，就不必非得遵照旧日的准则；只要能让百姓得利，就不必非要遵循过去的礼制。"孝公说："讲得好。"甘龙说："不是这样。圣人不改变旧有的风俗习惯而对百姓施以教化，智者不改变原来的制度法规而治理国家。顺应习俗而教化百姓，不必费力就能成功；遵守成法而治理国家，官吏熟悉而百姓安稳。"公孙鞅说："甘龙所说的，不过是世俗之言。一般人安于旧有的风俗习惯，读书人限于书本的条条框框。所以这两条说法，只是为官守法、维持秩序还可以，但是不能和他们讨论成法之外的事情。夏、商、周三代礼制不同而都能统一天下，五霸执行的法度不同而都能成就霸业。聪明的人制定法度，而愚蠢的人受法度制约；贤能的人更改礼制，而无能的人被礼制约束。"杜挚说："如果没有百倍的利益，就不能改变旧的法度；如果没有十倍的功效，就不能更换旧的器物。仿效古法不会有错，遵守旧礼不会不正。"公孙鞅说："治理国家的方法不是唯一的，如果对国家有利，就不应该只是仿效古法。所以商汤和周武王不遵循古法而成就王业，夏朝和殷朝却因为不改变旧礼而最终灭亡。改变旧法的人不应该否定他们，而沿袭旧礼的人不值得赞扬。"孝公说："讲得好。"于是任命公孙鞅为左庶长，最终确定了变法的条令。

令民为什伍①,而相牧司连坐②。不告奸者腰斩,告奸者与斩敌首同赏,匿奸者与降敌同罚。民有二男以上不分异者③,倍其赋。有军功者,各以率受上爵④;为私斗者,各以轻重被刑大小。僇力本业⑤,耕织致粟帛多者复其身⑥。事末利及怠而贫者⑦,举以为收孥⑧。宗室非有军功论⑨,不得为属籍⑩。明尊卑爵秩等级⑪,各以差次名田宅⑫,臣妾衣服以家次⑬。有功者显荣,无功者虽富无所芬华⑭。

〔注释〕

①什伍:古代的户籍编制,十家为什,五家为伍。

②牧司:互相监督检举。连坐:指的是一人犯法,其他人要连带治罪。坐:因……犯罪。

③分异:分家。

④率(lǜ):标准。

⑤僇力:同"戮力",尽力,致力于。

⑥复:免除(徭役赋税)。

⑦事末利:指从事工商业,与农业相对而言。末:非根本的,次要的。

⑧举:尽。收孥:收为奴隶。孥:同"奴"。

⑨论:论评。

⑩属籍:宗室谱籍。

⑪爵秩:爵禄。

⑫差次:等级次序。

⑬名:占有。家次:家族的等级。
⑭芬华:这里指荣耀显达。

[译文]

(新法的内容是)把居民十家编成一什,五家编成一伍;各家互相监督,一家犯法,其他各家都要受到牵连。如果知道谁家犯法但没有告发的,就要被处以腰斩之刑;告发奸恶之徒与斩掉敌人首级受同样的奖赏,藏匿奸恶之徒与投降敌人受同样的惩罚。一家有两个以上的成年男子但没有分家的,要加倍交纳赋税。有军功的人,各自根据规定的标准加官晋爵;为私事打架斗殴的,各自按照情节轻重受到惩罚。尽心尽力发展农业生产,在耕种和织布方面获得丰富成果的,免除他们的徭役赋税。从事商业或因为懒惰而贫穷的,把他们都降为奴隶。王室的宗族里没有获得军功的,不能再列入家族的谱牒之中。明确爵位的尊卑等级,按各自的等级占有土地、房屋,家中奴仆的衣裳、服饰,要按照各家的爵位等级而定。有军功的人显赫荣华,没有军功的人即使富有也不能有尊贵的地位。

令既具①,未布,恐民之不信,已乃立三丈之木于国都市南门,募民有能徙置北门者予十金。民怪之,莫敢徙。复曰:"能徙者予五十金。"有一人徙之,辄予五十金,以明不欺。卒下令。

[注释]

①具:准备,备办。

〔译文〕

新法制定好后,尚未公布,由于担心百姓不能信服,就命人在国都市场的南门立了一根三丈长的杆子,在百姓中招募能把木头杆子搬到北门的人,谁搬就赏给谁十金。百姓们觉得很奇怪,没人敢动。于是公孙鞅又宣布:"能把木头杆子搬到北门的人,赏五十金。"这时有个人出来把它搬走了,立即赏给此人五十金,以表明政府令出必行,绝不欺骗。此事之后,新法颁布。

令行于民期年,秦民之国都言初令之不便者以千数。于是太子犯法。卫鞅曰:"法之不行,自上犯之。"将法太子①。太子,君嗣也,不可施刑,刑其傅公子虔,黥其师公孙贾。明日,秦人皆趋令②。行之十年,秦民大说,道不拾遗,山无盗贼,家给人足。民勇于公战,怯于私斗,乡邑大治。秦民初言令不便者有来言令便者,卫鞅曰:"此皆乱化之民也。"③尽迁之于边城。其后民莫敢议令。

〔注释〕

①法:依法治罪。
②趋令:遵守、执行法令。
③乱化:扰乱风俗教化。

〔译文〕

新法在国内施行一年之后,秦国老百姓去国都诉说新法不好的就有上千人。正当这时,太子犯了新法。公孙鞅说:"新法之所以不能顺利推行,就是因为从上面就有人违反。"于是要按照新法惩罚太子。太子是国君的继承者,不能对他施以刑罚,就处罚了太子的太傅公子虔,给太师公孙贾施以墨刑。从第二天开始,秦国人就都按照新法去执行了。新法推行十年之后,秦国百姓都很高兴,路上掉了东西没人捡拾,山林里也没有了盗贼,家家户户生活充裕。人们勇于为国家征战,不敢再为私仇争斗,乡村城镇一片安定太平。当初说新法不好的秦国人又来国都说新法的好处,公孙鞅说:"这些都是扰乱风俗教化的人。"把他们全都迁到边境去。从此之后,百姓们再也没人敢议论新法了。

于是以鞅为大良造。将兵围魏安邑①,降之。居三年,作为筑冀阙宫庭于咸阳②,秦自雍徙都之。而令民父子兄弟同室内息者为禁。而集小乡邑聚为县③,置令、丞,凡三十一县。为田开阡陌封疆④,而赋税平。平斗桶权衡丈尺⑤。行之四年,公子虔复犯约,劓之⑥。居五年,秦人富强,天子致胙于孝公⑦,诸侯毕贺。

〔注释〕

①安邑:实为固阳,非安邑。
②作为筑:建造。动词同义,并列连用。冀阙:古代宫廷外的门阙。
③集:集中,归并。聚:村落。
④阡陌:田界。封疆:疆界的标记。

⑤平:使统一。斗桶:指斗和斛,古代使用的量器,也用作量器的统称。权衡:称重的器具。权:秤锤。衡:秤杆。
⑥劓(yì):古代的刑法,割掉犯人的鼻子。
⑦致胙(zuò):天子在祭祀后,把祭肉赐给诸侯。

[译文]

于是公孙鞅又被任命为大良造。他率领军队围攻魏国的固阳,固阳投降了秦国。又过了三年,秦国在咸阳建造宫殿城阙,把国都从雍迁到咸阳。秦国下令禁止百姓的父子兄弟同住一个房子。把各个小的乡、邑、聚合并成县,在各县设置县令、县丞,全国共设置了三十一个县。废除原有农田的地界,开挖田塍(chéng)疆界作为耕地来重新进行划分,让人们公平地交纳赋税。统一度量衡。新制度施行了四年,这时公子虔又犯了法,被处以劓刑。如此过了五年,秦国富强,周天子把祭肉送给秦孝公,各国诸侯都来向秦国称贺。

其明年,齐败魏兵于马陵,虏其太子申,杀将军庞涓。其明年,卫鞅说孝公曰:"秦之与魏,譬若人之有腹心疾,非魏并秦,秦即并魏。何者?魏居领厄之西①,都安邑,与秦界河而独擅山东之利。利则西侵秦,病则东收地。今以君之贤圣,国赖以盛。而魏往年大破于齐,诸侯畔之,可因此时伐魏。魏不支秦②,必东徙。东徙,秦据河山之固③,东乡以制诸侯,此帝王之业也。"孝公以为然,使卫鞅将而伐魏。魏使公子卬将而击之。军既相距④,卫鞅遗魏将公子卬书曰⑤:"吾始与公子欢,今俱为两国将,不忍相攻。可与公子面相见,盟,乐饮而罢兵,以安秦魏。"魏公子卬以为然。会盟已,饮,而卫鞅伏甲士而袭虏魏公子卬,因攻其军,尽破之以归秦。魏惠王兵数破于齐秦,国内空,日以削,恐,乃使使割河西之地献于秦以和。而魏遂去安邑,徙都大梁。梁惠王曰:"寡人恨不用公叔座之言也。"卫鞅既破魏还,秦封之於、商十五邑,号为商君。

〔注释〕

①领厄:指山岭险要之处。领,同"岭"。
②支:抵挡,抗拒。
③河山:指黄河、崤山。
④相距:相对而立。距,同"拒",抵抗,抵御。
⑤遗(wèi):赠送。

〔译文〕

  过了一年,齐军在马陵打败魏军,俘虏了魏国太子申,杀死了将军庞涓。又过了一年,公孙鞅劝秦孝公说:"秦国和魏国,就像一个人的心腹有了病一样,将来不是魏国吞并秦国,就是秦国吞并魏国。这是为什么呢?魏国地处险要的中条山以西,建都安邑,与秦国以黄河为界,独占崤山以东的地利之便。条件有利,就向西入侵秦国,条件不利,就向东扩张领土。现在多亏大王您的英明贤能,秦国得以兴盛起来。而魏国去年被齐国大败,诸侯们也都抛弃了它,正好趁这个机会攻打魏国。魏国挡不住秦国,必然会向东迁移。一旦它撤到东面去,秦国就可以独享黄河和崤山的险要形势,进一步可以向东控制各国诸侯,这就是统一天下的帝王之业啊!"孝公认为公孙鞅说得很对,就派公孙鞅率军攻打魏国。魏国派公子卬领兵迎战。两军相对,公孙鞅派人给公子卬送了一封信,写道:"当初我与公子您关系很好,如今却都成了敌对两国的将领,但我不忍心相互攻打。我想和公子您见面,订立盟约,大家举行宴会,然后各自撤兵,让秦魏两国都得到安宁。"公子卬同意了公孙鞅的建议。等会盟结束,大家开始喝酒的时候,公孙鞅提前埋伏好的士兵突然偷袭,并俘虏了公子卬,然后趁机攻打魏军,大破魏军后回到秦国。魏惠王的军队多次被齐、秦两国击败,国内空虚,国力一天天被削弱,非常害怕,就派使者向秦国求和,把黄河以西的地区割让给秦。魏国就此离开安邑,迁都大梁。魏惠王说:"我真后悔当初没有听从公叔座的建议。"公孙鞅打败魏军,回到秦国,秦孝公把於、商一带的十五个邑封给他,号为商君。

商君相秦十年,宗室贵戚多怨望者①。

〔注释〕

①怨望:怨恨。望:埋怨,责备。

〔译文〕

商君当了秦相十年,秦国很多王室宗亲贵戚都非常怨恨他。

秦孝公卒,太子立。公子虔之徒告商君欲反,发吏捕商君。商君亡至关下,欲舍客舍。客人不知其是商君也①,曰:"商君之法,舍人无验者坐之②。"商君喟然叹曰:"嗟乎,为法之敝一至此哉③!"去之魏。魏人怨其欺公子卬而破魏师,弗受。商君欲之他国。魏人曰:"商君,秦之贼。秦强而贼入魏,弗归,不可。"遂内秦④。商君既复入秦,走商邑,与其徒属发邑兵北出击郑。秦发兵攻商君,杀之于郑黾池。秦惠王车裂商君以徇⑤,曰:"莫如商鞅反者!"遂灭商君之家。

〔注释〕

①客人:旅店的主人。
②验:这里指身份证件。
③敝:同"弊",弊病。
④内秦:这里指交给秦人。内:同"纳"。
⑤徇:示众。

〔译文〕

秦孝公去世后,太子即位。这时公子虔等一班人出来诬告商君要谋反,派人去抓商君。商君逃到秦国的边境,想在旅店住宿。旅店的主人不知道他就是商君,说:"商君的法令规定,让没有证件的客人住宿,店主要连带判罪。"商君长叹一声说道:"唉!变法的弊端竟然到这样的地步!"就离开秦国逃到了魏国。魏国人恨他当初欺骗公子卬而打败了魏军,也不肯收留他。

商君打算再逃到别的国家。魏国人说:"商君是秦国的逃犯,秦国强大,现在逃犯逃到魏国,我们不把他送回去是不行的。"于是就把商君送回了秦国。商君回到秦国后,就到他的封地商邑,和部属一起征召商邑的士兵,向北攻打郑国。秦国派兵攻打商君,在郑国附近的黾池把他杀死了。秦惠王把商君车裂示众,说:"谁也不要像商鞅那样谋反!"然后又诛灭商君全家。

魏公子列传

[题解]

魏公子信陵君,"战国四公子"之一。信陵君与齐国孟尝君、赵国平原君、楚国春申君,四人均以养"士"著称,但信陵君的才能和人品最为卓绝。《魏公子列传》记述了信陵君为存魏拒秦做出种种努力,但仍不免被毁谤、被猜忌的命运,最终他沉溺酒色,悲愤而死。

《魏公子列传》以"窃符救赵"为核心,将信陵君的性格人品和一生的主要事迹串联起来,并塑造了一系列鲜活的人物形象。信陵君仁德宽厚,礼贤下士,他对隐士侯嬴的恭敬和尊重,为侯嬴在关键时刻为其出谋划策埋下伏笔。侯嬴有大智慧,不慕名利,信守然诺,用自刎而死促进信陵君救赵成功的决心。本篇是全书的重要篇章之一,司马迁在本篇中刻画出了信陵君和侯嬴的意气相尚、舍生取义,充分体现了他的生花妙笔。

魏公子无忌者,魏昭王少子而魏安釐王异母弟也。昭王薨,安釐王即位,封公子为信陵君。是时范雎[1]亡魏相秦,以怨魏齐故,秦兵围大梁,破魏华阳下军,走芒卯。魏王及公子患之。

〔注释〕

①范雎(suī):战国时期魏国人,字叔。曾任秦国相邦,封于应(今河南鲁山县东),故又称应侯。刘向在《战国策》中写为"范雎(jū)",各遵原著。

〔译文〕

魏公子无忌,是魏昭王的小儿子,魏安釐王的同父异母弟弟。魏昭王去世后,魏安釐王即位,封魏公子无忌为信陵君。这个时候从魏国逃走的范雎在秦国担任丞相,因为怨恨魏国的丞相魏齐,就派秦军围攻大梁,又击败了驻扎在华阳的魏国军队,魏将芒卯战败而逃。魏安釐王和魏公子对这个情形非常担忧。

公子为人仁而下士,士无贤不肖皆谦而礼交之,不敢以其富贵骄士。士以此方数千里争往归之,致食客三千人。当是时,诸侯以公子贤,多客,不敢加兵谋魏十余年。

〔译文〕

魏公子为人仁厚又能礼贤下士,士人无论是有才能的还是没有才能的,他都谦恭有礼地对待他们,从来不因为自己地位高贵和富有而轻慢士人。因此方圆几千里的士人们都争相投奔他,门下的食客有三千多人。在这个时候,各个诸侯国因为魏公子贤能,门下有才华的宾客众多,十多年来都不敢动兵谋攻魏国。

公子与魏王博①,而北境传举烽,言"赵寇至,且入界"。魏王释博,欲召大臣谋。公子止王曰:"赵王田猎耳,非为寇也。"复博如故。王恐,心不在博。居顷,复从北方来传言曰:"赵王猎耳,非为寇也。"魏王大惊,曰:"公子何以知之?"公子曰:"臣之客有能深得赵王阴事者[2],赵王所为,客辄以报臣,臣以此知之。"是后魏王畏公子之贤能,不敢任公子以国政。

[注释]

①博:下棋。
②阴事:隐蔽的、秘密的事情。

[译文]

有一次,魏公子正在跟魏王下棋,突然从北方边境传来了烽火警报,说"赵军进犯我国,快要进入我国边境了"。魏王立即停止下棋,准备召集大臣一起商议对策。魏公子却劝魏王说:"只是赵王在打猎,并不是进攻我国。"又接着跟魏王下棋。但魏王心里很害怕,心思无法放在下棋上。过了一会儿,又从北方传来消息:"赵王只是打猎,不是进攻我国。"魏王非常惊讶,问道:"你是怎么知道的?"魏公子说:"我有个门客,能探得赵王的秘密,赵王有什么活动,他就会及时报告我,所以我知道这件事。"从此之后,魏王害怕魏公子的才能,不敢把国家大事交给魏公子处理。

魏有隐士曰侯嬴,年七十,家贫,为大梁夷门监者①。公子闻之,往请②,欲厚遗之。不肯受,曰:"臣修身絜行数十年③,终不以监门困故而受公子财。"公子于是乃置酒大会宾客。坐定,公子从车骑,虚左④,自迎夷门侯生。侯生摄敝衣冠⑤,直上载公子上坐,不让,欲以观公子。公子执辔愈恭。侯生又谓公子曰:"臣有客在市屠中,愿枉车骑过之⑥。"公子引车入市,侯生下见其客朱亥,俾倪故久立⑦,与其客语,微察公子。公子颜色愈和。当是时,魏将相宗室宾客满堂,待公子举酒。市人皆观公子执辔。从骑皆窃骂侯生。侯生视公子色终不变,乃谢客就车。至家,公子引侯生坐上坐,遍赞宾客,宾客皆惊。酒酣,公子起,为寿侯生前。侯生因谓公子曰:"今日嬴之为公子亦足矣。嬴乃夷门抱关者也⑧,而公子亲枉车骑,自迎嬴于众人广坐之中,不宜有所过,今公子故过之。然嬴欲就公子之名,故久立公子车骑市中,过客以观公子,公子愈恭。市人皆以嬴为小人,而以公子为长者能下士也。"于是罢酒,侯生遂为上客。

[注释]

①夷门:魏国都大梁的东门。监者:守门人。
②请:拜见,请谒。
③絜:同"洁"。
④虚左:空出车中左边的座位,左位为尊位。
⑤摄:整理。
⑥枉:绕道而行。过:拜访,探望。

⑦俾倪:同"睥睨",眼睛斜着看人。
⑧抱关者:守门人。关:门闩,闩门的横木。

[译文]

　　魏国有个隐士叫侯嬴,已经七十岁了,家境贫穷,在大梁的夷门当看门人。魏公子听说这个人后,就亲自去拜见他,想要送给他一些礼物。但侯嬴不肯接受,说:"我修养自己的清白品格已经有几十年了,绝不能因为我是一个看门人生活贫困而接受公子您的礼物。"于是魏公子就安排宴席,请来众多宾客。大家坐定之后,魏公子却带着车马和随从,空出车上左边的位子,亲自到夷门迎接侯嬴。侯嬴整理了一下自己破旧的衣冠,径直上了车子,坐在左边空出来的尊位上,一点儿都没有谦让,想要趁机观察魏公子的态度。魏公子手握缰绳,态度却更加恭敬。侯先生又对公子说:"我有个朋友在集市卖肉的地方,我想麻烦您的车子绕个远带我去拜访他。"公子立即驾车到了集市,侯嬴下车去见他的朋友朱亥,故意一直站在那里跟朱亥聊天,斜着眼睛悄悄观察魏公子。魏公子的神色更加平和。就在这个时候,魏国的将相大臣、宗室贵族,满堂宾客都在等着魏公子举起酒杯开席。集市上的人都惊奇地看着魏公子手握缰绳在给人驾车。魏公子的随从们都在心里骂侯嬴。侯嬴看到魏公子温和恭敬的神色始终没有变化,这才跟朋友告别,上车离开。到家后,魏公子请侯嬴坐上座,又把宾客们一一向侯嬴介绍,所有的宾客都感到非常吃惊。当大家喝酒喝到最高兴的时候,魏公子又站起来,走到侯嬴的面前向他敬酒。侯嬴见状,就对魏公子说道:"今天我为难公子您也太过分了。我侯嬴只不过是夷门一个守门人而已,可是公子您却屈尊亲自赶着车子,把我接到这么多宾客之中。有些地方本来不应该让您过去,可是您却为了我的缘故也到那些地方去。但我是想要成就您礼贤下士的名声,所以才故意让您等在车马旁边,还等了好久。当时来来往往的人都看着您,您的神色却更加谦和。集市上的人都觉得我不过是个小人,但却都会认为公子是忠厚有德、礼贤下士之人。"于是大家欢饮而散,侯嬴从此成为魏公子家的上宾。

侯生谓公子曰:"臣所过屠者朱亥,此子贤者,世莫能知,故隐屠间耳。"公子往数请之,朱亥故不复谢①,公子怪之。

〔注释〕

①复谢:答谢。

〔译文〕

侯嬴对魏公子说:"之前我去拜访的那位屠夫朱亥,他是一个很有能力的人,只不过大家都不知道他的才华,所以才隐没于屠夫之中。"于是魏公子就多次前去拜访朱亥,但朱亥却故意不回拜,魏公子感到很奇怪。

魏安釐王二十年,秦昭王已破赵长平军,又进兵围邯郸。公子姊为赵惠文王弟平原君夫人,数遗魏王及公子书,请救于魏。魏王使将军晋鄙将十万众救赵。秦王使使者告魏王曰:"吾攻赵旦暮且下,而诸侯敢救者,已拔赵①,必移兵先击之。"魏王恐,使人止晋鄙,留军壁邺②,名为救赵,实持两端以观望。平原君使者冠盖相属于魏③,让魏公子曰:"胜所以自附为婚姻者,以公子之高义,为能急人之困。今邯郸旦暮降秦而魏救不至,安在公子能急人之困也!且公子纵轻胜,弃之降秦,独不怜公子姊邪?"公子患之,数请魏王,及宾客辩士说王万端。魏王畏秦,终不听公子。公子自度终不能得之于王,计不独生而令赵亡,乃请宾客,约车骑百余乘④,欲以客往赴秦军,与赵俱死。

〔注释〕

①拔:攻取。
②壁:驻扎。
③冠盖:古代官员的冠冕和车盖。属:连续。
④约:凑集。

〔译文〕

魏安釐王二十年(前257),秦昭王在长平大败赵军,紧接着又派兵围攻赵国的首都邯郸。魏公子的姐姐是赵惠文王的弟弟平原君的夫人,多次给魏王和公子写信,请他们救援赵国。魏王派将军晋鄙带领十万大军前去相救。秦昭王听说后,就派使者前来警告魏王:"我攻下赵国,只不过是早晚的事。现在哪个诸侯胆敢救赵,等我把赵国灭掉,就先派兵去攻打他。"魏王听了之后非常害怕,就派人让晋鄙暂停行军,让军队暂时驻扎在邺城,名义上要去救援赵国,实际上只是游移于秦国和赵国之间,观望形势的发展。平原君的使者接连不断地驾车前来,频频告急,还责备魏公子说:"我赵胜当初之所以高攀公子,和您联姻结亲,就是因为公子重义气,能够救人于急难之中。现在邯郸危在旦夕,很快就得向秦国投降,可是魏国的救兵却迟迟不至,公子您急人之困的高义又在哪里呢?况且即便公子您不在乎我赵胜,不肯相救,让我们投降秦国,可是难道您就不可怜您的姐姐吗?"魏公子听了之后也极其担忧,多次请求魏王尽快出兵,他身边的宾客辩士们也千方百计地劝说魏王。但魏王因为太害怕秦国,始终不肯答应公子的请求。公子估计终究不能让魏王同意,决定绝不自己活着却眼睁睁看着赵国灭亡,于是就召约他门下的宾客,凑了一百多辆车子,打算带着宾客们一起奔赴赵国和秦军拼命,与赵人共存亡。

行过夷门,见侯生,具告所以欲死秦军状。辞决而行,侯生曰:"公子勉之矣①,老臣不能从。"公子行数里,心不快,曰:"吾所以待侯生者备矣,天下莫不闻,今吾且死,而侯生曾无一言半辞送我,我岂有所失哉?"复引车还,问侯生。侯生笑曰:"臣固知公子之还也。"曰:"公子喜士,名闻天下。今有难,无他端而欲赴秦军②,譬若以肉投馁虎,何功之有哉?尚安事客?然公子遇臣厚,公子往而臣不送,以是知公子恨之复返也。"公子再拜,因问。侯生乃屏人间语③,曰:"嬴闻晋鄙之兵符常在王卧内,而如姬最幸,出入王卧内,力能窃之。嬴闻如姬父为人所杀,如姬资之三年④,自王以下欲求报其父仇,莫能得。如姬为公子泣,公子使客斩其仇头,敬进如姬。如姬之欲为公子死,无所辞,顾未有路耳。公子诚一开口请如姬,如姬必许诺,则得虎符夺晋鄙军,北救赵而西却秦,此五霸之伐也。"公子从其计,请如姬。如姬果盗晋鄙兵符与公子。

〔注释〕

①勉:勉力,尽力。
②他端:其他打算或对策。
③屏人:屏退其他人。间语:私下谈话。
④资:蓄积。

〔译文〕

魏公子到夷门去见侯嬴,把自己决心跟秦军拼命的想法告诉了他。说完之后,魏公子告辞离开,侯嬴却说:"公子您尽全力去做吧,老臣我就不跟着了。"魏公子走出几里地之后,心里很不痛快,想着:"我对待侯嬴绝对算是很好了,天下人没有不知道的。现在我决心赴死,侯嬴却没有一言半语来与我告别,难道我待他还有什么不足的地方?"于是又驾车返回,向侯嬴询问心中的疑惑。侯嬴笑着说:"我早就知道公子您会回来的。"又接着说:"公子招贤纳士,天下闻名。现在有了危难之事,不去想别的办法,却直接去秦军那里赴死,这就像把肉扔给饥饿的老虎,能有什么用处呢?还养着我们这些宾客干什么呢?公子待我诚恳宽厚,但公子前去赴死我却不送行,是因为我知道公子您会心有所憾而回来的。"魏公子向侯嬴拜了两拜,然后向他请教对策。侯嬴支开所有人,跟魏公子秘密交谈,说道:"我听说晋鄙的兵符一直放在魏王的卧室之内,现在魏王的妻妾以如姬最为受宠,她能随意出入魏王卧室,想偷兵符的话会很容易。我曾听说如姬的父亲被人所杀,如姬衔恨整整三年,魏王及其下群臣都想找机会为她报仇雪恨,但一直没能找到仇人。如姬曾向公子哭诉,公子派门客杀了那个仇人,把仇人之头献给如姬。如姬愿意为报答公子而死,无论何事都在所不辞,只是没有机会罢了。公子如果开口请求如姬帮忙,如姬定会答应,这样就能得到虎符而夺取晋鄙的军权,既可北上救赵,又能抵御西方的秦国,这是春秋五霸才有的功业啊!"魏公子听从了侯嬴的计策,请如姬帮忙盗取兵符。如姬果然把晋鄙的兵符交给魏公子。

公子行,侯生曰:"将在外,主令有所不受,以便国家①。公子即合符,而晋鄙不授公子兵而复请之,事必危矣。臣客屠者朱亥可与俱,此人力士。晋鄙听,大善;不听,可使击之。"于是公子泣。侯生曰:"公子畏死邪?何泣也?"公子曰:"晋鄙嚄唶宿将②,往恐不听,必当杀之,是以泣耳,岂畏死哉?"于是公子请朱亥。朱亥笑曰:"臣乃市井鼓刀屠者,而公子亲数存之③,所以不报谢者,以为小礼无所用。今公子有急,此乃臣效命之秋也。"遂与公子俱。公子过谢侯生。侯生曰:"臣宜从,老不能。请数公子行日,以至晋鄙军之日,北乡自刭④,以送公子。"公子遂行。

[注释]

①便:便利,有利于。
②嚄唶(huòzè):这里指勇猛的样子。嚄:大笑。唶:大呼。
③存:恤问。
④北乡自刭:面朝着北方自刎而死。乡:同"向",面向。

[译文]

公子准备出发,侯嬴说:"大将在外作战,国君的命令可以不必全部听从,以有利于国家为原则。所以公子即使跟晋鄙可以合符,但晋鄙如果不把兵权交给公子,反而再去请示魏王,那么事态就很危险了。我的朋友屠夫朱亥可以跟您一起前往,这个人是个大力士。如果晋鄙听从您的命令,那再好不过;如果他不听从,就让朱亥去杀他。"魏公子听了这话,流下眼泪。侯嬴问道:"您这是害怕死吗?为什么会流泪?"魏公子回答道:"晋鄙是魏国一位勇猛的老将,我估计他恐怕不会听从我的命令,必然要把他杀死,因此我为他流下眼泪,怎么会是怕死呢?"于是公子又去请朱亥与他一同前往。朱亥笑着说:"我不过是集市上一个拿刀卖肉的屠夫,可是公子却多次亲自来看望我。以前我不去回拜您,是因为我认为那些小礼节毫无用处。现在公子有了急难之事,这正是我为公子效命的时候。"于是朱亥就与公子一同上路。公子又去向侯嬴辞行。侯嬴说:"本来我应该跟您一起去的,但是我年纪太大,已经不能跟随公子了。我会计算公子您的行程,等您到达晋鄙军队的那天,我就面朝北方,向着公子您的方向自刎,以此来报答公子。"之后,魏公子就出发了。

至邺,矫魏王令代晋鄙①。晋鄙合符,疑之,举手视公子曰:"今吾拥十万之众,屯于境上,国之重任,今单车来代之②,何如哉?"欲无听。朱亥袖四十斤铁椎,椎杀晋鄙,公子遂将晋鄙军。勒兵下令军中曰③:"父子俱在军中,父归;兄弟俱在军中,兄归;独子无兄弟,归养。"得选兵八万人④,进兵击秦军。秦军解去,遂救邯郸,存赵。赵王及平原君自迎公子于界,平原君负韣矢为公子先引⑤。赵王再拜曰:"自古贤人未有及公子者也。"当此之时,平原君不敢自比于人。公子与侯生决,至军,侯生果北乡自刎。

〔注释〕

①矫:假托。
②单车:这里指轻车简从。换将乃是大事,"单车"则简略轻率,引起晋鄙的怀疑。
③勒:整顿,约束。
④选兵:挑选出来的精兵。
⑤负韣(lán)矢:背着箭囊在前面引路,以示敬意。韣:盛箭的囊袋。

〔译文〕

魏公子到达邺城后,假传魏王的命令,宣布自己代替晋鄙统率军队。晋鄙虽然合符验证,但仍然非常怀疑此事,举着手看着公子说道:"现在我率领十万大军,驻扎在边境线上,这是国家的重任,你现在这样一个人驾车前来就想接替我,这是怎么回事?"打算拒绝接受魏公子的命令。此时朱亥取出藏在衣袖里的重达四十斤的大铁椎,一下子就把晋鄙击杀了,魏公子于是统领了晋鄙的军队。然后魏公子集合军队,下令道:"父子二人都在军队里的,父亲可以回家;兄弟二人都在军队里的,兄长可以回家;没有兄弟的独生子,可以回家奉养父母。"经过这番选拔,得到精兵八万人,前行进攻秦军。秦军被迫撤退,邯郸得救,赵国由此得以保存。赵王和平原君到边境迎接魏公子。平原君亲自替公子背着箭袋,在前面引路。赵王对魏公子拜了两拜,说道:"自古以来的贤人,没有一个能比得上公子您的。"在这个时候,平原君不敢拿自己跟魏公子相比。之前,魏公子和侯嬴告别,等魏公子到达邺城军营的那一天,侯嬴果然面朝北方,自刎而死。

魏王怒公子之盗其兵符,矫杀晋鄙,公子亦自知也。已却秦存赵,使将将其军归魏,而公子独与客留赵。赵孝成王德公子之矫夺晋鄙兵而存赵①,乃与平原君计,以五城封公子。公子闻之,意骄矜而有自功之色。客有说公子曰:"物有不可忘,或有不可不忘。夫人有德于公子,公子不可忘也;公子有德于人,愿公子忘之也。且矫魏王令,夺晋鄙兵以救赵,于赵则有功矣,于魏则未为忠臣也。公子乃自骄而功之,窃为公子不取也。"于是公子立自责，似若无所容者。赵王埽除自迎②，执主人之礼，引公子就西阶。公子侧行辞让，从东阶上③。自言罪过，以负于魏，无功于赵。赵王侍酒至暮，口不忍献五城，以公子退让也。公子竟留赵。赵王以鄗为公子汤沐邑，魏亦复以信陵奉公子。公子留赵。

〔注释〕

①德：感谢。
②埽：同"扫"，扫除。
③从东阶上：古代迎宾的礼仪，主人从东阶上，客人从西阶上。客人表示自谦，则跟着主人也从东阶上。

〔译文〕

　　魏公子从魏王那里盗走兵符，假传命令杀死晋鄙，魏王大怒。魏公子也知道魏王对此极为生气，所以在击退秦军、保住赵国之后，就派其他将军先带着部队回去，而自己和门客留在赵国。赵孝成王非常感激魏公子假传命令夺得晋鄙的兵权而保住赵国，就跟平原君商量，想把五座城池封给魏公子。魏公子听说这件事后，脸上流露出得意骄傲的神色，认为这确实是自己的功劳。这时一位门客劝说魏公子道："有些事物不可以忘记，也有些事物却不可以不忘记。对公子有恩德的人，公子不可以忘记；但公子如果对别人有恩德，希望公子能够把它忘掉。况且假传魏王的命令，夺取晋鄙的兵权去救赵国，虽然对赵国来说是有功德的，但对魏国来说却并不是忠臣。公子现在却很得意，认为这是自己的功劳，我私下里认为这是不可取的。"魏公子听到后，立刻自责，就像无地自容一样。赵孝成王亲自打扫街道，以主人的礼节把魏公子迎接到宫门口，请他从贵宾走的西边台阶上殿。但魏公子却非常谦恭，侧着身子，从东边的台阶走到殿上。魏公子说自己实在愧不敢当，自己的行为对不起魏国，对赵国也没什么功劳可言。赵孝成王陪着公子喝酒，一直喝到晚上，因为公子总是在谦让，竟没有找到机会说准备把五座城池封给魏公子的事。之后，魏公子就留在赵国。赵王把鄗邑封给魏公子作为他的私邑，魏王也把信陵邑给了魏公子。魏公子就一直留在了赵国。

公子闻赵有处士毛公藏于博徒①，薛公藏于卖浆家，公子欲见两人，两人自匿不肯见公子。公子闻所在，乃间步往从此两人游②，甚欢。平原君闻之，谓其夫人曰："始吾闻夫人弟公子天下无双，今吾闻之，乃妄从博徒卖浆者游③，公子妄人耳。"夫人以告公子。公子乃谢夫人去，曰："始吾闻平原君贤，故负魏王而救赵，以称平原君。平原君之游，徒豪举耳④，不求士也。无忌自在大梁时，常闻此两人贤，至赵，恐不得见。以无忌从之游，尚恐其不我欲也，今平原君乃以为羞，其不足从游。"乃装为去。夫人具以语平原君。平原君乃免冠谢⑤，固留公子。平原君门下闻之，半去平原君归公子，天下士复往归公子，公子倾平原君客。

〔注释〕

①处士：指有才德而隐居不仕的人。博徒：赌徒。

②间步:这里指改换服饰步态。间:悄悄地。
③妄:胡乱,荒诞不合理。
④豪举:豪侠之人互相称许,以为炫耀。
⑤免冠谢:摘掉帽子认错。

〔译文〕

魏公子听说赵国有两位有才德但没有入仕的人,一位是毛公,藏身于赌徒之中;一位是薛公,混迹于酒店之内。魏公子很想见到这两个人,但是他们却躲藏起来不肯见魏公子。于是魏公子打听到他们隐居的地方,就换了衣服,也不坐车子,走路去找他们,相识交往,彼此都很高兴。平原君听说这件事后,就对他的夫人说:"以前我听说夫人的弟弟魏公子天下无双,但现在我听到的事,却是他居然随随便便跟赌徒和卖酒的伙计打交道,魏公子实在是个胡作妄为的人啊。"平原君的夫人把这番话告诉了魏公子。魏公子听到后,就向姐姐告别,准备离开赵国,说:"以前我听说平原君是个贤德之人,所以为了满足平原君的请求,背叛魏王来救赵国。现在才知道平原君与人交游,只不过是为了互相称举而博取虚名,并不是为了求取贤德之人。我从前在大梁的时候,就常常听别人说这两个人很有才能,现在到了赵国,唯恐不能与他们相见。我现在同他们来往,还怕他们不愿意,而平原君居然觉得这是羞辱,说明平原君这个人不值得交往。"于是就收拾行李准备离开。夫人把魏公子的这番话都告诉了平原君。平原君马上就去向魏公子脱帽赔礼道歉,坚决地挽留魏公子。平原君家里的门客听说了这件事,有一半人离开了平原君去投奔公子,天下的士人也都来归附魏公子,魏公子门客的数量远远超过了平原君。

公子留赵十年不归。秦闻公子在赵,日夜出兵东伐魏。魏王患之,使使往请公子。公子恐其怒之,乃诫门下:"有敢为魏王使通者,死。"宾客皆背魏之赵,莫敢劝公子归。毛公、薛公两人往见公子曰:"公子所以重于赵,名闻诸侯者,徒以有魏也。今秦攻魏,魏急而公子不恤①,使秦破大梁而夷先王之宗庙,公子当何面目立天下乎?"语未及卒,公子立变色,告车趣驾归救魏②。

〔注释〕

①恤:顾念,顾及。
②趣:同"促",赶快,急促。

〔译文〕

魏公子留在赵国,十年都没有回去。秦国听说魏公子在赵国,日夜不断派兵向东攻打魏国。魏王因此非常焦虑,就派使者去请魏公子回来。魏公子担心魏王还在恼怒自己,就告诫门下的宾客说:"有谁敢替魏王的使者通报的,一律处死。"魏公子的宾客也都是背叛魏国来到赵国的,所以谁也不敢劝公子回魏国。这时,毛公和薛公两人去见公子,说道:"公子所以在赵国受到尊重,能在诸侯中扬名,都是因为魏国的存在。现在秦国攻打魏国,魏国情势危急而公子并不顾念,如果秦国攻破大梁,夷平魏国先王的宗庙,您又有何面目立于天地之间呢?"话尚未说完,魏公子的脸色就变了，赶快吩咐人准备马车回去救魏国。

魏王见公子，相与泣，而以上将军印授公子，公子遂将。魏安釐王三十年，公子使使遍告诸侯。诸侯闻公子将，各遣将将兵救魏。公子率五国之兵破秦军于河外，走蒙骜。遂乘胜逐秦军至函谷关，抑秦兵，秦兵不敢出。当是时，公子威振天下，诸侯之客进兵法，公子皆名之，故世俗称《魏公子兵法》。

〔译文〕

魏王与魏公子见面，两人相对流泪，魏王把上将军的大印授给魏公子，于是魏公子正式掌管了魏国的军队。魏安釐王三十年（前247），魏公子派使者把秦国进攻魏国的消息通告给各个诸侯国。诸侯国的国君听说魏公子担任上将军重掌军队，就都各自派将领带兵救援魏国。公子率领五个诸侯国的军队，在黄河以南的地区大败秦军，秦将蒙骜（ào）也因兵败而逃走。于是魏公子率军乘胜追击，直追到函谷关，把秦军压制住，使他们不敢再出关。在这个时候，魏公子声威震动天下，各国来的谋士都进献关于兵法的文章，魏公子把它们整理成书，以自己的名字为之命名，所以世人就把这部书称为《魏公子兵法》。

秦王患之，乃行金万斤于魏，求晋鄙客，令毁公子于魏王曰："公子亡在外十年矣，今为魏将，诸侯将皆属，诸侯徒闻魏公子，不闻魏王。公子亦欲因此时定南面而王,诸侯畏公子之威,方欲共立之。"秦数使反间,伪贺公子得立为魏王未也。魏王日闻其毁,不能不信,后果使人代公子将。公子自知再以毁废,乃谢病不朝,与宾客为长夜饮,饮醇酒,多近妇女。日夜为乐饮者四岁,竟病酒而卒。其岁,魏安釐王亦薨。

〔译文〕

秦王认为魏公子是秦国的祸患,于是就用万斤黄金到魏国行贿,寻找晋鄙原来的门客,让他们在魏王面前进谗言:"魏公子逃亡在外已经十年了,现在却担任魏国大将,各诸侯国的将领们也都听他的指挥,各个诸侯国只知道魏公子,却不知道魏国还有魏王。公子也利用这个时机南面称王。各国国君害怕魏公子的声势权力,也都打算一起拥立他称王。"秦国后来又多次使用反间计,派人来故意恭贺魏公子,看他能否当魏王。魏王每天都听到这些毁谤魏公子的话,不能不信以为真,后来果然派人接替魏公子的兵权。魏公子清楚,这一次又是因为被毁谤而遭弃用,于是就托病不去上朝,与宾客们在家里通宵达旦地宴饮,沉溺酒中,耽于女色。这样日夜饮酒作乐的日子过了四年,最终饮酒过度而生病死亡。就在这一年,魏安釐王也死了。

秦闻公子死,使蒙骜攻魏,拔二十城,初置东郡。其后秦稍蚕食魏,十八岁而虏魏王,屠大梁。

〔译文〕

秦国得到魏公子去世的消息,立刻派蒙骜攻打魏国,攻占了魏国二十座城池，把占领的土地设置为秦国东郡。从此之后，秦国逐渐向东蚕食魏国领土，魏公子死去十八年之后，俘虏了魏王，将大梁屠城。

屈原贾生列传

[题解]

《屈原贾生列传》是战国末年大诗人屈原和西汉时期文学家贾谊两个人的合传,二人在人生遭际、文学修养等方面有相似之处,故被司马迁列在一篇之中。本篇择取有关屈原的部分。

屈原,中国历史上伟大的爱国诗人、政治家。他早年颇受楚怀王信任,担任左徒一职,但不久即遭到守旧贵族的妒忌和排挤,为怀王所疏远,故作《离骚》以明心见志。怀王死后,又遭顷襄王放逐,在楚都郢被秦军攻破后,自投汨罗江而死。屈原诗歌中的爱国精神、香草美人的意象和浪漫主义的创作手法,都对后世文学有重要影响。

司马迁在描写屈原的悲剧命运时,投入了深沉的情感和深切的同情。鲁迅评价《史记》"史家之绝唱,无韵之《离骚》",就是从这一角度而言。

屈原者,名平,楚之同姓也①。为楚怀王左徒。博闻强志,明于治乱,娴于辞令。入则与王图议国事,以出号令;出则接遇宾客,应对诸侯。王甚任之②。

〔注释〕

①同姓:出自同一个始祖。这里指屈氏与楚王同族。
②任:信任。

〔译文〕

屈原,名平,是楚王的同族。他曾担任楚怀王的左徒。他见闻广博,记忆力强,通晓国家盛衰兴亡的道理,也很擅长外交辞令。屈原在朝堂之上与楚怀王商讨各种国家大事,制定和发布政令;外交方面负责接待各国使臣,处理各诸侯国的相关事务。楚怀王非常信任他。

上官大夫与之同列^①,争宠而心害其能^②。怀王使屈原造为宪令,屈平属草稿未定^③。上官大夫见而欲夺之,屈平不与。因谗之曰:"王使屈平为令,众莫不知,每一令出,平伐其功^④,曰以为'非我莫能为'也。"王怒而疏屈平。

〔注释〕

①同列:这里指同僚。
②害:忌妒。
③属:撰写。
④伐:自夸。

〔译文〕

上官大夫和屈原的职位相等,他想要得到楚怀王的宠信,非常忌妒屈原的才华。怀王让屈原制定法令,屈原拟订好了草稿,但还没有最后完成。上官大夫见到了,想把法令据为己有,但屈原没有给他。上官大夫就向楚怀王进谗言道:"大王让屈原制定法令,众人没有不知道这事的;每次法令完成后公布出来,屈原都会夸耀自己的功劳,说'除了我,谁也不能做好这件事'。"楚怀王听信了上官大夫的谗言,一怒之下疏远了屈原。

屈平疾王听之不聪也①,谗谄之蔽明也,邪曲之害公也,方正之不容也,故忧愁幽思而作《离骚》。"离骚"者,犹离忧也②。

〔注释〕

①疾:担忧,痛心。聪:明察,明辨是非。
②离忧:遭受忧愁。离:同"罹(lí)",遭受。

〔译文〕

屈原痛心于楚怀王听信谗言不能明辨是非,那些谄谀小人遮蔽贤良,品行不正之人伤害公道,而正直的人却不能为世所容,所以忧愁深思,写成《离骚》。"离骚"的意思,是指遭受忧患。

屈平既绌①,其后秦欲伐齐,齐与楚从亲,惠王患之,乃令张仪详去秦②,厚币委质事楚③,曰:"秦甚憎齐,齐与楚从亲,楚诚能绝齐,秦愿献商、於之地六百里。"楚怀王贪而信张仪,遂绝齐,使使如秦受地。张仪诈之曰："仪与王约六里,不闻六百里。"楚使怒去,归告怀王。怀王怒,大兴师伐秦。秦发兵击之,大破楚师于丹、淅,斩首八万,虏楚将屈匄,遂取楚之汉中地。怀王乃悉发国中兵以深入击秦,战于蓝田。魏闻之,袭楚至邓。楚兵惧,自秦归。而齐竟怒不救楚,楚大困。

〔注释〕

①绌:同"黜",罢黜,贬退。

②详:同"佯",假装。

③厚币:丰厚的礼品。币:缯帛,古代用作祭祀或馈赠的礼品。委质:同"委挚""委贽",指向君主敬献礼物。一说下拜,表示恭敬奉承,引申为归顺、服顺。

〔译文〕

屈原被贬黜之后,秦国想发兵攻齐,但是齐国与楚国有合纵的盟约,秦惠王担心攻打齐国时,楚国会来援助齐国,于是就先派张仪假装离开秦国,带着丰厚的礼物献给怀王,表示要侍奉怀王。张仪对怀王说:"秦国非常憎恨齐国,但齐国和楚国合纵结盟,如果楚国能和齐国绝交,那么秦国愿意把商、於一带六百里的土地献给楚国。"楚怀王贪图利益而相信了张仪,就和齐国断绝了关系,然后派使者去秦国接受土地。张仪却骗使者说:"我和楚王约定的是六里,没听说什么六百里土地。"楚国使者愤然离去,回到楚国后把此事告诉了怀王。怀王大怒,派出大部队攻打秦国。秦国也派兵迎战,在丹水、淅水一带大败楚军,楚兵被杀八万余人,楚将屈匄(gài)被俘,秦国于是夺取了楚国汉中一带的土地。楚怀王派出全国的兵力深入秦国境内,在蓝田与秦军作战。魏国听说之后,发兵偷袭楚国,一直打到邓地。楚军害怕,从秦国撤兵。而齐国因为恨楚怀王背弃盟约,不肯发兵救楚,楚国陷于危困之中。

明年,秦割汉中地与楚以和。楚王曰:"不愿得地,愿得张仪而甘心焉。"张仪闻,乃曰:"以一仪而当汉中地,臣请往如楚。"如楚,又因厚币用事者臣靳尚,而设诡辩于怀王之宠姬郑袖。怀王竟听郑袖,复释去张仪。是时屈平既疏,不复在位,使于齐,顾反,谏怀王曰:"何不杀张仪?"怀王悔,追张仪不及。

〔译文〕

第二年,秦国割让汉中一带的土地,想和楚国讲和。楚怀王说:"我不要土地,只想得到张仪就甘心了。"张仪听说此事,说道:"用我一个张仪来换汉中之地,这太划算了,我愿意去楚国。"张仪到楚国后,先用厚礼贿赂楚国当权的大臣靳尚,又在楚怀王的宠妃郑袖那里花言巧语狡辩一番。楚怀王居然听信郑袖的话,把张仪又给放走了。这个时候屈原被怀王疏远,不再担任朝中的重要职务,刚刚从齐国出使回来,劝谏怀王说:"为什么没有杀掉张仪呢?"怀王很后悔,派人去追赶张仪,但已经来不及了。

时秦昭王与楚婚,欲与怀王会。怀王欲行,屈平曰:

"秦虎狼之国,不可信,不如毋行。"怀王稚子子兰劝王行:"奈何绝秦欢!"怀王卒行。入武关,秦伏兵绝其后,因留怀王,以求割地。怀王怒,不听。亡走赵,赵不内。复之秦,竟死于秦而归葬。

〔译文〕

  当时秦昭王和楚国结为姻亲,想要和怀王会面。楚怀王打算前往,屈原却说:"秦国是虎狼一样的国家,不可以信任他,还是不要去。"怀王的小儿子子兰却劝怀王去会面,说:"怎么能谢绝秦国的盛意!"怀王最终还是去了。刚进武关,秦国的伏兵就断掉怀王的后路,把他扣留下来,要求怀王割让土地。怀王大怒,不肯答应。怀王逃往赵国,但赵国不敢收留他。怀王只好又回到秦国,最终客死于秦,尸体被运回楚国安葬。

  长子顷襄王立,以其弟子兰为令尹。楚人既咎子兰以劝怀王入秦而不反也①。屈平既嫉之②。……令尹子兰闻之大怒,卒使上官大夫短屈原于顷襄王③,顷襄王怒而迁之④。

〔注释〕

  ①咎:怪罪,责怪。
  ②嫉:憎恨。
  ③短:指摘,说坏话。
  ④迁:贬谪,放逐。

〔译文〕

　　怀王死后,长子顷襄王继位,让他的弟弟子兰担任令尹。楚国人都责怪子兰劝怀王入秦,使怀王最终没能活着回到楚国。屈原也痛恨此事。……令尹子兰听说之后大怒,就让上官大夫去顷襄王那里说屈原的坏话,顷襄王很生气,将屈原放逐出去。

　　屈原至于江滨,被发行吟泽畔。颜色憔悴,形容枯槁。渔父见而问之曰:"子非三闾大夫欤?何故而至此?"屈原曰:"举世混浊而我独清,众人皆醉而我独醒,是以见放。"渔父曰:"夫圣人者,不凝滞于物而能与世推移。举世混浊,何不随其流而扬其波?众人皆醉,何不餔其糟而啜其醨①?何故怀瑾握瑜而自令见放为?"屈原曰:"吾闻之,新沐者必弹冠,新浴者必振衣,人又谁能以身之察察,受物之汶汶者乎②!宁赴常流而葬乎江鱼腹中耳③,又安能以皓皓之白而蒙世俗之温蠖乎④!"……于是怀石遂自投汨罗以死。

〔注释〕

①餔(bū):吃。糟:酒渣。醨(lí):薄酒。
②汶汶(mén):污浊的样子。
③常流:即长流,长河。
④温蠖(huò):昏聩。皓皓:同"皓皓",洁白、光明。

〔译文〕

　　屈原来到江边,披头散发地行走于水边,发出悲伤痛苦的叹息。他的脸色憔悴,消瘦不堪。一位渔父看到屈原,问道:"您不是三闾大夫吗?为什么来到了这里?"屈原说:"举世之人浑浊不堪而只有我是清白的,众人都喝得大醉而只有我是清醒的,所以我就被放逐了。"渔父说:"所谓圣人,能够不被外物拘泥阻碍,可以跟着世俗的变化而变化。举世之人浑浊不堪,你为什么不随波逐流呢?众人都喝得大醉,你为什么不跟着也一起喝酒呢?为什么要怀抱着美玉,却让自己反而被放逐呢?"屈原说:"我听说,刚洗过头发的人,戴帽子时一定要弹掉帽子上的灰尘;刚洗过澡的人,穿衣服时一定要抖掉衣服上的尘土。人们又有谁能让自己清洁的身躯,受到外物的玷污呢?我宁愿跳入江中葬身鱼腹之内,也不愿让自己高洁的品德蒙受世俗的污染!"……于是屈原就抱着石头,自沉汨罗江而死。

　　屈原既死之后,楚有宋玉、唐勒、景差之徒者,皆好辞而以赋见称。然皆祖屈原之从容辞令,终莫敢直谏。其后楚日以削,数十年竟为秦所灭。

〔译文〕

　　屈原死后,楚国有宋玉、唐勒、景差等人,都喜爱文学并以擅写辞赋著称。但是他们都只学到了屈原委婉从容的文辞,却始终没有人像屈原那样敢直言劝谏。此后楚国一天天被削弱,几十年之后终于被秦国灭掉。

吕不韦列传

[题解]

《吕不韦列传》记述了战国末年一位大商人吕不韦通过"奇货可居",由商业投机转向政治投机,最终成为炙手可热的秦相的人生经历。吕不韦担任秦相十二年,因卷入嫪毐案而被秦王嬴政迁往蜀地,后在嬴政的逼迫下自杀。司马迁在刻画这一人物形象时,重点没有放在吕不韦的政治成就上,而是突出描写了他性格中投机的一面。选中子楚,替他打点,献上宠姬,编纂《吕氏春秋》,无不是唯利是图、沽名钓誉之举。

《吕不韦列传》中记载吕不韦将自己怀孕的舞姬送给子楚,似乎暗示嬴政乃吕不韦之子。但文中记载秦始皇的母亲,一说"邯郸诸姬绝好善舞者",一说"赵豪家女",身份上的矛盾之处,实可证此说的荒谬。

吕不韦者,阳翟大贾人也。往来贩贱卖贵,家累千金。

[译文]

吕不韦,是阳翟(dí)的一位大商人。他从各地进货,低价买进,高价卖出,家里积累起千金的财富。

秦昭王四十年,太子死。其四十二年,以其次子安国君为太子。安国君有子二十余人。安国君有所甚爱姬,立以为正夫人,号曰华阳夫人。华阳夫人无子。安国君中男名子楚,子楚母曰夏姬,毋爱。子楚为秦质子于赵。秦数攻赵,赵不甚礼子楚。

[译文]

秦昭王四十年(前267),太子去世。秦昭王四十二年(前265),把他的第二个儿子安国君立为太子。安国君有二十多个儿子。安国君非常宠爱一位妾室,后来把她立为正夫人,称为华阳夫人。华阳夫人没有儿子。在安国君的儿子中,有个年纪排在众子之间的,名字叫子楚,子楚的母亲叫夏姬,不受安国君宠爱。子楚作为秦国的人质,被派到赵国去。因为秦国曾多次攻打赵国,赵国对子楚就很不礼貌。

子楚,秦诸庶孽孙,质于诸侯,车乘进用不饶①,居处困,不得意。吕不韦贾邯郸,见而怜之,曰:"此奇货可居。"乃往见子楚,说曰:"吾能大子之门。"子楚笑曰:"且自大君之门,而乃大吾门!"吕不韦曰:"子不知也,吾门待子门而大。"子楚心知所谓,乃引与坐,深语。吕不韦曰:"秦王老矣,安国君得为太子。窃闻安国君爱幸华阳夫人,华阳夫人无子,能立适嗣者独华阳夫人耳②。今子兄弟二十余人,子又居中,不甚见幸,久质诸侯。即大王薨③,安国君立为王,则子毋几得与长子及诸子旦暮在前者争为太子矣④。"子楚曰:"然。为之奈何?"吕不韦曰:"子贫,客于此,非有以奉献于亲及结宾客也。不韦虽贫,请以千金为子西游,事安国君及华阳夫人,立子为适嗣。"子楚乃顿首曰:"必如君策,请得分秦国与君共之。"

〔注释〕

①进用:财用,费用。进:同"赆"。
②适嗣:嫡嗣。适:同"嫡"。
③即:假如,若是。
④毋几:没有希望。

〔译文〕

子楚不过是秦王庶出的孙子,又被送到赵国做人质,他的车马和日常用度都不多,生活困窘,日子很不顺心。吕不韦去邯郸做生意,见到了子楚,很可怜他,就说:"子楚像稀奇的货物可以囤积起来啊,将来可以卖出高价。"于是吕不韦就去拜访子楚,并游说子楚道:"我可以光大您的门庭。"子楚笑着说:"你还是先光大自己的门庭,然后再来光大我的门庭吧!"吕不韦说:"这个您就不知道了,我的门庭要等光大了您的门庭之后才能光大。"子楚心里明白吕不韦所说的意思,就请他坐下来,一起深谈。吕不韦说:"秦王已经老了,安国君被立为太子。我听说安国君非常宠爱华阳夫人,但是华阳夫人却没有儿子,可是又只有华阳夫人能够为安国君选立一位继承人。现在您的兄弟有二十多人,您的年纪处在中间,不怎么受宠爱,又长期留在诸侯国当人质。等到秦王死去,安国君即位为王,您是没有办法跟长子和其他每天早晚都在秦王面前的兄弟们争太子之位的。"子楚说:"确实是这样。那我该怎么办呢?"吕不韦说:"您没有什么钱,又是客居在此,没有什么东西能够奉献给父母,也没法结交宾客。我吕不韦虽然也不富有,但愿意拿出千金西去秦国,替您去想办法游说打点,让安国君和华阳夫人立您为太子。"子楚听了这话,向吕不韦叩头拜谢:"如果真能实现您的计划,我愿意把秦国跟您共享。"

吕不韦乃以五百金与子楚,为进用,结宾客;而复以五百金买奇物玩好,自奉而西游秦①,求见华阳夫人姊,而皆以其物献华阳夫人。因言子楚贤智,结诸侯宾客遍天下,常曰"楚也以夫人为天,日夜泣思太子及夫人"。夫人大喜。不韦因使其姊说夫人曰:"吾闻之,以色事人者,色衰而爱弛。今夫人事太子,甚爱而无子,不以此时蚤自结于诸子中贤孝者②,举立以为适而子之,夫在则重尊③,夫百岁之后,所子者为王,终不失势,此所谓一言而万世之利也。不以繁华时树本,即色衰爱弛,后虽欲开一语,尚可得乎?今子楚贤,而自知中男也,次不得为适,其母又不得幸,自附夫人,夫人诚以此时拔以为适,夫人则竟世有宠于秦矣④。"华阳夫人以为然,承太子间,从容言子楚质于赵者绝贤,来往者皆称誉之。乃因涕泣曰:"妾幸得充后宫,不幸无子,愿得子楚立以为适嗣,以托妾身。"安国君许之,乃与夫人刻玉符,约以为适嗣。安国君及夫人因厚馈遗子楚,而请吕不韦傅之,子楚以此名誉益盛于诸侯。

〔注释〕

①奉:捧,这里指携带。
②不以:"不"字上当脱"何"字。蚤:同"早"。
③重尊:地位重要,受人尊重。
④竟世:终身。

〔译文〕

于是吕不韦先拿出五百金给子楚,让他作为日常生活和交结宾客之用;又拿出五百金买了各种奇珍异宝,自己带着去秦国,先求见华阳夫人的姐姐,把带来的东西全都献给华阳夫人。又提到子楚非常贤能聪明,结交的各国宾客遍及天下,还常常说"我子楚把夫人看作天一样尊敬,日日夜夜都因思念太子和夫人而哭泣"。华阳夫人听了非常高兴。吕不韦又乘机让华阳夫人的姐姐劝说华阳夫人:"我听说以美色侍候人的,年纪大了美色衰退,宠爱也会跟着减少。现在夫人您侍奉太子,很受宠爱,可您却没有儿子,不如趁这个时候,早点儿从太子的这些儿子中结交一个贤能又孝顺的人,把他当作自己的亲生儿子立为继承人,这样的话,丈夫在世的时候你会受到尊重,丈夫过世后,你认的儿子继位为王,你也不会失去你的权势,这就是只说一句话却能得到万世的好处啊。不在最美丽最受宠爱时树立根本,等到容颜衰退失去宠爱后,即使想说上一句话,哪还有可能呢?现在子楚贤能,而自己也知道排行在众子中间,按照顺序不可能被立为继承人,而他的生母又不受宠爱,自己主动依附夫人,夫人如果确实能在此时认他为子,提拔他为继承人,那么夫人这一生都会在秦国受到荣宠。"华阳夫人也认为确实是这样,就趁太子有空的时候,很自然地谈起在赵国做人质的子楚非常贤能,秦赵两国间来往的人都称赞他。然后又哭着说道:"我有幸能进了您的后宫,可是又很不幸地没能生下儿子。我希望能把子楚认作我的儿子,立他为继承人,使我能终身有个依靠。"安国君答应了,于是就给华阳夫人刻了玉符,约定将立子楚为继承人。安国君和华阳夫人派人送了许多东西给子楚,又请吕不韦当他的老师,从此之后子楚的名声在各国中越来越大。

吕不韦取邯郸诸姬绝好善舞者与居①,知有身。子楚从不韦饮,见而说之,因起为寿,请之。吕不韦怒,念业已破家为子楚,欲以钓奇,乃遂献其姬。姬自匿有身,至大期时②,生子政。子楚遂立姬为夫人。

〔注释〕

①邯郸诸姬:邯郸城中的歌伎、舞伎等。
②大期:超过产期。

〔译文〕

吕不韦娶了一位非常美貌善舞的邯郸女子,过了一段时间,她怀孕了。一天,子楚在吕不韦家里和他一同饮酒,看到这个女子后非常喜欢,就起身向吕不韦敬酒,请求把这个女子送给他。吕不韦一开始很生气,但又想到自己已经为子楚花费了大量家产,就是为了子楚将来能够钓到奇货,于是就把这个女子献给了子楚。女子隐瞒了自己已经怀孕的事,超过产期之后,生下一个男孩,取名为政。于是子楚就把这个女子立为夫人。

秦昭王五十年,使王齮围邯郸,急,赵欲杀子楚。子楚与吕不韦谋,行金六百斤予守者吏,得脱,亡赴秦军,遂以得归。赵欲杀子楚妻子,子楚夫人,赵豪家女也①,得匿,以故母子竟得活。秦昭王五十六年,薨,太子安国君立为王,华阳夫人为王后,子楚为太子。赵亦奉子楚夫人及子政归秦。

〔注释〕

①豪家女:指有权势的人家的女儿。与上文"邯郸诸姬绝好善舞者"的身份矛盾。

〔译文〕

秦昭王五十年(前257),秦国派王齮(yǐ)带兵包围了邯郸,赵国的情势十分紧急,就想杀死子楚。子楚和吕不韦秘密商量后,用六百斤金子贿赂监管他的官吏,得以脱身,逃到了秦军大营,这才回到了秦国。赵国又想杀掉子楚的妻子和儿子,子楚的妻子是赵国富豪人家的女儿,凭借娘家的帮助悄悄地躲藏起来,母子二人这才活了下来。秦昭王五十六年(前251),昭王去世,太子安国君继位为秦王,华阳夫人为王后,子楚当了太子。赵国也只好把子楚的夫人和儿子嬴政送回秦国。

秦王立一年,薨,谥为孝文王。太子子楚代立,是为庄襄王。庄襄王所母华阳后为华阳太后,真母夏姬尊以为夏太后。庄襄王元年,以吕不韦为丞相,封为文信侯,食河南洛阳十万户。

〔译文〕

秦王在位仅一年就去世了,谥号为孝文王。太子子楚继位,他就是秦庄襄王。秦庄襄王认的母亲华阳王后被称为华阳太后,他的生母夏姬被称为夏太后。秦庄襄王元年(前249),任命吕不韦为丞相,封为文信侯,把河南洛阳一带的十万户给他作为封地。

庄襄王即位三年,薨,太子政立为王,尊吕不韦为相国,号称"仲父"。秦王年少,太后时时窃私通吕不韦。不韦家僮万人。

〔译文〕

庄襄王在位三年,也去世了,太子嬴政继立为王,尊吕不韦为相国,敬称吕不韦为"仲父"。秦王年纪尚小,太后常常和吕不韦私通。吕不韦家里的奴仆有上万人之多。

当是时，魏有信陵君，楚有春申君，赵有平原君，齐有孟尝君，皆下士喜宾客以相倾①。吕不韦以秦之强，羞不如，亦招致士，厚遇之，至食客三千人。是时诸侯多辩士，如荀卿之徒，著书布天下。吕不韦乃使其客人人著所闻，集论以为八览②、六论、十二纪，二十余万言。以为备天地万物古今之事，号曰《吕氏春秋》。布咸阳市门，悬千金其上，延诸侯游士宾客有能增损一字者予千金。

〔注释〕

①相倾：互相竞争。
②集论：整理编订。

〔译文〕

在那个时候，魏国有信陵君，楚国有春申君，赵国有平原君，齐国有孟尝君，都礼贤下士，喜欢结交宾客，用这种方式互相竞争。吕不韦认为秦国现在实力强大，但在招贤纳士方面却不如他们，令人羞愧，于是他也招纳士人，给他们很优厚的待遇，以至于门下的食客竟然多达三千人。当时各诸侯国有许多能言善辩之士，例如荀卿等人，他们著书立说，天下皆知。吕不韦也让他的食客们各自记载其所见所闻，编辑在一起，分为八览、六论、十二纪，共二十多万字。吕不韦认为这部书中包括了天地之间万事万物古往今来的道理，因此将其命名为《吕氏春秋》。他把书公布在咸阳集市的大门那里，还在上面悬挂着一千金的赏金，邀请各个诸侯国的游士宾客,说谁能给这部书增加或删掉一个字,就把这一千金送给他。

　　始皇帝益壮,太后淫不止。吕不韦恐觉祸及己……乃进嫪毐,诈令人以腐罪告之①。不韦又阴谓太后曰:"可事诈腐,则得给事中。"太后乃阴厚赐主腐者吏,诈论之②,拔其须眉为宦者,遂得侍太后。太后私与通,绝爱之。有身,太后恐人知之,诈卜当避时③,徙宫居雍。嫪毐常从,赏赐甚厚,事皆决于嫪毐。嫪毐家僮数千人,诸客求宦为嫪毐舍人千余人。

〔注释〕

①腐罪:应判处宫刑的罪。
②论:定罪,判刑。
③避时:古时迷信的做法,即改变住处,以躲避灾祸。

〔译文〕

　　秦始皇年纪渐长,但太后却还一直跟吕不韦私通。吕不韦担心事情败露,祸及自身……于是就把一个叫嫪毐(làoǎi)的人献给太后,又让人假装告发嫪毐,说他犯了罪,应当受宫刑。吕不韦暗中对太后说:"可以让嫪毐假装受宫刑,这样他就能留在宫中服侍您了。"于是太后暗中赏给负责宫刑的官吏许多东西,让他们假装给嫪毐施刑,又拔掉他的胡须、眉毛冒充太监,这样嫪毐就能够侍奉太后。太后与嫪毐私通,非常喜欢他。太后很快就怀了孕，怕别人知道，就假称通过占卜，算出来太后应当换一个住处以躲避灾祸，于是就搬到雍县的离宫居住。嫪毐经常随侍太后，得到的赏赐非常优厚，很多事都是由嫪毐决定。嫪毐家中的奴仆有几千人，想给嫪毐当舍人的宾客有上千人。

始皇七年，庄襄王母夏太后薨。孝文王后曰华阳太后，与孝文王会葬寿陵。夏太后子庄襄王葬芷阳，故夏太后独别葬杜东，曰："东望吾子，西望吾夫。后百年，旁当有万家邑。"

[译文]

秦始皇七年（前240），庄襄王的生母夏太后去世。孝文王的王后华阳太后和孝文王合葬在寿陵。夏太后的儿子庄襄王葬在芷阳，因此夏太后要求单独葬在杜县城东，说："这样向东可以望见我的儿子，向西可以望见我的丈夫。百年之后，这里会形成一个有万户人家的城邑。"

始皇九年，有告嫪毐实非宦者，常与太后私乱，生子二人，皆匿之。与太后谋曰"王即薨，以子为后"。于是秦王下吏治①，具得情实，事连相国吕不韦。九月，夷嫪毐三族，杀太后所生两子，而遂迁太后于雍。诸嫪毐舍人皆没其家而迁之蜀②。王欲诛相国，为其奉先王功大，及宾客辩士为游说者众，王不忍致法③。

〔注释〕

①下吏:交给执法的官吏。治:审理。
②没:没收充公。
③致法:用法律治罪。

〔译文〕

秦始皇九年(前238),有人告发嫪毐并非一个真正的太监,经常和太后私通,还生下两个儿子,都被藏了起来。嫪毐还和太后谋议,说"秦王要是死了,就立咱们的儿子为王"。于是秦始皇就把嫪毐抓起来,交付负责司法的官员审讯,把事情的真相查清楚,牵连到了相国吕不韦。当年九月,嫪毐被诛灭三族,他和太后所生的两个儿子也被杀死,太后被迁到雍县的离宫居住。而嫪毐家的门客舍人都被抄没家产,流放蜀地。秦始皇想把相国吕不韦也杀掉,但因为他侍奉先王的功劳很大,又有很多宾客辩士为他求情,秦始皇不忍心把吕不韦也杀死。

秦王十年十月,免相国吕不韦。及齐人茅焦说秦王,秦王乃迎太后于雍,归复咸阳,而出文信侯就国河南①。

〔注释〕

①就国:离开都城,到自己的封地。

〔译文〕

秦始皇十年(前237)十月,免掉了相国吕不韦的职位。之后齐人茅焦劝说秦始皇,秦始皇又到雍县把太后接回咸阳,但是让吕不韦离开咸阳,去河南的封地居住。

岁余,诸侯宾客使者相望于道,请文信侯①。秦王恐其为变,乃赐文信侯书曰:"君何功于秦?秦封君河南,食十万户。君何亲于秦?号称仲父。其与家属徙处蜀!"吕不韦自度稍侵②,恐诛,乃饮酖而死③。秦王所加怒吕不韦、嫪毒皆已死,乃皆复归嫪毒舍人迁蜀者。

〔注释〕

①请:拜望,问候。
②稍侵:指逐渐增重。
③酖(zhèn):同"鸩",毒酒。

〔译文〕

又过了一年多,各国的宾客使者们络绎不绝,都去吕不韦的河南封地上拜访他。秦始皇担心吕不韦会发动变乱,就写信给他说:"你对秦国有什么功劳?秦国给你河南封地,有食邑十万户。你跟秦王有什么亲缘关系?敢号称仲父。你和你的家人都搬到蜀地去居住吧!"吕不韦自忖所受的逼迫越来越紧,害怕将来被杀,就喝鸩酒自杀了。秦王所痛恨的吕不韦、嫪毒都已经死了,又让流放到蜀地的嫪毒门客们重新回来。

始皇十九年,太后薨,谥为帝太后,与庄襄王会葬茝阳。

〔注释〕

①茝阳:同前"芷阳",指庄襄王墓。

〔译文〕

秦始皇十九年(前228),太后去世,谥为帝太后,和庄襄王合葬在茝阳。

淮阴侯列传

[**题解**]

《淮阴侯列传》记述了汉初军事家韩信的生平事迹与最终被害的悲剧结局。韩信早年困窘,后跟随项羽,不为所用,又投奔刘邦,在萧何的帮助下被拜为大将,从此在楚汉之争中数立大功。汉朝建立后,韩信为刘邦所猜忌,先是被夺去兵权,由齐王改封为楚王,紧接着又被贬为淮阴侯,后因谋反罪名,为吕后所杀。

司马迁一方面极力称赞韩信杰出的军事才能,另一方面又表明,韩信的才能正是被刘邦猜忌的重要原因;而韩信的恃才自负和不知进退,使其最终难逃被杀的命运。《淮阴侯列传》细节传神,人物形象生动鲜明,具有极高的文学价值。

淮阴侯韩信者,淮阴人也。始为布衣时,贫无行①,不得推择为吏②,又不能治生商贾③,常从人寄食饮,人多厌之者。常数从其下乡南昌亭长寄食,数月,亭长妻患之,乃晨炊蓐食④。食时信往,不为具食。信亦知其意,怒,竟绝去。

〔注释〕

①无行:品行不端。
②推择:推举选拔。
③治生:维持生计,谋生。
④晨炊蓐食:一大早做饭,在床上就把饭吃了。蓐:同"褥"。一说,蓐食即饱食。

〔译文〕

淮阴侯韩信,是淮阴人。他以前是平民百姓的时候,很穷,品行不端,没能被推选当官吏,又不能靠做买卖维持生计,就经常去别人家蹭吃蹭喝,很多人都厌恶他。韩信常去下乡的南昌亭亭长家蹭饭,连着去了几个月,亭长的妻子很厌烦他,就一大早做好饭,全家人在床上提前吃完。正常的吃饭时间韩信来了,也不再给他准备饭食。韩信明白她的意思,很生气,就再也不去了。

信钓于城下,诸母漂①,有一母见信饥,饭信,竟漂数十日。信喜,谓漂母曰:"吾必有以重报母。"母怒曰:"大丈夫不能自食②,吾哀王孙而进食,岂望报乎!"

〔注释〕

①漂:漂洗棉絮。
②自食(sì):养活自己。

〔译文〕

韩信在城外钓鱼,有一些老妇人在河边漂洗丝绵,其中一位老妇人看到韩信很饿,就把自己的饭给他吃。老妇人漂洗了几十天,韩信也一连吃了几十天。韩信很高兴,就对那位老妇人说:"将来我一定会重重地报答您。"老妇人生气地说:"大丈夫自己不能养活自己,我是可怜公子才给你饭吃的,难道是希望你的报答吗?"

淮阴屠中少年有侮信者,曰:"若虽长大,好带刀剑,中情怯耳①。"众辱之曰②:"信能死,刺我;不能死,出我袴下③。"于是信孰视之④,俛出袴下⑤,蒲伏⑥。一市人皆笑信,以为怯。

〔注释〕

①中情:内心里。
②众:当众。
③袴:同"胯"。
④孰视:注目仔细看。孰,同"熟"。
⑤俛:同"俯"。
⑥蒲伏:同"匍匐"。

〔译文〕

淮阴县的市集上,有个卖肉的年轻人欺侮韩信,对他说:"你虽然看起来很高大,又喜欢带刀佩剑,其实不过是个胆小鬼。"又当众侮辱他说:"你要是不怕死,就用剑刺我;如果怕死,就从我的胯下爬过去。"韩信仔细地打量了他一番,还是趴在地上,从他的胯下爬了过去。满街的人都笑话韩信,认为他是个胆小鬼。

及项梁渡淮,信杖剑从之,居戏下,无所知名。项梁败,又属项羽,羽以为郎中。数以策干项羽①,羽不用。汉王之入蜀,信亡楚归汉,未得知名,为连敖。坐法当斩②,其辈十三人皆已斩,次至信,信乃仰视,适见滕公,曰:"上不欲就天下乎?何为斩壮士!"滕公奇其言,壮其貌,释而不斩。与语,大说之。言于上,上拜以为治粟都尉,上未之奇也。

〔注释〕

①干:求取。
②坐法:犯法获罪。

〔译文〕

等到项梁率领抗秦的义军渡过淮河时,韩信持剑从军,成为项梁的部下,但是仍然默默无闻。项梁战败身死后,又归于项羽麾下,项羽让他当了郎中。韩信多次向项羽出谋献策,但项羽都没有采纳。汉王刘邦率部下入蜀,韩信就离开楚军投奔了汉王。但此时他的才能仍然不被人们知道,只当了接待宾客的小官。后来犯法被判处斩刑,同罪的十三人都被杀了,最后到韩信的时候,他抬头仰视,正好看到滕公,对滕公说道:"汉王不想统一天下吗?为什么要斩壮士!"滕公对韩信的话感到惊奇,又觉得他相貌不凡,就把韩信放了,没有杀他。滕公和韩信交谈,非常欣赏他。滕公把这件事告诉了汉王,汉王就任命韩信为治粟都尉,但仍然不觉得他有什么不同寻常的才能。

信数与萧何语,何奇之。至南郑,诸将行道亡者数十人①。信度何等已数言上,上不我用,即亡。何闻信亡,不及以闻,自追之。人有言上曰:"丞相何亡。"上大怒,如失左右手。居一二日,何来谒上,上且怒且喜,骂何曰:"若亡,何也?"何曰:"臣不敢亡也,臣追亡者。"上曰:"若所追者谁何?"何曰:"韩信也。"上复骂曰:"诸将亡者以十数,公无所追;追信,诈也。"何曰:"诸将易得耳,至如信者,国士无双。王必欲长王汉中,无所事信②;必欲争天下,非信无所与计事者。顾王策安所决耳③。"王曰:"吾亦欲东耳,安能郁郁久居此乎?"何曰:"王计必欲东,能用信,信即留;不能用,信终亡耳。"王曰:"吾为公以为将。"何曰:"虽为将,信必不留。"王曰:"以为大将。"何曰:"幸甚。"于是王欲召信拜之。何曰:"王素慢无礼,今拜大将如呼小儿耳,此乃信所以去也。王必欲拜之,择良日,斋戒,设坛场,具礼④,乃可耳。"王许之。诸将皆喜,人人各自以为得大将。至拜大将,乃韩信也,一军皆惊。

〔注释〕

①行(xíng)道:途中,路上。

②事:任用。
③顾:但,但看。
④具礼:安排礼节仪式。

[译文]

　　韩信多次跟萧何交谈,萧何认为韩信是个奇才。当刘邦的队伍到达南郑时,已经有几个将领在半路上逃跑了。韩信觉得萧何等人已经多次向汉王推荐自己,但汉王还是不肯任用,于是也逃跑了。萧何听说韩信也逃了,来不及报告汉王,亲自去追赶韩信。有人报告汉王说:"丞相萧何跑了。"汉王大怒,就像失去了自己的左右手。过了一两天,萧何回来拜见汉王,汉王又怒又喜,就骂萧何:"你为什么也逃跑了?"萧何说:"我不敢逃跑,我是去追逃跑的人。"汉王说:"你去追谁了?"萧何回答:"韩信。"汉王又骂道:"将领们逃跑了几十个,你都没有追;现在说自己去追韩信,一定是骗人的。"萧何说:"那些将领们很容易得到,至于像韩信这样的人才,却是举世无双。如果大王只是打算长期在汉中称王,那自然用不着韩信;如果想要争夺天下,那除了韩信就再没有能跟您共议大事的人。看大王您怎么决定了。"汉王说:"我当然想要东进,难道能长期郁闷地留在此地吗?"萧何说:"大王既然决定一定要向东进发,那么能重用韩信,韩信就会留下来;如果不能重用他,最终还是要逃跑的。"汉王说:"凭您的这番话,我让他当将军。"萧何说:"即使当将军,韩信也一定不会留下。"汉王说:"那让他当大将军。"萧何说:"这太好了!"于是汉王就要派人把韩信叫来,立刻任命他。萧何说:"大王待人一向轻慢无礼,现在任命大将军就像喊个小孩儿似的,这就是韩信要离去的原因啊！大王要是真心想任命他为大将军，就要选择良辰吉日，斋戒沐浴，在广场上设置高坛，举行完备的礼仪，这样才可以啊！"汉王同意萧何的建议。听说要任命大将军，汉王的将领们都很高兴，都以为是自己。等到任命大将军的时候，发现居然是韩信，全军都大吃一惊。

信拜礼毕，上坐。王曰："丞相数言将军，将军何以教寡人计策？"信谢，因问王曰："今东乡争权天下，岂非项王邪？"汉王曰："然。"曰："大王自料勇悍仁强孰与项王？"汉王默然良久，曰："不如也。"信再拜贺曰①："惟信亦为大王不如也。然臣尝事之，请言项王之为人也。项王喑噁叱咤②，千人皆废③，然不能任属贤将④，此特匹夫之勇耳。项王见人恭敬慈爱，言语呕呕⑤，人有疾病，涕泣分食饮，至使人有功当封爵者，印刓敝⑥，忍不能予⑦，此所谓妇人之仁也。项王虽霸天下而臣诸侯，不居关中而都彭城。有背义帝之约，而以亲爱王，诸侯不平。诸侯之见项王迁逐义帝置江南，亦皆归逐其主而自王善地。项王所过无不残灭者，天下多怨，百姓不亲附，特劫于威强耳。名虽为霸，实失天下心。故曰其强易弱。今大王诚能反其道：任天下武勇，何所不诛？以天下城邑封功臣，何所不服？以义兵从思东归之士，何所不散！且三秦王为秦将，将秦子弟数岁矣，所杀亡不可胜计，又欺其众降诸侯，至新安，项王诈阬秦降卒二十余万，唯独邯、欣、翳得脱,秦父兄怨此三人,痛入骨髓。今楚强以威王此三人,秦民莫爱也。大王之入武关,秋毫无所害,除秦苛法,与秦民约,法三章耳,秦民无不欲得大王王秦者。于诸侯之约,大王当王关中,关中民咸知之。大王失职入汉中⑧,秦民无不恨者。今大王举而东,三秦可传檄而定也⑨。"于是汉王大喜,自以为得信晚。遂听信计,部署诸将所击。

〔注释〕

①贺:称赞,嘉许。
②喑噁叱咤(yīnwùchìzhà):怒喝时的样子。
③废:偃伏,瘫在地上。
④任属(zhǔ):任用,委托。
⑤呕呕:温和、和悦的样子。
⑥刓(wán):磨去棱角。敝:损坏。
⑦忍:不舍得。
⑧失职:指失去应得的封地和王爵之位。
⑨传檄(xí):发布檄文。

〔译文〕

任命韩信为大将军的仪式结束后,韩信入上座。汉王对他说:"丞相多次称赞将军的大才,将军打算教我什么计策呢?"韩信先谦让一番,就对汉王说道:"大王如今向东争夺天下,要对抗的人不是项王吗?"汉王说:"是的。"韩信说:"大王您自己估计,在勇敢、强悍、仁德、强盛方面,您与项王比怎么样?"汉王沉默了很长时间,说道:"我不如项王。"韩信起身拜了两拜,称许汉王说:"我也认为您比不了项王。可是我曾经侍奉过项王,请让我向您说说项王的为人。项王厉声怒吼时,可以吓得上千人不敢动弹,但却不能任用有才能的人当将领,所以这只是匹夫之勇而已。项王待人恭敬慈爱,言语温和,要是谁生病了,项王会流着泪把食物分给他,但是有人立了战功应该封赏晋爵时,项王却把大印放在手里摩挲,直到棱角磨圆了都舍不得给人家,所以这只是妇人之仁而已。项王现在虽然称霸天下,诸侯们都对他臣服,但他却不在关中而在彭城建都。项王违背了当年在义帝那里建立的盟约,反而把自己的亲信都封了王,诸侯们对此都认为不公平。诸侯们看到项王把义帝流放到江南,也都回去赶走自己侍奉的国君,占了好地方自立为王。项王军队经过的地方,没有不被摧残屠灭的,天下人对项王多有怨恨之意,百姓们也不愿归附他,只不过是被他的威势逼迫着罢了。项王虽然名义上是霸主,但实际上已经尽失天下民心。所以说,他的强大很容易就能被削弱。现在大王确实能反其道而行之:任用天下勇猛善战的人,有什么不能被诛灭的?把天下的城邑封赏给有功之臣,有谁不对大王真心诚服?让您的义兵跟着那些一心想回到东方老家的将士,什么样的敌人不能被打败?况且现在项羽封的关中三王,章邯、司马欣和董翳,都是原来的秦朝大将,统率秦地子弟好几年,被杀死和逃跑的不计其数,后来又欺骗这些士兵向项王率领的诸侯军投降,结果到了新安,秦军二十多万人被项王全部活埋,唯有这三王保住了性命,秦地的父老痛恨他们,恨入骨髓。现在项王却仗着自己的威势,强行把这三人在关中封王,秦地的百姓谁也不爱戴他们。而大王您入武关,秋毫无犯,废除严酷的秦朝法令，与秦地百姓约法三章，百姓们没有不想让大王在秦地当王的。根据以前诸侯们的盟约，大王应当在关中称王，关中的百姓都知道这件事。大王失掉了本属于您的爵位进入汉中，秦地百姓们没有不愤愤不平的。现在大王举兵向东进发，三秦只要一道檄文就能平定。"于是汉王听后大喜，认为现在才得到韩信，真是太晚了。于是汉王听从了韩信的计策，部署了各路将领们各自进攻的目标。

八月，汉王举兵东出陈仓，定三秦。

[译文]

汉高祖元年（前206）八月，汉王举兵，过陈仓，向东方进军，平定三秦。

信与张耳以兵数万，欲东下井陉击赵。赵王、成安君陈余闻汉且袭之也，聚兵井陉口，号称二十万。广武君李左车说成安君曰："闻汉将韩信涉西河，虏魏王，禽夏说，新喋血阏与①，今乃辅以张耳，议欲下赵，此乘胜而去国远斗，其锋不可当。臣闻千里馈粮，士有饥色，樵苏后爨②，师不宿饱③。今井陉之道，车不得方轨④，骑不得成列，行数百里，其势粮食必在其后。愿足下假臣奇兵三万人，从间道绝其辎重⑤；足下深沟高垒⑥，坚营勿与战。彼前不得斗，退不得还，吾奇兵绝其后，使野无所掠，不至十日，而两将之头可致于戏下。愿君留意臣之计。否,必为二子所禽矣。"成安君,儒者也,常称义兵不用诈谋奇计,曰:"吾闻兵法十则围之,倍则战。今韩信兵号数万,其实不过数千。能千里而袭我,亦已罢极。今如此避而不击,后有大者,何以加之⑦!则诸侯谓吾怯,而轻来伐我。"不听广武君策,广武君策不用。

〔注释〕

①喋血:形容杀人流血很多。喋,同"蹀",踩踏。阏与(yùyǔ):地名。
②樵苏后爨(cuàn):指临时打柴割草,烧火做饭。樵:砍柴。苏:割草。爨:烧火做饭。
③宿:久,经常。
④方轨:并轨。
⑤间道:小道。辎重:各种军用物资,这里指粮草。
⑥深沟高垒:挖深战壕,加高营垒。
⑦加:施加,强加。

〔译文〕

韩信和张耳率领几十万人,想要东出井陉口,进攻赵国。赵王赵歇和成安君陈余听说汉军将要袭击赵国,就在井陉口集中兵力,号称二十万大军。广武君李左车劝成安君道:"听说汉将韩信已经渡过西河,俘虏了魏豹,活捉了夏说,刚又血洗阏与,如今又在张耳的辅助之下,商议准备夺取赵国,这是乘胜而一鼓作气离国出兵作战,其锋芒不可阻挡。但我听说千里迢迢运粮,士兵面带饥色;临时砍柴做饭,军队经常吃不饱。现在井陉这条道路很窄,两辆车不能齐头并进,骑兵们不能排成行列,军队行进到这里就得有数百里之长，则运送粮草的队伍势必跟在后面。您如果能临时拨给我三万奇兵，我们从隐蔽的小路上截断汉军的粮草；您这里则深挖战壕，加高营垒，坚守营地不要和汉军交战。汉军向前不能作战，向后也无法撤退，我的奇兵截断他们的后路，让他们在荒野里什么吃的东西也抢不到，这样用不了十天，就能把韩信和张耳的人头送到将军的麾下。希望您能认真考虑我的计策。否则，我们一定会被他二人俘获。"成安君是个书生，经常宣称义军不可以采用奇谋诡计，就说："我听说兵法里讲，如果兵力超过敌人十倍，就可以包围他们；如果是敌人的两倍，就可以和他们交战。现在韩信的军队虽然号称有数万人，但其实不过数千人而已。现在奔袭千里来攻打我们，已经疲惫到了极点。如果我们回避而不与他们交战，等以后来了更强大的军队，我们又该怎么应对？而诸侯们也会认为我们胆小，以后就会轻易地来攻打我们。"成安君不听从广武君的计策，不肯采纳他的意见。

韩信使人间视①，知其不用，还报，则大喜，乃敢引兵遂下。未至井陉口三十里，止舍。夜半传发，选轻骑二千人，人持一赤帜，从间道萆山而望赵军②，诫曰："赵见我走，必空壁逐我，若疾入赵壁，拔赵帜，立汉赤帜。"令其裨将传飧③，曰："今日破赵会食！"诸将皆莫信，详应曰："诺。"谓军吏曰："赵已先据便地为壁④，且彼未见吾大将旗鼓，未肯击前行，恐吾至阻险而还。"信乃使万人先行，出，背水陈⑤。赵军望见而大笑。平旦，信建大将之旗鼓,鼓行出井陉口,赵开壁击之,大战良久。于是信、张耳详弃鼓旗,走水上军。水上军开入之,复疾战。赵果空壁争汉鼓旗,逐韩信、张耳。韩信、张耳已入水上军,军皆殊死战,不可败。信所出奇兵二千骑,共候赵空壁逐利,则驰入赵壁,皆拔赵旗,立汉赤帜二千。赵军已不胜,不能得信等,欲还归壁,壁皆汉赤帜,而大惊,以为汉皆已得赵王将矣,兵遂乱,遁走,赵将虽斩之,不能禁也。于是汉兵夹击,大破虏赵军,斩成安君泜水上,禽赵王歇。

〔注释〕

①间视:暗中打探,窥视。
②革:同"蔽",隐蔽,隐藏。
③裨将:副将。飧(sūn):饭食。
④便地:有利地形。
⑤背水陈:背对着河水列阵。陈:同"阵"。

〔译文〕

韩信派人暗中刺探,得知成安君不采纳广武君的计策后,回来报告给韩信,韩信大喜,这才敢率军赶往井陉。在距离井陉口不到三十里的地方,停下来安营驻扎。到了半夜,传令全军集合,挑选了两千名轻骑兵,每人拿着一面红色的旗子,从隐蔽的小道上山,命他们躲起来观察赵军。韩信告诫他们说:"等到赵军见我军撤退,一定会倾巢而出追赶我军,你们就立刻急速冲入赵军营地,拔掉赵军的旗帜,插上汉军的红旗。"又让他的副将传令开饭,说:"今天等大败赵军,再正式会餐!"将领们都不相信,佯装着答应:"是!"韩信又对军吏们说:"赵军已经先占据了有利地形建造壁垒,何况他们没有见到我军大将的旗帜仪仗之前,不会发兵进攻,害怕我军到了地势险要的地方就会退回去。"于是韩信就先派出一万人的军队,让他们出了井陉口,背对河水列阵。赵军远远望见,哈哈大笑。清晨时分,韩信命人摆好大将的旗帜和仪仗,在战鼓声中出了井陉口。赵军果然打开营地大门,全力对战汉军,双方打了很长时间。然后韩信和张耳假装战败,扔下战旗战鼓,逃到河边的汉军那里。河边的汉军打开一条路,让韩信他们进去,然后继续和赵军激战。赵军果然全部出动,争抢汉军的战旗、战鼓,追赶韩信、张耳。韩信和张耳已经进入河边汉军的阵地,士兵们都殊死奋战,赵军无法打败他们。这时韩信预先派出的两千轻骑兵,等到赵军倾巢出动争夺战利品的时候,飞快地冲入赵军营地,把赵军的旗帜全部拔掉,改成汉军的两千面红旗。赵军进攻未能取胜,又不能抓到韩信等人,打算退回营地,发现营地已插满汉军的红旗,大惊失色,以为汉军已经抓获了赵王和他的那些将领,于是赵军大乱,士兵们纷纷逃跑,赵将即使想斩杀逃兵,也无法遏止士兵四散奔逃。于是汉军前后夹击,大破赵军,俘虏了许多士兵,成安君陈余在泜(chí)水被杀,赵王歇被抓获。

诸将效首虏①,毕贺,因问信曰:"兵法右倍山陵②,前左水泽。今者将军令臣等反背水陈,曰破赵会食,臣等不服,然竟以胜,此何术也?"信曰:"此在兵法,顾诸君不察耳。兵法不曰'陷之死地而后生,置之亡地而后存'?且信非得素拊循士大夫也③,此所谓'驱市人而战之',其势非置之死地,使人人自为战;今予之生地④,皆走,宁尚可得而用之乎!"诸将皆服曰:"善。非臣所及也。"

〔注释〕

①效首虏:献上人头和俘虏。效:献上,这里指呈交。
②倍:同"背",背对,背向。
③拊循:抚慰,抚爱。拊,同"抚"。
④今:表示假设。

〔译文〕

众将进献了敌人的首级和俘虏之后,去向韩信祝贺胜利,顺便问韩信说:"兵法上说:布阵的时候应该右边和背面靠着山,前面和左边临着水。但这次布阵,将军却是让士兵们背水列阵,还说'等大败赵军后正式会餐',我们当时并不心服,但这样布阵竟然真的取得了胜利,这是什么战术?"韩信回答道:"这战术也在兵法上,只是诸位没注意到罢了。兵法上不是说过'置身于死地才会拼死求生,置身于绝境才能绝地求存'吗?况且这次作战的军队并不是我平常训练的将士,这就是所谓'赶着市集上的人去作战',这种形势下只能让将士们置之死地,使人人都为了自己而拼命作战;如果给他们一条生路,就都会逃掉,还怎么能让士兵作战取胜呢?"将领们听后都佩服地说:"太厉害了!果然不是我们能比得了的。"

楚数使奇兵渡河击赵,赵王耳、韩信往来救赵,因行定赵城邑,发兵诣汉①。楚方急围汉王于荥阳,汉王南出,之宛、叶间,得黥布,走入成皋,楚又复急围之。六月,汉王出成皋,东渡河,独与滕公俱,从张耳军修武。至,宿传舍②。晨自称汉使,驰入赵壁。张耳、韩信未起,即其卧内上夺其印符,以麾召诸将,易置之。信、耳起,乃知汉王来,大惊。汉王夺两人军,即令张耳备守赵地,拜韩信为相国,收赵兵未发者击齐。

〔注释〕

①诣:进,前往。
②传舍:旅店。

〔译文〕

楚国多次派奇兵渡过黄河,攻击赵国。赵王张耳和韩信就派兵来往救援,在行军打仗的过程中安定了赵国的城池,又调兵支援汉王。此时楚军正把汉王围困在荥阳这个地方,汉王从南面突围,到达宛县、叶县一带,收服英布,逃入成皋,但楚军又紧接着围困住成皋。到了六月,汉王又从成皋逃出,只带着滕公夏侯婴,向东渡过黄河,来到了张耳军队所在的修武县。到了修武,汉王二人先住进旅馆里。第二天早上,二人自称是汉王的使者,进入赵军的营地。此时韩信、张耳还没有起床,汉王先进入他们的卧室之内,收缴了他们的将印和兵符,随后召集众将,重新改换了他们的职务。韩信、张耳起床后,才知道汉王来了,大吃一惊。汉王夺取了韩信和张耳统率的军队,立即命令张耳在赵地防守,又任命韩信为相国,整编了赵地的其他士兵,前去攻打齐国。

信引兵东,未渡平原,闻汉王使郦食其已说下齐①,韩信欲止。范阳辩士蒯通说信曰:"将军受诏击齐,而汉独发间使下齐,宁有诏止将军乎?何以得毋行也!且郦生一士,伏轼掉三寸之舌②,下齐七十余城。将军将数万众,岁余乃下赵五十余城。为将数岁,反不如一竖儒之功乎?"于是信然之,从其计,遂渡河。齐已听郦生,即留纵酒,罢备汉守御。信因袭齐历下军,遂至临菑③。齐王田广以郦生卖己,乃亨④之,而走高密,使使之楚请救。韩信已定临菑,遂东追广至高密西。楚亦使龙且将,号称二十万,救齐。

〔注释〕

①下:投降。
②伏轼:俯身靠着车前的横木,泛指乘车。
③临菑:当时田广的国都,现今山东临淄。
④亨:同"烹"。

〔译文〕

韩信率领军队向东进发,尚未到达平原县的黄河渡口,就听说汉王已经派郦食其(lìyìjī)去劝降了齐王,韩信打算停止进军。

范阳县的辩士蒯（kuǎi）通劝韩信说："将军是奉汉王的命令进攻齐国，汉王暗中派密使游说齐王投降，难道发诏令让将军停止进攻了吗？为什么不继续前进呢？况且郦食其只不过是个书生，坐着车子摆弄三寸之舌，就能收服齐国七十多座城池。将军统率数万人的军队，用了一年多时间才攻下赵国五十多座城池。为将多年，反而比不上一个书生的功劳吗？"韩信认为他说得有道理，就听从蒯通的建议，率军渡过黄河。齐王已听从郦食其的劝降，留下郦食其一同宴饮，也撤销了对汉王的防御。韩信突袭齐国历下的军队，直接打到了临淄。齐王田广认为郦食其骗了自己，就把他烹杀了，随后逃到高密，派人向项羽求救。韩信平定临淄，派人向东追赶齐王田广，追到高密城西。楚国也派出大将龙且率领军队，号称二十万人马，前来救援齐国。

齐王广、龙且并军与信战，未合。人或说龙且曰："汉兵远斗穷战，其锋不可当。齐、楚自居其地战，兵易败散。不如深壁，令齐王使其信臣招所亡城。亡城闻其王在，楚来救，必反汉。汉兵二千里客居，齐城皆反之，其势无所得食，可无战而降也。"龙且曰："吾平生知韩信为人，易与耳。且夫救齐不战而降之，吾何功？今战而胜之，齐之半可得，何为止！"遂战，与信夹潍水陈。韩信乃夜令人为万余囊，满盛沙，壅水上流①，引军半渡，击龙且，详不胜，还走。龙且果喜曰："固知信怯也。"遂追信渡水。信使人决壅囊②，水大至。龙且军大半不得渡，即急击，杀龙且。龙且水东军散走，齐王广亡去。信遂追北至城阳,皆虏楚卒。

〔注释〕

①壅:堵塞。
②决:疏通水道。

〔译文〕

　　齐王田广和楚将龙且的部队会合,准备一起与韩信作战,尚未开战。有人劝说龙且:"汉军长路进攻,拼死作战,其锋芒锐不可当。齐楚两军守在本地作战,士兵容易逃跑。不如挖深沟壑,加高壁垒,坚守不战,再让齐王派出他的亲信去招抚那些被占领的齐国城池。这些被占领的城池听说齐王还在,楚军又来援救,一定会反抗汉军。现在汉军在两千里之外,齐国各地又都起来反抗,形势必然是粮草跟不上,找不到吃的,就可以不用对战而让汉军投降。"龙且说:"我非常了解韩信的为人,他是很容易对付的。而且我来援救齐国,仗都没打就让韩信投降了,我还有什么功劳可言呢?如果能打败韩信,齐国一半的土地都是我的,我为什么不打?"于是决定正面对战,与韩信隔着潍水布好阵势。韩信命人连夜制作了一万多个大口袋,装满了沙土,堵在潍水的上游,然后率领一半军队渡过潍水,进攻龙且。打了一会儿,假装打不赢,开始往后撤退。龙且果然高兴地说:"我早就知道韩信很胆小。"于是就率军渡过潍水去追赶韩信。韩信派人挖开堵在上游的沙袋,河水汹涌而来。龙且军队一大半人无法渡过潍水,韩信命军队猛烈反击,杀死了龙且。在潍水东岸没有渡河的龙且军队,也四散奔逃,齐王田广也逃跑了。韩信追赶败军一直到了城阳,把剩下的楚军士兵全部俘虏。

汉四年,遂皆降平齐。使人言汉王曰:"齐伪诈多变,反覆之国也,南边楚,不为假王以镇之,其势不定。愿为假王便。"当是时,楚方急围汉王于荥阳,韩信使者至,发书,汉王大怒,骂曰:"吾困于此,旦暮望若来佐我,乃欲自立为王!"张良、陈平蹑汉王足,因附耳语曰:"汉方不利,宁能禁信之王乎?不如因而立,善遇之,使自为守。不然,变生。"汉王亦悟,因复骂曰:"大丈夫定诸侯,即为真王耳,何以假为!"乃遣张良往立信为齐王,征其兵击楚。

[译文]

汉王四年(前203),韩信把整个齐国都降伏平定。于是韩信派人向汉王汇报说:"齐人狡诈多变,是个反复无常的国家,它南面的边境与楚国相接,如果不暂时设立一个代理的王来镇守,这里的情势就很难稳定。希望能让我做代理齐王,这样有利于局势。"这个时候,汉王正被楚军围困在荥阳,韩信的使者到了之后,汉王打开书信一看,大怒,骂道:"我现在被困在这儿,日夜盼望你过来帮助我,你倒想要自立为王!"张良、陈平赶快暗中踩汉王的脚,对汉王耳语道:"现在汉军处在不利的境况下,难道能禁止韩信称王吗?不如就这样立他为齐王,很好地对待他,让他镇守好齐国。否则,可能会发生变乱。"汉王自己也明白过来,就故意又骂道:"大丈夫能平定诸侯之国,就是真王,何必要做什么'假王'？"于是汉王就派张良去齐国,立韩信为齐王,征召他的军队过来攻打楚军。

楚已亡龙且,项王恐,使盱眙人武涉往说齐王信曰:"天下共苦秦久矣,相与戮力击秦。秦已破,计功割地,分土而王之,以休士卒。今汉王复兴兵而东,侵人之分,夺人之地,已破三秦,引兵出关,收诸侯之兵以东击楚,其意非尽吞天下者不休,其不知厌足如是甚也①。且汉王不可必②,身居项王掌握中数矣,项王怜而活之,然得脱,辄倍约,复击项王,其不可亲信如此。今足下虽自以与汉王为厚交,为之尽力用兵,终为之所禽矣。足下所以得须臾至今者,以项王尚存也。当今二王之事,权在足下。足下右投则汉王胜,左投则项王胜。项王今日亡,则次取足下。足下与项王有故,何不反汉与楚连和,参分天下王之③？今释此时,而自必于汉以击楚,且为智者固若此乎！"韩信谢曰:"臣事项王,官不过郎中,位不过执戟,言不听,画不用④,故倍楚而归汉。汉王授我上将军印,予我数万众,解衣衣我,推食食我,言听计用,故吾得以至于此。夫人深亲信我,我倍之不祥,虽死不易。幸为信谢项王！"

〔注释〕

①厌足:满足。厌:同"餍"。

②必:相信,信任。
③参:三。
④画:计策,谋略。

[译文]

　　楚已经失去龙且,项羽也有些害怕,就派盱眙人武涉去游说齐王韩信:"天下人受秦朝的苦已经很久了,所以大家合力攻打秦朝。秦被灭,项王按照众位诸侯的功劳给大家分封土地,各自为王,以便能够让士兵得到休息。但现在汉王却兴兵东进,侵占别人的领地,抢夺别人的疆土,已经攻破三秦之地,率领军队出了函谷关,收集各诸侯的兵力向东攻打楚国,他的意图是不吞并整个天下就不肯罢休,他的不肯知足竟然到了这个地步!况且汉王这个人是不可信任的,他曾好几次落到项王的手里,项王可怜他,让他活了下来,可是他只要能够脱身,就背弃盟约,再次攻击项王,他的不可亲近、不可信任到了这个地步!现在即便您认为跟汉王交情非常深厚,竭力为他作战,但最终还是会被他擒住的。您之所以能够从容至今平安无事,是因为项王还活着。如今汉王、项王争夺天下,胜负的关键就在您的手上。您向右边靠,汉王就会胜利,您往左边靠,项王就会胜利。项王如果今天被消灭了,那么下一个就该轮到您了。您和项王有旧交情,为什么不反叛汉王,和楚王联合,三分天下,独立称王呢?现如今放掉这个机会,一定要站在汉王这边去攻打项王,这不应该是智者所做的事啊!"韩信拒绝说:"我侍奉项王的时候,当官不过是个郎中,职位不过是个侍卫,我的计策项王不听,我的谋划项王不用,所以我才背弃楚国跟了汉王。汉王授予我上将军的大印,给我数万人的军队,他脱下身上的衣服给我穿,把自己的食物分给我吃,对我的计谋全部听从,所以我才走到今天这个位置。汉王对我亲近信任,我背叛他是不会有好下场的,即使我死了也不会改变。请替我谢谢项王!"

武涉已去,齐人蒯通知天下权在韩信,欲为奇策而感动之,以相人说韩信。……韩信谢曰:"先生且休矣,吾将念之。"

〔译文〕

武涉离开之后,齐国人蒯通知道天下胜负的关键就在于韩信,想通过妙计来打动他,就扮成相面人来劝说韩信。……韩信听了之后,却拒绝道:"先生就说到这儿吧,我好好考虑考虑。"

后数日,蒯通复说曰:"……夫功者难成而易败,时者难得而易失也。'时乎时,不再来。'愿足下详察之。"韩信犹豫不忍倍汉,又自以为功多,汉终不夺我齐,遂谢蒯通。蒯通说不听,已详狂为巫。

〔译文〕

过了几天,蒯通又来劝说韩信:"……功业很难成功却容易失败,时机很难得到却容易失去。'时机啊时机,失去了就不会回来。'希望您能仔细考虑。"韩信仍然犹豫不决,不忍心背叛汉王,又认为自己功劳很大,汉王终究不会把齐国夺走,还是拒绝了蒯通的劝告。蒯通看韩信不听从他的建议，就假装疯癫扮成巫师而离开。

汉王之困固陵，用张良计，召齐王信，遂将兵会垓下。项羽已破，高祖袭夺齐王军。汉五年正月，徙齐王信为楚王，都下邳。

〔译文〕

汉王被困在固陵，听从张良的计谋，召齐王韩信带兵，与汉王在垓下会合。项羽被打败之后，高祖立刻袭击，夺取了韩信的兵权。汉王五年（前202）正月，改封韩信为楚王，建都下邳（pī）。

信至国，召所从食漂母，赐千金。及下乡南昌亭长，赐百钱，曰："公，小人也，为德不卒。"召辱己之少年令出胯下者以为楚中尉。告诸将相曰："此壮士也。方辱我时，我宁不能杀之邪？杀之无名，故忍而就于此。"

〔译文〕

韩信到了封国，派人找到当年分给他饭吃的那位漂母，赏赐她黄金千斤。又找到下乡的南昌亭亭长，赐给他一百钱，说："您是个小人，做好事却不能坚持到底。"又找到当年侮辱自己、让自己从他的胯下爬过去的那个人，让他做了楚地的中尉。韩信告诉身边的将领们说："他是一位壮士。当年他侮辱我的时候,我难道不能杀死他吗?只是杀死他也没有意义,因此我宁可忍受一时之辱,以成就今天的功业。"

项王亡将钟离眛家在伊庐,素与信善。项王死后,亡归信。汉王怨眛,闻其在楚,诏楚捕眛。信初之国,行县邑,陈兵出入。汉六年,人有上书告楚王信反。高帝以陈平计,天子巡狩会诸侯,南方有云梦,发使告诸侯会陈:"吾将游云梦。"实欲袭信,信弗知。高祖且至楚,信欲发兵反,自度无罪,欲谒上,恐见禽。人或说信曰:"斩眛谒上,上必喜,无患。"信见眛计事。眛曰:"汉所以不击取楚,以眛在公所。若欲捕我以自媚于汉,吾今日死,公亦随手亡矣。"乃骂信曰:"公非长者!"卒自刭。信持其首,谒高祖于陈。上令武士缚信,载后车。信曰:"果若人言,'狡兔死,良狗亨;高鸟尽,良弓藏;敌国破,谋臣亡'。天下已定,我固当亨!"上曰:"人告公反。"遂械系信①。至洛阳,赦信罪,以为淮阴侯。

〔注释〕

①械系:带上刑具。

〔译文〕

项羽的旧部将钟离眛(mò),老家在伊庐,一向跟韩信关系友善。项羽死后,钟离眛逃出来,跟了韩信。汉王怨恨钟离眛,听说他在楚地,就下令让韩信逮捕他。韩信刚到楚国,去巡察下面的县邑随身都带着军队作为警卫。汉高祖六年(前201),有人上书告发韩信要谋反。高帝采纳了陈平的计策,说天子要外出巡视,会见诸侯,到南方的云梦泽去,派使臣通知各诸侯都到陈县会合,说:"我准备巡视云梦泽。"其实高祖是要袭击韩信,但韩信却不知道。高祖快要到楚国的时候,韩信有所觉察,想要发兵反抗,但是又觉得自己并没有罪过,打算去朝见高祖,可是又怕被高祖抓起来。有人劝韩信说:"你把钟离眛杀了再去见皇上,皇上定会高兴,这就不用担心了。"韩信就去找钟离眛商量此事。钟离眛说:"高祖之所以没有攻打楚国,就是因为我在你这里。现在你想抓我去向高祖献媚,我今天死,你也马上会跟着死的。"钟离眛骂韩信:"你真不是个有德之人!"于是自刎而死。韩信拿着钟离眛的人头,去陈县朝见高祖。汉高祖立刻命令武士把韩信抓起来,绑在自己后面的车上。韩信说:"果真像人们说的,'狡猾的兔子死了,猎狗就要被烹杀掉;飞鸟没了,好的弓箭就要被藏起来;敌国被灭,谋臣也就要被杀了'。现在天下已经平定,我是应该被烹杀!"高祖说:"有人告发,说你要谋反。"就给韩信带上了刑具。等到了洛阳,高祖又赦免了韩信的罪,把他降为淮阴侯。

　　信知汉王畏恶其能,常称病不朝从①。信由此日夜怨望,居常鞅鞅②,羞与绛、灌等列。信尝过樊将军哙,哙跪拜送迎,言称臣,曰:"大王乃肯临臣!"信出门,笑曰:"生乃与哙等为伍!"上常从容与信言诸将能不,各有差。上问曰:"如我能将几何?"信曰:"陛下不过能将十万。"上曰:"于君何如?"曰:"臣多多而益善耳。"上笑曰:"多多益善,何为为我禽?"信曰:"陛下不能将兵,而善将将,此乃信之所以为陛下禽也。且陛下所谓天授,非人力也。"

〔注释〕

①朝从:朝见,跟着出行。
②鞅鞅:同"怏怏",郁闷不乐的样子。

〔译文〕

韩信知道汉王是忌恨自己的才能,所以常常称病不去朝见高祖,也不跟高祖一同出行。韩信从此日夜怨恨高祖,时常闷闷不乐,觉得和周勃、灌婴同处于"侯"这个级别,实在是非常羞耻。韩信曾经去樊哙将军家里拜访,樊哙行跪拜之礼送迎,自称"臣",对韩信说:"想不到大王会光临我这里。"韩信走出门后笑着说:"我竟然和樊哙等人为伍。"高祖曾经和韩信闲谈,论说诸将军的能力,韩信认为水平各自不同。高祖问道:"像我,能统率多少兵马?"韩信说:"陛下最多能统率十万。"高祖说:"那你呢?"韩信回答道:"我的话,越多越好。"高祖笑道:"你既然是越多越好,那么为什么会被我俘虏呢?"韩信说:"陛下虽然不善于带兵,却善于驾驭将领,这就是我被陛下俘虏的原因。况且陛下的地位是上天所赐予的,非人力所能做到。"

陈豨拜为巨鹿守,辞于淮阴侯。淮阴侯挈其手①,

辟左右，与之步于庭②，仰天叹曰："子可与言乎？欲与子有言也。"豨曰："唯将军令之。"淮阴侯曰："公之所居，天下精兵处也；而公，陛下之信幸臣也。人言公之畔，陛下必不信；再至，陛下乃疑矣；三至，必怒而自将。吾为公从中起，天下可图也。"陈豨素知其能也，信之，曰："谨奉教！"汉十年，陈豨果反。上自将而往，信病不从。阴使人至豨所，曰："弟举兵③，吾从此助公。"信乃谋与家臣夜诈诏赦诸官徒奴，欲发以袭吕后、太子。部署已定，待豨报。其舍人得罪于信，信囚，欲杀之。舍人弟上变④，告信欲反状于吕后。吕后欲召，恐其党不就⑤，乃与萧相国谋，诈令人从上所来，言豨已得死，列侯群臣皆贺。相国绐信曰："虽疾，强入贺。"信入，吕后使武士缚信，斩之长乐钟室。信方斩，曰："吾悔不用蒯通之计，乃为儿女子所诈，岂非天哉！"遂夷信三族。

〔注释〕

①挈（qiè）：拉着。
②辟：同"避"，屏退。
③弟：同"第"，但，只管。
④上变：上书告发谋反之事。
⑤党：同"倘"，万一，倘若。

〔译文〕

陈豨（xī）被任命为巨鹿的郡守，临走前来向韩信辞行。韩信打发掉身边的随从,拉着陈豨的手在庭院里散步,望着苍天叹道:"我能跟你说说我的心里话吗?我想跟你说说我心里的话。"陈豨说:"一切都听将军的吩咐。"韩信说:"你要去驻守的地方,是天下精兵聚集之所;而你又是陛下信任宠幸的人。如果有人要告你谋反,陛下一定不会相信;第二次告发,陛下就会起疑心;等到第三次告发,陛下必然会大怒而亲自率兵来讨伐你。到那个时候,我将在京城为你做内应,那时天下就可以为我们所取了。"陈豨一向知道韩信的才能,非常相信他的话,就回答道:"一定听从您的教导!"汉高祖十年(前197),陈豨果然谋反。高祖亲自率兵前去征讨,韩信托病没有跟着高祖一起去,暗中派人到陈豨那里,说:"你只管起兵,我会从这里协助你。"韩信就和家臣谋划,夜里假传诏书,赦免在各个官府里做苦役的罪犯和奴隶,让他们去袭击吕后和太子。部署完毕,等待着陈豨那边的消息。韩信的一个门客之前得罪了他,韩信把他关起来,打算杀他。他的弟弟就向吕后告发了韩信准备谋反的情况。吕后想把韩信召进宫来,但又怕他万一不来,就先跟萧何商量,让一个人假装是从高祖那里来的,说陈豨已被抓住且处死了,于是各诸侯和大臣都入朝祝贺。萧何亲自骗韩信说:"即使你生病,也还是应该坚持进宫祝贺。"等韩信一进宫,吕后就立刻命令武士把韩信绑起来,在长乐宫的钟室里把他杀死了。韩信临死前说道:"我真后悔没有听从蒯通的计策,以至于被妇人小子所骗,这难道不是天意吗?"吕后接着又把韩信的三族全都诛灭。

李将军列传

〔题解〕

《李将军列传》记述了汉代名将李广的生平事迹。李广精于骑射,英勇善战,汉文帝非常欣赏他,却感叹他"惜不遇时",假如生在高祖的时代,轻易可封万户侯。本篇的叙述也围绕李广的"不遇时"而展开。李广为官廉洁,治军简易,体恤士兵,广受爱戴;作战时能以少胜多,险中取胜,临危不惧,战功卓绝,然而终其一生却未得封侯。晚年最后一次出征,遭受排挤,心愿难遂,终致含恨自杀。

《李将军列传》无论是战争描写还是人物塑造都非常成功。司马迁极力描写李广的赫赫战功,对他的悲剧命运寄予深切同情,同时也表达了对统治者的强烈愤慨。

李将军广者,陇西成纪人也。其先曰李信,秦时为将,逐得燕太子丹者也。故槐里,徙成纪。广家世世受射①。孝文帝十四年,匈奴大入萧关,而广以良家子从军击胡,用善骑射②,杀首虏多,为汉中郎。广从弟李蔡亦为郎,皆为武骑常侍,秩八百石③。尝从行,有所冲陷折关及格猛兽④,而文帝曰:"惜乎,子不遇时!如令子当高帝时,万户侯岂足道哉!"

〔注释〕

①受射:学习射箭之法。
②用:因为。
③秩:官吏的俸禄。
④冲陷:冲锋陷阵。折关:抵御。

〔译文〕

　　李广将军,是陇西郡成纪县人。他的先祖名叫李信,秦朝时担任将军,就是追击捉到燕国太子丹的那位将军。他的故乡原来是槐里县,后来迁到了成纪县。李广家世世代代都学习箭术。文帝十四年(前166),匈奴人大举入侵萧关,李广以良家子弟的身份参加军队,抗击匈奴,因为他善于骑射,斩掉的敌人首级很多,就被任命为皇帝身边的中郎。李广的堂弟李蔡也担任中郎,两个人又都是武骑常侍,是俸禄为八百石的官职。李广曾跟着汉文帝出行,冲锋陷阵、抵御敌人、格杀猛兽都很勇敢,汉文帝说:"可惜啊!你没有遇到好时候!要是你生在高祖那个时候,封个万户侯都不值一说啊!"

　　及孝景初立,广为陇西都尉,徙为骑郎将。吴楚军时,广为骁骑都尉,从太尉亚夫击吴楚军,取旗,显功名昌邑下。以梁王授广将军印,还,赏不行。徙为上谷太守,匈奴日以合战。典属国公孙昆邪为上泣曰:"李广才气，天下无双，自负其能，数与虏敌战，恐亡之。"于是乃徙为上郡太守。后广转为边郡太守，徙上郡。尝为陇西、北地、雁门、代郡、云中太守，皆以力战为名。

〔译文〕

等景帝即位之后，李广任陇西都尉，后又至京城任骑郎将。吴楚七国叛乱时，李广任骁骑都尉，跟着太尉周亚夫前去讨伐吴楚叛军，战斗中夺取了敌人的军旗，在昌邑城声名大振。因为梁王给了李广将军大印，回到京城后，李广没有得到其他封赏。之后李广又任上谷太守，每天都和匈奴交战。典属国公孙昆邪（húnyé）非常担心李广，哭着对景帝说："李广的才能天下无双，他仗着自己的本领，多次和敌人打仗，我担心出意外折损这名良将。"于是又把李广调任为上郡太守。之后，李广又在边境各郡任太守，又调到上郡。曾任陇西、北地、雁门、代郡、云中等地太守，任职期间，都以勇猛作战而闻名。

匈奴大入上郡，天子使中贵人从广勒习兵击匈奴①。中贵人将骑数十纵②，见匈奴三人，与战。三人还射，伤中贵人，杀其骑且尽。中贵人走广。广曰："是必射雕者也。"广乃遂从百骑往驰三人③。三人亡马步行，行数十里。广令其骑张左右翼，而广身自射彼三人者，杀其二人，生得一人，果匈奴射雕者也。已缚之上马，望匈奴有数千骑，见广，以为诱骑，皆惊，上山陈。广之百骑皆大恐，欲驰还走。广曰："吾去大军数十里，今如此以百骑走,匈奴追射我立尽。今我留,匈奴必以我为大军之诱,必不敢击我。"广令诸骑曰:"前!"前未到匈奴陈二里所,止,令曰:"皆下马解鞍!"其骑曰:"虏多且近,即有急,奈何?"广曰:"彼虏以我为走,今皆解鞍以示不走,用坚其意。"于是胡骑遂不敢击。有白马将出护其兵④,李广上马,与十余骑奔射杀胡白马将,而复还至其骑中,解鞍,令士皆纵马卧。是时会暮,胡兵终怪之,不敢击。夜半时,胡兵亦以为汉有伏军于旁欲夜取之,胡皆引兵而去。平旦,李广乃归其大军。大军不知广所之,故弗从。

[注释]

①中贵人:指在宫中受宠信的宦官。
②纵:放马驰骋。
③驰:追赶。
④护:监护,监督。

[译文]

匈奴大举入侵上郡,景帝派了一名很宠信的太监跟着李广学习军事,以抗击匈奴。有一天,这个太监带着几十名骑兵外出纵马飞驰,路上遇到三个匈奴人,双方就打了起来。三个匈奴人回身射箭,不但射伤了太监,也把他身边的骑兵几乎都杀光了。太监逃到了李广那里。李广说:"他们一定是匈奴里专门射雕的人。"于是李广就带着一百多名骑兵去追那三个匈奴人。那三个匈奴人已经没了马,只能步行,这时已经走出了几十里远。李广命令他的骑兵从左右两翼包抄他们,他亲自去射那三个人,射死了两个,活捉了一个,一问,果然是匈奴中专门射雕的人。把这个人绑到马上之后,忽然看到一支几千人的匈奴骑兵部队。他们也看到了李广,以为是引诱他们的先锋部队,非常吃惊,立刻奔上山去布好阵势。此时李广的百名骑兵也大为害怕,想立刻飞奔逃走。李广说:"这里距离我们的主力部队还有几十里,如果我们这一百来个人立刻逃走,匈奴人从后面追赶,用箭射我们,我们就会立刻被杀光。但假如我们原地待着不走,匈奴就会以为我们是大军派来诱敌的,必定不敢过来攻击我们。"于是李广向自己的骑兵们下令道:"前进!"骑兵们继续前进,直到距离匈奴人只有两里的地方才停下来,李广又下令道:"全体下马,解下马鞍!"骑兵们说:"敌人的数量那么多,而且又离得这么近,万一有紧急情况,我们怎么办?"李广说:"敌人肯定以为我们会逃走,现在我们不但不逃,还解下马鞍,这样才能让他们更坚定地以为我们就是前来诱敌的先头部队。"匈奴人见此情景,一直不敢过来攻击。有一个骑白马的匈奴将领出来整顿军阵,李广突然上马和十几名骑兵一起飞奔过去射死他,然后又回到自己的队伍里,再次解下马鞍,命令士兵们都把马放开,躺卧在地上休息。此时已经黄昏,匈奴人始终觉得这支队伍非常奇怪,不敢过来袭击。到了半夜时分,匈奴人又怀疑汉军可能在旁边有伏兵,想趁夜晚偷袭他们,就领兵撤退了。第二天早晨,李广才带着人回到大营之中。李广的大军不知道李广去了何处,一直待在原地等着,无法去接应。

居久之,孝景崩,武帝立,左右以为广名将也,于是广以上郡太守为未央卫尉,而程不识亦为长乐卫尉。程不识故与李广俱以边太守将军屯①。及出击胡,而广行无部伍行陈②,就善水草屯,舍止,人人自便,不击刀斗以自卫③,莫府省约文书籍事④,然亦远斥候⑤,未尝遇害。程不识正部曲行伍营陈⑥,击刀斗,士吏治军簿至明,军不得休息,然亦未尝遇害。不识曰:"李广军极简易,然虏卒犯之⑦,无以禁也;而其士卒亦佚乐⑧,咸乐为之死。我军虽烦扰,然虏亦不得犯我。"是时汉边郡李广、程不识皆为名将,然匈奴畏李广之略,士卒亦多乐从李广而苦程不识。程不识孝景时以数直谏为太中大夫。为人廉,谨于文法⑨。

〔注释〕

①将:率领。屯:驻军防守。

②行:行军。部伍:古代军队的编制单位,即"部曲"。行(háng)陈:行列。

③刀斗:即"刁斗"。古代用铜制作的军用锅,白天做饭,夜里敲击巡逻。

④莫府:同"幕府",将帅的办事机构,设在大帐之中。籍:登记用的簿册。

⑤斥候:负责侦察瞭望的士兵。

⑥正:严格规定。营陈:即"营阵",营地和军阵。

⑦卒:同"猝",突然。

⑧佚乐:悠闲安乐。佚:同"逸"。

⑨文法:朝廷制定的规章法令。

[译文]

过了好些年,景帝去世,武帝即位,左右大臣都说李广是名将,于是李广由上郡太守调任未央宫的卫尉,此时程不识是长乐宫的卫尉。程不识过去和李广都担任过边郡太守,率领军队驻守边防。在出兵打匈奴的时候,李广的军队不讲究严格的组织队列,驻扎时也只是找个水草丰茂的地方,休息的时候人人自便,夜里不巡逻防卫,幕府里的各种公文制度也很简单,但每晚都有远远地去侦察敌情的人,所以从未遇到危险。程不识对军队的行军、排列、扎营、布阵要求都很严格,夜里要巡逻防卫,文书军吏处理公文簿册往往要到天明,全军都得不到休息,但也没有遇到过危险。程不识说:"李广治军极为简便易行,但如果敌人突然偷袭,就很难阻挡;但他的士兵们都安然快乐,所以也愿意为他拼死战斗。我治军很严格烦琐,但敌人不可能突然来偷袭我。"当时汉朝边郡都知道李广和程不识是名将,但匈奴人非常畏惧李广的胆略,士兵们也大多愿意跟着李广,觉得跟着程不识是苦事。程不识在汉景帝时由于多次直言进谏,被封为太中大夫。他为人廉洁,谨守朝廷的制度法规。

后汉以马邑城诱单于,使大军伏马邑旁谷,而广为骁骑将军,领属护军将军①。是时单于觉之,去,汉军皆无功。其后四岁,广以卫尉为将军,出雁门击匈奴。匈奴兵多,破败广军,生得广。单于素闻广贤,令曰:"得李广必生致之^②。"胡骑得广,广时伤病,置广两马间,络而盛卧广^③。行十余里,广详死,睨其旁有一胡儿骑善马,广暂腾而上胡儿马^④,因推堕儿,取其弓,鞭马南驰数十里,复得其余军,因引而入塞。匈奴捕者骑数百追之,广行取胡儿弓^⑤,射杀追骑,以故得脱。于是至汉,汉下广吏。吏当广所失亡多^⑥,为虏所生得,当斩,赎为庶人。

〔注释〕

①领属:受统领。
②致:送,送给。
③络:用绳子编成的网。
④暂:突然,骤然。
⑤行:即,就。
⑥当:判罪,判处。

〔译文〕

　　后来,汉朝假装出卖马邑城,想引诱匈奴单于上当,提前派大军埋伏在马邑城两旁的山谷里,李广任骁骑将军,受护军将军韩安国统领。但单于发觉了汉军的计谋,逃走了,汉军无功而返。四年之后,李广由卫尉的身份被任命为将军,出雁门关抗击匈奴。匈奴军队人多,打败了李广的军队,并且抓到了李广。单于向来知道李广的才能,就下令道:"抓到李广,一定要活的。"匈奴骑兵抓住李广时,李广因为受伤又生病,就在两匹马中间安置了一张大网,让李广躺在上面。走了十多里,李广假装昏死过去,斜眼偷偷看到他旁边有个匈奴人骑了一匹好马,就突然一跃而起,跳上马背,夺取了匈奴人的弓箭,把他推到马下,扬起鞭子赶着马急驰而去,向南跑了几十里,找到了自己的残余部队,带着他们返回关内。匈奴派出了几百名骑兵来追他,李广顺手用匈奴人的弓箭把追兵射死,最终得以逃脱。等回到了汉朝,朝廷把李广交给军法处的官吏。官吏判定李广损失和逃亡的士兵太多,自己又曾被敌人活捉,应处以斩首之刑。李广按律出钱,赎了自己的死罪,成为平民。

顷之,家居数岁。广家与故颍阴侯孙屏野居蓝田南山中射猎①。尝夜从一骑出,从人田间饮。还至霸陵亭,霸陵尉醉,呵止广。广骑曰:"故李将军。"尉曰:"今将军尚不得夜行,何乃故也!"止广宿亭下。居无何②,匈奴入杀辽西太守,败韩将军,后韩将军徙右北平。于是天子乃召拜广为右北平太守。广即请霸陵尉与俱,至军而斩之。

〔注释〕

①屏野:隐居山野。屏:隐退,隐居。
②居无何:过了不久。

〔译文〕

时间很快过去,李广在家已经闲居了数年。他和已故的颍阴侯灌婴的孙子灌强一起隐居在蓝田,二人常常到蓝田附近的山中打猎。有一次夜里带着一个随从骑马外出,和别人一起在田间饮酒。回来的时候经过霸陵亭,霸陵亭尉喝醉了,大声呵斥李广犯了夜禁,不让他通过。李广的随从说:"这是前任李将军。"亭尉说:"现任将军尚且不得夜里通行,何况是前任!"硬是把李广扣留在亭下待了一夜。之后没多久,匈奴人入侵辽西,杀死辽西太守,打败了将军韩安国的军队。韩将军被调任为右北平太守。于是汉武帝召见李广,任命他为右北平太守。李广立即请求让霸陵尉跟他一起去,到军中就把他杀死了。

广居右北平,匈奴闻之,号曰"汉之飞将军",避之,数岁不敢入右北平。

〔译文〕

李广在右北平任太守期间,匈奴人听到他的大名,称他为"汉朝的飞将军",一直躲着他,好几年不敢入侵右北平。

广出猎,见草中石,以为虎而射之,中石没镞①,视之,石也。因复更射之,终不能复入石矣。广所居郡闻有虎,尝自射之。及居右北平,射虎,虎腾伤广,广亦竟射杀之。

〔注释〕

①镞:箭头。

〔译文〕

　　李广外出打猎,看到草丛里有一块石头,以为是只老虎,就立刻向它射箭。箭头都射进石头里去了,过去一看才发现是块石头。李广退回去重新再射,箭却再也不能射进石头里面了。李广待过的边境各郡,只要听说有老虎,就总是亲自去射。等到驻守右北平时,有一次射老虎,老虎跳起来伤了李广,李广还是射死了老虎。

　　广廉,得赏赐辄分其麾下,饮食与士共之。终广之身,为二千石四十余年①,家无余财,终不言家产事。广为人长,猿臂,其善射亦天性也,虽其子孙他人学者,莫能及广。广讷口少言②,与人居则画地为军陈,射阔狭以饮③。专以射为戏,竟死。广之将兵,乏绝之处④,见水,士卒不尽饮,广不近水;士卒不尽食,广不尝食。宽缓不苛,士以此爱乐为用。其射,见敌急,非在数十步之内,度不中不发,发即应弦而倒。用此⑤,其将兵数困辱,其射猛兽亦为所伤云。

〔注释〕

①为二千石:做俸禄二千石这个级别的官。
②讷(nè)口:口拙,不善言辞。
③阔狭:指上句所说在地上画的军阵图中,有的行列宽,有的行列窄。
④乏绝:指粮食和饮水不足。

⑤用此:因此。

[译文]

　　李广为人清廉,得到赏赐就分给他的部下,饮食也都和士兵们同享。他的一生做俸禄二千石的官,一共做了四十多年,家中没有多余的钱财,终身也不提家产的事情。李广的个子很高,胳膊很长,如同猿臂,善射的本领也是天赋,即使他的子孙或其他人向他学习,也没有谁能比得上他。李广不善言辞,很少说话,和别人在一起时就在地上画军阵,比赛射箭,射中窄的行列为胜,射中宽的行列及不中都为负,负者罚酒。他一直到死,都喜欢以射箭作为消遣。李广带兵的时候,倘若缺乏食物和饮水,等到有了水,只要士兵们没有喝完,李广决不去喝水;士兵们没有吃到东西,李广决不去吃饭。他待人宽厚温和,从不苛刻,士兵们都愿意为他效命。李广射箭,见到敌人,如果不是在几十步以内能够射中的,就不会射出;如果射出,敌人必定随着弓弦之声而倒地。但也因为如此,他有几次被困住而受辱,射猛兽也曾被猛兽所伤。

　　居顷之,石建卒,于是上召广代建为郎中令。元朔六年,广复为后将军,从大将军军出定襄,击匈奴。诸将多中首虏率①,以功为侯者,而广军无功。后二岁,广以郎中令将四千骑出右北平,博望侯张骞将万骑与广俱,异道②。行可数百里,匈奴左贤王将四万骑围广,广军士皆恐,广乃使其子敢往驰之。敢独与数十骑驰,直贯胡骑,出其左右而还,告广曰:"胡虏易与耳。"军士乃安。广为圜陈外向③,胡急击之,矢下如雨。汉兵死者过半,汉矢且尽。广乃令士持满毋发④,而广身自以大黄射其裨将⑤,杀数人,胡虏益解。会日暮,吏士皆无人色,而广意气自如,益治军。军中自是服其勇也。明日,复力战,而博望侯军亦至,匈奴军乃解去。汉军罢,弗能追。是时广军几没,罢归。汉法,博望侯留迟后期,当死,赎为庶人。广军功自如⑥,无赏。

〔注释〕

①中:符合,达到。率(lǜ):标准,规定。
②异道:各走一条路。
③圜陈:圆形的兵阵。圜:同"圆"。
④持满:把弓拉满。
⑤大黄:弓名,一种可以连发的大弓,射程也比较远。
⑥军功自如:功过相当。

〔译文〕

过了没多久,石建死了,于是武帝召回李广,让他接替石建担任郎中令。元朔六年(前123)李广又担任后将军,跟着大将军卫青从定襄出征,讨伐匈奴。许多将领因为砍掉敌人的首级符合规定的数量,凭借战功被封侯,只有李广还是劳而无功。过了两年,李广以郎中令的官职率领着四千骑兵从右北平出发征伐匈奴,博望侯张骞率领一万骑兵与李广同时出征,两支队伍各走一条路。走了大约几百里,匈奴左贤王率领着四万骑兵包围了李广的军队,士兵们都非常害怕,李广就派他的儿子李敢骑马先去冲锋。李敢一个人带着几十名骑兵,飞快地从匈奴军队的包围中直冲出去,从左右两边又冲回来,向李广报告说:"这些匈奴人很容易对付!"士兵们这才把心放了下来。李广把自己的四千人布成一个圆形的兵阵,每个士兵的脸都对着外面,匈奴人猛烈攻击,箭如雨下。李广的士兵死了一大半,箭也快用完了。这时李广就命令士兵把弓拉到最大,但是不要放箭,李广自己用大黄弩专门对准匈奴人的副将,射死了好几个,匈奴的军队才逐渐散开。此时已到傍晚,军吏士兵害怕得面无人色,只有李广意气自若,更加强了对军队的管理。军中从此都非常佩服李广的勇敢和胆识。第二天,继续率领大家奋力作战,这时博望侯的军队终于赶到了,匈奴人这才退去。汉军极其疲惫,没有力气再去追击。这时李广的队伍几乎全军覆没,只好撤退。根据汉朝的法律规定,博望侯张骞因为没能及时赶到,耽误了期限,应该判处死刑。张骞用钱赎罪,革职为民。李广功过相当,因此没有任何封赏。

初,广之从弟李蔡与广俱事孝文帝。景帝时,蔡积功劳至二千石。孝武帝时,至代相。以元朔五年为轻车将军,从大将军击右贤王,有功中率,封为乐安侯。元狩二年中,代公孙弘为丞相。蔡为人在下中①,名声出广下甚远,然广不得爵邑,官不过九卿,而蔡为列侯,位至三公。诸广之军吏及士卒或取封侯。广尝与望气王朔燕语②,曰:"自汉击匈奴而广未尝不在其中,而诸部校尉以下，才能不及中人，然以击胡军功取侯者数十人，而广不为后人，然无尺寸之功以得封邑者，何也？岂吾相不当侯邪？且固命也？"朔曰："将军自念，岂尝有所恨乎？"广曰："吾尝为陇西守，羌尝反，吾诱而降，降者八百余人，吾诈而同日杀之。至今大恨独此耳。"朔曰："祸莫大于杀已降，此乃将军所以不得侯者也。"

〔注释〕

①下中：下等里又分为上中下三等，在下等里的中等。
②望气：古代的迷信活动，观察星象或气象来预测吉凶。燕语：闲谈，闲聊。

〔译文〕

当初，李广的堂弟李蔡和他一起侍奉汉文帝。等到了汉景帝的时候，李蔡已经因为资历升至俸禄二千石。到了汉武帝时，李蔡已做了代国的国相。元朔五年（前124），李蔡任轻车将军，跟着大将军卫青出征匈奴右贤王，斩杀敌人首级达到了规定的数量，被封为乐安侯。元狩二年（前121）间，接替公孙弘任丞相。李蔡为人不过是下等之中，声名更比李广差远了，然而李广却没有封爵，也没有领地，官位也没有超过九卿，但李蔡不但被封为列侯，官位还达到"三公"。而李广的部下，有军官也有士兵，甚至也都被封侯。李广曾经和一个望气的术士王朔闲聊，问道："自从我大汉开始攻打匈奴以来，我没有一次不参加的，可是各部校尉以下的军官，才能还到不了中等，却因为打匈奴获得军功，被封侯的已经几十个人了。我李广的才能绝不在他人之下,但是到现在都没有任何军功能够得到封地,这是什么原因呢?难道我的骨相就不能被封侯吗?还是我命中就是如此呢?"王朔说:"将军您自己回想一下,曾经是不是做了什么让您悔恨的事?"李广说:"我当过陇西太守,羌人曾经谋反,我诱骗他们投降,投降的人有八百多,但我却骗了他们,一天之内就把他们都杀了。到现在我最大的悔恨就只有这个。"王朔说:"杀掉已经投降的人,就是最大的灾祸,这就是将军无法封侯的原因。"

后二岁,大将军、骠骑将军大出击匈奴,广数自请行。天子以为老,弗许;良久乃许之,以为前将军。是岁,元狩四年也。

〔译文〕

又过了两年,大将军卫青、骠骑将军霍去病率军大举出征匈奴,李广多次请求参加。汉武帝认为李广岁数已大,没有让他去;过了很久终于答应让李广去了,命他做前将军。这一年是元狩四年(前119)。

广既从大将军青击匈奴,既出塞,青捕虏知单于所居,乃自以精兵走之①,而令广并于右将军军,出东道。东道少回远,而大军行水草少,其势不屯行②。广自请曰:"臣部为前将军,今大将军乃徙令臣出东道,且臣结发而与匈奴战③,今乃一得当单于,臣愿居前,先死单于。"大将军青亦阴受上诫,以为李广老,数奇④,毋令当单于,恐不得所欲。而是时公孙敖新失侯,为中将军从大将军,大将军亦欲使敖与俱当单于,故徙前将军广。广时知之,固自辞于大将军。大将军不听,令长史封书与广之莫府⑤,曰:"急诣部⑥,如书。"广不谢大将军而起行,意甚愠怒而就部,引兵与右将军食其合军出东道。军亡导⑦,或失道⑧,后大将军。大将军与单于接战,单于遁走,弗能得而还。南绝幕⑨,遇前将军、右将军。广已见大将军,还入军。大将军使长史持糒醪遗广⑩,因问广、食其失道状,青欲上书报天子军曲折。广未对,大将军使长史急责广之幕府对簿⑪。广曰:"诸校尉无罪,乃我自失道。吾今自上簿。"

〔注释〕

①走:往。
②屯行:集中行进。
③结发:古代男子成年后可以束发,这里指成年。
④数奇:命运不好。数:命运。奇:不偶,不逢时。
⑤封书:把命令写好加封。
⑥诣:到,去。
⑦亡:无。导:向导。
⑧或:同"惑"。
⑨绝:渡过,横穿。幕:同"漠"。
⑩糒(bèi):干饭。醪(láo):浊酒。
⑪对簿:受审。受审时根据簿册记载对质。

〔译文〕

　　李广跟着大将军卫青征伐匈奴,出塞之后,卫青抓住一个俘虏,从他那里知道了单于居住的地方,自己带领一队精兵准备去抓单于,而命令李广和右将军赵食其的队伍合并,作为右翼从东路进发。东路相对迂回绕远,而大军走的是水草缺少的中路,势必要快速前进,两队无法集中行进。李广请求道:"我是前将军,但现在大将军却命令我改走东路,况且我从年轻的时候就与匈奴作战,到今天才碰到一次单于,我愿意做前锋,先和单于决一死战。"大将军卫青曾暗中接到武帝的命令,认为李广年纪已大,且运气不好,不要让他和单于对阵,否则恐怕不能实现出征时的愿望。而当时公孙敖刚刚失去侯爵之位,以中将军的身份跟随大将军卫青出征,卫青也想让公孙敖和自己一同去抓单于,所以要把李广调走。李广也明白卫青的意思,所以坚持请求卫青。但卫青不答应李广的要求,而是命令长史直接把文书发到李广的军部,对李广说:"马上按照命令,急速赶到右将军那里。"李广没有向卫青辞行就离开了,非常愤怒地回到军部,带领自己的部队和右将军赵食其合兵,然后转从东路进发。因为军中没有向导,结果迷了路,比卫青的中路军晚到。卫青率军和单于交战,单于逃走,卫青没有收获,只好撤军而还。卫青的部队向南渡过沙漠,这时遇到了李广和赵食其的部队。李广谒见大将军卫青之后,就回到自己的军部。卫青派长史给李广送去干粮和浓酒,询问李广和赵食其迷路的情况,准备向汉武帝上书,报告这次出征的详情。李广没有回答,卫青又派长史急切地责问李广的部下,让他们到军部说明情况。李广说:"各位校尉

李将军列传 | 293

都没有过错,是我自己迷了路。我亲自给皇上上书汇报。"

至莫府,广谓其麾下曰:"广结发与匈奴大小七十余战,今幸从大将军出接单于兵,而大将军又徙广部行回远,而又迷失道,岂非天哉!且广年六十余矣,终不能复对刀笔之吏。"遂引刀自刭。广军士大夫一军皆哭。百姓闻之,知与不知,无老壮皆为垂涕。而右将军独下吏,当死,赎为庶人。

〔译文〕

李广回到自己的军部,对部下们说道:"我从年轻时到现在,和匈奴打过大大小小七十多仗,现在有幸能跟着大将军出征,和单于的军队直接作战,可是大将军又把我调到一条绕远的路上,而我们又迷了路,这难道不是天意吗?况且我现在已经六十多岁了,终究不能回去再去跟那些刀笔吏对质。"于是李广就拔刀自尽了。李广军队中所有的军官和士兵都为他痛哭。老百姓们听到这件事,无论认识还是不认识他的,也不论老少,也都为李广落泪。右将军赵食其独自去由执法官吏审判,判为死刑,赵食其用财物赎罪,降为平民。

卫将军骠骑列传

[题解]

《卫将军骠骑列传》记述了汉代名将卫青和霍去病抗击匈奴的英勇事迹与赫赫战功。匈奴屡次进犯中原,武帝之时,国力强盛,多次派兵征讨,最终大败匈奴,逐渐取得了西域地区的统治权。在抗击匈奴的战争中,卫青和霍去病功不可没。

卫青是汉武帝皇后卫子夫的同母异父哥哥,他功劳卓著,性情谦和,气度宽广,深受武帝信任和喜爱。霍去病是卫青的外甥,勇猛果敢,精于骑射,常带兵深入匈奴腹地,多立奇功。霍去病"匈奴未灭,无以家为"的爱国思想,对后世产生了深远影响。

大将军卫青者,平阳人也。其父郑季,为吏,给事平阳侯家①,与侯妾卫媪通,生青。青同母兄卫长子,而姊卫子夫自平阳公主家得幸天子,故冒姓为卫氏②。字仲卿。

[注释]

①给(jǐ)事:办事,处理事务。
②冒:假冒。

〔译文〕

　　大将军卫青,是河东郡平阳县人。他的父亲郑季是个小吏,在平阳侯曹寿家做事,与平阳侯的小妾卫媪私通,生了卫青。卫青的同母异父哥哥叫卫长子,姐姐叫卫子夫。卫子夫在平阳公主家受到汉武帝的宠幸,所以全家人都冒用了卫这个姓。卫青的字是仲卿。

　　青为侯家人,少时归其父,其父使牧羊。先母之子皆奴畜之①,不以为兄弟数②。青尝从入至甘泉居室③,有一钳徒相青曰④:"贵人也,官至封侯。"青笑曰:"人奴之生,得毋笞骂即足矣,安得封侯事乎!"

〔注释〕

　　①先母:指郑季的妻子,这时已死。
　　②数:计算,看作。
　　③居室:即"保宫",是囚禁犯法官员和其家属的拘留所。
　　④钳徒:受钳刑的犯人。钳刑指把铁圈套在犯人的脖子上。

〔译文〕

　　卫青是平阳侯家的奴仆,他小的时候,被送到父亲郑季那里,郑季让他牧羊。郑季前妻生的儿子们都把他当作奴仆对待,不把他当作兄弟。卫青曾经跟人去过甘泉宫监禁犯人的居室,有个脖子上戴着铁圈刑具的犯人看着卫青的面相说:"你是个贵人,将来能够封侯。"卫青笑着说:"我是奴婢生的孩子,能不被人打骂就知足了,怎么可能会被封侯呢!"

青壮,为侯家骑,从平阳主。建元二年春,青姊子夫得入宫幸上。皇后,堂邑大长公主女也,无子,妒。大长公主闻卫子夫幸,有身,妒之,乃使人捕青。青时给事建章,未知名。大长公主执囚青,欲杀之。其友骑郎公孙敖与壮士往篡取之①,以故得不死。上闻,乃召青为建章监,侍中②。及同母昆弟贵③,赏赐数日间累千金。……公孙敖由此益贵。子夫为夫人。青为大中大夫。

〔注释〕

①篡取:抢夺。
②侍中:随侍皇帝左右,后为官名。
③昆弟:兄弟。

〔译文〕

卫青长大后,就当了平阳侯家的骑兵侍卫,跟着平阳公主。汉武帝建元二年(前139)春天,卫青的姐姐卫子夫入宫,受到武帝的宠幸。皇后陈阿娇是堂邑侯和大长公主的女儿,她没有儿子,又生性嫉妒。大长公主听说卫子夫受到武帝的宠幸,又有了身孕,很嫉妒她,就派人逮捕了卫青。当时卫青在建章宫做事,没有什么名气。大长公主把卫青囚禁起来,想要杀死他。卫青的朋友骑郎公孙敖带着几个壮士把他抢了出来,所以没被杀。汉武帝听到这消息,就召卫青当了建章宫监,保卫皇帝的安全。

卫青的同母异父兄弟也跟着尊贵起来，给他们的赏赐在几天之内就累积到千金之多。……公孙敖也因此更加显贵。卫子夫被封为夫人。卫青当了太中大夫。

元光五年，青为车骑将军，击匈奴，出上谷。……青至茏城，斩首虏数百。

〔译文〕

元光五年（前130），卫青任车骑将军，征伐匈奴，从上谷郡出兵。……卫青的军队到达茏城，杀死的敌人以及俘虏的敌人有数百人。

元朔元年春，卫夫人有男，立为皇后。其秋，青为车骑将军，出雁门，三万骑击匈奴，斩首虏数千人。明年，匈奴入杀辽西太守，虏略渔阳二千余人①，败韩将军军。汉令将军李息击之，出代；令车骑将军青出云中以西至高阙。遂略河南地②，至于陇西，捕首虏数千，畜数十万，走白羊、楼烦王③。遂以河南地为朔方郡。以三千八百户封青为长平侯。

〔注释〕

①虏略：掳掠。
②略：攻取，占领。
③走：逃跑。

[译文]

元朔元年(前128)春天,卫子夫生了一个男孩,被立为皇后。这一年的秋天,卫青任车骑将军,从雁门关出征,率领三万骑兵攻打匈奴,斩杀和俘虏敌人几千人。第二年,匈奴人入侵,杀死辽西太守,劫掠俘虏渔阳郡两千多人,打败了将军韩安国的军队。汉朝朝廷命令将军李息前去攻打匈奴,从代郡出征;又命令车骑将军卫青向西前往高阙,从云中郡出征。于是先打下黄河以南的地区,然后向西到达陇西,斩杀和俘获敌人几千名,得到牲畜几十万头,打跑了匈奴的白羊王和楼烦王。汉朝就将黄河以南的地区改设朔方郡。卫青被封为长平侯,封给他食邑三千八百户。

其明年,元朔之五年春,汉令车骑将军青将三万骑,出高阙;卫尉苏建为游击将军,左内史李沮为强弩将军,太仆公孙贺为骑将军,代相李蔡为轻车将军,皆领属车骑将军,俱出朔方;大行李息、岸头侯张次公为将军,出右北平:咸击匈奴。匈奴右贤王当卫青等兵①,以为汉兵不能至此,饮醉。汉兵夜至,围右贤王,右贤王惊,夜逃,独与其爱妾一人、壮骑数百驰,溃围北去②。汉轻骑校尉郭成等逐数百里,不及,得右贤裨王十余人③,众男女万五千余人,畜数千百万,于是引兵而还。至塞,天子使使者持大将军印,即军中拜车骑将军青为大将军,诸将皆以兵属大将军。大将军立号而归。

〔注释〕

①当:对着,对上。
②溃围:冲开包围圈。
③裨王:小王。

〔译文〕

第二年,即元朔五年(前124)春天,朝廷命令车骑将军卫青率领三万骑兵,从高阙出征;命令卫尉苏建为游击将军,左内史李沮为强弩将军,太仆公孙贺为骑将军,代相李蔡为轻车将军,由车骑将军卫青统领,一同从朔方出征;朝廷又命令大行令李息、岸头侯张次公为将军,从右北平出征:两支军队都去讨伐匈奴。匈奴右贤王正对上了卫青等人的军队,右贤王原以为汉朝的军队到不了这里,饮酒,大醉。卫青的军队夜里就已经到达,包围了右贤王,右贤王大惊,连夜逃走,只带了他的一个爱妾和几百名精壮骑兵,冲破包围,向北边逃去。汉朝的轻骑校尉郭成等人一直追赶了几百里,没有追上,抓获了右贤王属下的小王十多个,一万五千多匈奴人,男性女性都有,以及牲畜几十万至上百万头。于是卫青率兵凯旋。军队回到边塞,汉武帝派使者拿着大将军的官印,就在军中任命车骑将军卫青为大将军,其余诸将军及其军队都归大将军卫青统领。卫青统一军中号令之后,班师回京。

其明年春,大将军青出定襄。合骑侯敖为中将军,太仆贺为左将军,翕侯赵信为前将军,卫尉苏建为右将军,郎中令李广为后将军,左内史李沮为强弩将军,咸属大将军,斩首数千级而还。月余,悉复出定襄击匈奴,斩首虏万余人。右将军建、前将军信并军三千余骑,独逢单于兵,与战一日余,汉兵且尽。前将军故胡人,降为翕侯,见急,匈奴诱之,遂将其余骑可八百①,奔降单于。右将军苏建尽亡其军,独以身得亡去,自归大将军。大将军问其罪正闳②、长史安、议郎周霸等:"建当云何?"霸曰:"自大将军出,未尝斩裨将。今建弃军,可斩以明将军之威。"闳、安曰:"不然。兵法'小敌之坚,大敌之禽也'。今建以数千当单于数万,力战一日余,士尽,不敢有二心,自归。自归而斩之,是示后无反意也③。不当斩。"大将军曰:"青幸得以肺腑待罪行间④,不患无威,而霸说我以明威,甚失臣意。且使臣职虽当斩将,以臣之尊宠而不敢自擅专诛于境外,而具归天子,天子自裁之,于是以见为人臣不敢专权,不亦可乎?"军吏皆曰:"善。"遂囚建诣行在所⑤。入塞罢兵。

〔注释〕

①可:大约。
②正:军正,军中的司法官。
③反:同"返"。
④肺腑:比喻帝王的近亲或亲戚。
⑤行在所:亦称"行在""行所",指天子所在的地方。

[译文]

　　第二年(前123)春天,大将军卫青从定襄出征。合骑侯公孙敖为中将军,太仆公孙贺为左将军,翕侯赵信为前将军,卫尉苏建为右将军,郎中令李广为后将军,左内史李沮为强弩将军,统一归卫青统领,斩杀敌人几千人,其后返回。一个多月后,再次从定襄出征,攻打匈奴,这次斩杀和俘虏敌人一万多人。右将军苏建、前将军赵信的军队合为一支,共三千多骑兵,正遇上了单于率领的军队,双方交战一天多,汉军几乎全部战死。前将军赵信本来是匈奴人,投降汉朝后被封为翕侯,如今看到情况危急,匈奴人又诱他投降,于是赵信就带着余下的八百骑兵,投降单于。右将军苏建的士兵全部战死,仅剩他一人逃回,回到大将军卫青那里。大将军卫青向军正闳、长史安和议郎周霸等人征询意见,说:"苏建该定什么罪?"周霸说:"自从大将军征伐匈奴以来,从来没有杀过偏将。现在苏建全军战死,他一人跑回来,应该把他杀了,以申明大将军的威严。"军正闳、长史安却说:"不可以这样做。兵法上说'力量弱小的军队遇到敌人拼死决战,也只是力量强大的军队的俘虏'。现在苏建率领几千人的队伍和单于几万人的队伍奋战,打了一天多,士兵们全部战死,他却没有反叛之心,还是自己回来了。回来了还要把他杀了,是告诉后来的人遇到这种情况就再也不要回来。所以不应该杀苏建。"卫青说:"我有幸作为皇室亲属在军中做事,不担心没有威严,而周霸劝我杀人以建立个人的威严,这不符合我的本意。而且我的职权能够斩杀将军,我也不愿意凭借我的地位在边境外擅自杀人,还是把情况报告给皇帝,让皇帝裁决此事,也可以见出我做臣子没有专权,这样不也可以吗?"军吏们都说:"好!"于是就把苏建囚禁起来,送到汉武帝所在的地方。卫青也带兵回到边塞之内。

是岁也,大将军姊子霍去病年十八,幸,为天子侍中。善骑射,再从大将军①,受诏与壮士,为剽姚校尉,与轻勇骑八百直弃大军数百里赴利②,斩捕首虏过当③。于是天子曰:"剽姚校尉去病斩首虏二千二十八级,及相国、当户④,斩单于大父行籍若侯产⑤,生捕季父罗姑比⑥,再冠军,以千六百户封去病为冠军侯。……"是岁,失两将军军,亡翕侯,军功不多,故大将军不益封。右将军建至,天子不诛,赦其罪,赎为庶人。

〔注释〕

①再:两次。
②直弃:径直远离,指深入敌境。赴利:奔向有利之处,这里指杀敌立功。
③过当:指杀死和俘虏的敌人多于自己的损失。
④相国、当户:都是匈奴官名。
⑤大父行(háng):祖父辈的人。籍若侯:匈奴侯名。
⑥季父:叔父。

〔译文〕

这一年(前123),大将军卫青的姐姐生的儿子霍去病已经十八岁了,受到武帝的宠幸,在武帝身边当侍中。霍去病善于骑马和射箭,曾两次跟随卫青出征,卫青接到武帝的诏命,任命霍去病为剽姚校尉。霍去病带着轻骑兵八百人,离开大军,到数百里之外的地方攻打匈奴,斩杀和俘虏的敌人超过了自己的损失。汉武帝说:"剽姚校尉霍去病斩杀和俘虏敌人总计二千零二十八人,其中还有匈奴的相国和当户,杀死单于的祖父籍若侯产,活捉单于的叔父罗姑比,连续两次出征功劳都是全军的冠军,封霍去病为冠军侯,食邑一千六百户。……"这一年,因为折损了两位将军的部队,以及翕侯赵信投降匈奴,大将军卫青的军功不多,所以卫青没有再被加封。右将军苏建回到京城后,武帝没有杀掉他,而是赦免了他的罪过,苏建以赎金抵罪,降为平民。

大将军既还,赐千金。是时王夫人方幸于上,宁乘说大将军曰:"将军所以功未甚多,身食万户,三子皆为侯者,徒以皇后故也。今王夫人幸而宗族未富贵,愿将军奉所赐千金为王夫人亲寿。"大将军乃以五百金为寿。天子闻之,问大将军,大将军以实言,上乃拜宁乘为东海都尉。

〔译文〕

大将军卫青返回京城后,武帝赏赐他千金。当时王夫人正得到汉武帝的宠幸,于是宁乘就劝说卫青道:"将军您的军功并不是太多,但自己已经食邑万户,三个儿子也都被封侯,这都是因为皇后和您的关系。现在王夫人受到宠幸,但她的亲族却还没有得到富贵,希望将军能够把皇上赏赐的千金给王夫人的父母送去。"于是卫青就将五百金送给了王夫人的父母。武帝听说了这件事,就问卫青这么做的缘故,卫青把原委告诉了武帝,武帝很欣赏宁乘,让他做了东海郡的都尉。

冠军侯去病既侯三岁,元狩二年春,以冠军侯去病为骠骑将军,将万骑出陇西,有功。天子曰:"骠骑将军率戎士逾乌盩,讨遫濮,涉狐奴,历五王国,辎重人众慑慴者弗取①,冀获单于子②。转战六日,过焉支山千有余里,合短兵,杀折兰王,斩卢胡王,诛全甲③,执浑邪王子及相国、都尉,首虏八千余级,收休屠祭天金人。益封去病二千户。"

〔注释〕

①慑慴(shèzhé):因畏惧而屈服。
②冀:希望。《汉书》作"几",几乎,差一点。
③全甲:全部武装、披挂完整的士兵。

〔译文〕

冠军侯霍去病封侯后的第三年,即元狩二年(前121)春天,汉武帝命霍去病担任骠骑将军,统领一万骑兵,从陇西出征,抗击匈奴,霍去病又立了功。武帝说:"骠骑将军率领战士越过乌盩(lì)山,讨伐遫濮(sùpú)国,渡过狐奴河,总共经过了五个王国,没有掠夺财物辎重,也没有抓捕那些恐惧、顺服的百姓,只想抓到单于的儿子。转战了六天,翻过焉支山一千多里,和敌人短兵相接,杀了折兰王,又斩了卢胡王,杀掉那些顽固抵抗的敌兵,抓住了浑邪王的儿子及他的相国、都尉,斩杀和俘虏了八千多敌人,收缴了休屠(chú)王的祭天金人。再加封霍去病二千户。"

其夏,骠骑将军与合骑侯敖俱出北地,异道;博望侯张骞、郎中令李广俱出右北平,异道:皆击匈奴。……骠骑将军出北地,已遂深入,与合骑侯失道,不相得,骠骑将军逾居延至祁连山,捕首虏甚多。天子曰:"骠骑将军逾居延,遂过小月氏,攻祁连山,得酋涂王,以众降者二千五百人,斩首虏三万二百级,获五王,五王母,单于阏氏①、王子五十九人,相国、将军、当户、都尉六十三人,师大率减什三,益封去病五千户。……"合骑侯敖坐行留不与骠骑会,当斩,赎为庶人。诸宿将所将士马兵亦不如骠骑,骠骑所将常选②,然亦敢深入,常与壮骑先其大军,军亦有天幸,未尝困绝也。然而诸宿将常坐留落不遇③。由此骠骑日以亲贵,比大将军④。

〔注释〕

①阏氏(yānzhī):匈奴单于的正妻。
②常选:经常挑选过的精兵。
③留落不遇:行动迟缓,没有遇到敌人。
④比:并列。

〔译文〕

这年夏天,骠骑将军霍去病和合骑侯公孙敖都从北地郡出征,两支队伍各从一条路进发。博望侯张骞、郎中令李广都从右北平出征,也各从一条路进发。他们共同征讨匈奴。……霍去病从北地郡出发后,直接深入匈奴人的中心地带,与合骑侯公孙敖的队伍没能遇上。霍去病的军队越过居延山,打到祁连山,俘虏了很多敌人。汉武帝说:"骠骑将军越过居延山,穿过小月氏(yuèzhī),打到祁连山,俘虏了酋涂王,集体投降的有两千五百人,斩杀敌人三万零二百人,抓获五个匈奴小王、五个王后、单于的后妃和五十九个王子,以及匈奴的相国、将军、当户、都尉等官员六十三人,而汉军只减损了十分之三。再加封霍去病五千户。……"合骑侯公孙敖因为行军迟缓,没能与霍去病的军队会合,被判处死刑,公孙敖交纳赎金,降为平民。其他老将们带领的士兵和配备的马匹、兵器都不如霍去病的军队,霍去病带领的都是经过挑选的精兵,但他敢于深入敌人的势力范围,常常带着兵马作先头部队,但他的部队比较幸运,从未遇到过绝境。但其他老将却经常行军迟缓,或遇不到敌军而无功而返。因此骠骑将军霍去病一天比一天受到武帝的宠幸,更加显贵,地位跟大将军卫青相仿。

其秋,单于怒浑邪王居西方数为汉所破,亡数万人,以骠骑之兵也。单于怒,欲召诛浑邪王。浑邪王与休屠王等谋欲降汉,使人先要边①。是时大行李息将城河上②,得浑邪王使,即驰传以闻③。天子闻之,于是恐其以诈降而袭边,乃令骠骑将军将兵往迎之。骠骑既渡河,与浑邪王众相望。浑邪王裨将见汉军而多欲不降者,颇遁去。骠骑乃驰入与浑邪王相见,斩其欲亡者八千人,遂独遣浑邪王乘传先诣行在所,尽将其众渡河,降者数万,号称十万。

〔注释〕

①要:探求,求取。
②将城河上:率领士兵于黄河岸边筑城。城:筑城。
③驰:急奔,奔驰。传(zhuàn):驿站,这里指驿站中的驿车。

〔译文〕

　　这年秋天,因为处在西边地区的浑邪王多次被霍去病率领的汉军击破,损失了几万士卒。单于大怒,想把浑邪王召来杀死。浑邪王知道后,就跟休屠王等人商量,打算投降汉朝,先派人到边境寻找汉人去传递消息。此时大行李息率兵正在黄河边上筑城,见到浑邪王的使者,就立即派人用驿车快速向皇帝报告消息。汉武帝知道后,担心浑邪王只是诈降,目的是偷袭边境,就命令霍去病带兵去迎接浑邪王和休屠王等人。霍去病的军队渡过黄河,与浑邪王的军队相向而对。浑邪王的副将们看到汉军,多数人又不想投降,于是就逃跑了。霍去病立刻带兵疾驰过去,跟浑邪王相见,把那些想逃跑的人杀掉了八千个,命浑邪王一个人先坐着驿车去汉武帝那里,自己带领浑邪王的全部军队渡过黄河返回。投降的人约有几万,号称十万。

　　居顷之,乃分徙降者边五郡故塞外①,而皆在河南,因其故俗,为属国。

〔注释〕

①边五郡:边境上的五郡,即陇西、北地、上郡、云中、朔方。

〔译文〕

　　过了不久,把归降的匈奴人分别安置在边境五郡的外面,都在黄河的南边,让他们保持自己原来的风俗习惯,作为汉王朝的属国。

　　其明年,天子与诸将议曰:"翕侯赵信为单于画计①,常以为汉兵不能度幕轻留②,今大发士卒,其势必得所欲。"是岁元狩四年也。

〔注释〕

①画计:出谋划策。
②幕:同"漠",沙漠。

〔译文〕

　　过了一年,汉武帝同将军们商议道:"翕侯赵信现在替单于出谋划策,他总认为汉军很难穿过沙漠,更难在沙漠中停留。现在我们派大军出击,势必能抓到匈奴的单于。"这一年为元狩四年(前119)。

　　元狩四年春,上令大将军青、骠骑将军去病将各五万骑,步兵转者踵军数十万①,而敢力战深入之士皆属骠骑。骠骑始为出定襄，当单于。捕虏言单于东，乃更令骠骑出代郡，令大将军出定襄。郎中令为前将军，太仆为左将军，主爵赵食其为右将军，平阳侯襄为后将军，皆属大将军。兵即度幕，人马凡五万骑，与骠骑等咸击匈奴单于。赵信为单于谋曰："汉兵既度幕，人马罢，匈奴可坐收虏耳。"乃悉远北其辎重②，皆以精兵待幕北。而适值大将军军出塞千余里，见单于兵陈而待。于是大将军令武刚车自环为营③，而纵五千骑往当匈奴。匈奴亦纵可万骑。会日且入，大风起，沙砾击面，两军不相见。汉益纵左右翼绕单于。单于视汉兵多，而士马尚强，战而匈奴不利，薄莫④，单于遂乘六赢⑤，壮骑可数百，直冒汉围西北驰去⑥。时已昏，汉匈奴相纷挐⑦，杀伤大当。汉军左校捕虏，言单于未昏而去，汉军因发轻骑夜追之，大将军军因随其后。匈奴兵亦散走。迟明⑧，行二百余里，不得单于。颇捕斩首虏万余级，遂至寘颜山赵信城，得匈奴积粟食军。军留一日而还，悉烧其城余粟以归。……大将军军入塞，凡斩捕首虏万九千级。

〔注释〕

①转者：转运粮草物资的人。踵军：接续的军队。踵：脚后跟，这里指跟随。

②远北：远远地运送至北方。

③武刚车:带有防护的军车。
④薄莫:傍晚。薄:迫近,临近。莫:同"暮"。
⑤六赢:六匹骡子拉着的车。赢:同"骡"。
⑥冒:冲出,冲破。
⑦纷挐(rú):混战在一起。
⑧迟明:到天亮时。迟:至。

〔译文〕

　　元狩四年(前119)春天,汉武帝命令大将军卫青、骠骑将军霍去病各率领五万骑兵,又派出步兵和负责运输物资的部队几十万人,而那些英勇奋战、敢于深入的士兵都在霍去病的军队里。开始时,霍去病想从定襄出发,直接攻打单于,但俘虏来的匈奴士兵说单于在东边,于是就改令霍去病率军从代郡出征,大将军卫青率军从定襄出征。郎中令李广为前将军,太仆公孙贺为左将军,主爵都尉赵食其为右将军,平阳侯曹襄为后将军,都在卫青的军队里面。大军准备穿越沙漠,卫青率领五万骑兵,与霍去病约定一起攻打单于。赵信给单于出谋划策道:"汉军如果穿越沙漠,就会人马疲惫,我们匈奴可以坐等着抓汉军的俘虏了。"于是把匈奴的车辆辎重都运到遥远的北方,只留下精兵在大漠以北等待汉军。这时大将军卫青的军队已经来到塞外一千多里的地方,看到单于的军队列阵等待。卫青立刻命令将武刚车排列为环形作为营垒,又派出五千骑兵直冲过去,与匈奴的军队作战。匈奴也派出约一万骑兵进攻汉军。此时太阳快要落山了,刮起了大风,沙石被风卷着打在人们脸上,两军都看不清对方。汉军又派出两支军队,从左右两翼包围单于。单于看到汉军人多，且士兵和战马的战斗力仍比较强大，若是对战，对匈奴不利。于是单于趁着天快黑了，乘着一辆六匹骡子拉着的车，带着几百名强壮骑兵，冲出汉军的包围，向西北方向奔逃。这时天已黑了，汉军和匈奴的军队混战在一块，伤亡人数大致相当。汉军左校尉抓到的匈奴俘虏说单于已经在天快黑的时候逃走了，于是汉军派出一支轻骑兵连夜追击单于，卫青的军队也跟在后面。匈奴兵士也四散逃走。一直追到天快亮了的时候，汉军已奔出二百多里，但还是没有追上单于。他们斩杀和俘获敌兵一万多人，又赶到窴(tián)颜山的赵信城，得到匈奴积存的粮食，作为自己的军粮。汉军在城里停留了一天，返回前烧掉了城中剩余的粮食。……大将军卫青的军队返回边塞，共斩杀和俘虏敌人一万九千人。

是时匈奴众失单于十余日，右谷蠡王闻之，自立为单于。单于后得其众，右王乃去单于之号。

〔译文〕

这个时候，单于已经失踪了十多天，右谷蠡(lùlí)王听说后，就自己当了单于。后来单于又跟他的部下会合，右谷蠡王去掉了自立的单于称号。

骠骑将军亦将五万骑，车重与大将军军等，而无裨将。悉以李敢等为大校，当裨将，出代、右北平千余里，直左方兵①，所斩捕功已多大将军。军既还，天子曰：

"骠骑将军去病率师,躬将所获荤粥之士②,约轻赍③,绝大幕,涉获章渠,以诛比车耆,转击左大将,斩获旗鼓;历涉离侯④,济弓闾,获屯头王、韩王等三人,将军、相国、当户、都尉八十三人;封狼居胥山,禅于姑衍,登临翰海。执卤获丑七万有四百四十三级⑤,师率减什三;取食于敌,逴行殊远而粮不绝⑥,以五千八百户益封骠骑将军。"……而大将军不得益封,军吏卒皆无封侯者。

〔注释〕

①直:同"值",遇到,面对。左方兵:匈奴左贤王的军队。
②荤粥(xūnyù):指匈奴,也作"獯鬻""猃狁(xiǎnyǔn)"。
③轻赍(jī):随身携带的少量粮食。
④历涉:越过,翻过。
⑤卤:同"虏"。丑:同类。
⑥逴(chuō)行:远行,远征。

〔译文〕

　　霍去病也统率五万骑兵,车辆辎重和大将军卫青的军队相同,但没有副将。霍去病让李敢等人担任大校,作为副将,从代郡、右北平出兵,行军一千多里,遇上匈奴的左翼军,斩杀和俘虏的敌人已经超过了大将军卫青。军队返回后,汉武帝说:"骠骑将军霍去病统领军队,又亲自指挥以前俘虏的匈奴士兵,携带少量粮草物资,穿过大漠,渡水擒获了单于近臣章渠,杀掉了匈奴王比车耆,又转而进攻匈奴左翼军的大将,夺取了战旗和战鼓;翻越离侯山,渡过弓闾(lǘ)河,抓获匈奴的屯头王、韩王等三人,俘虏将军、相国、当户、都尉等官员八十三人；又在狼居胥山顶祭天，在姑衍山祭地，在高山俯瞰大漠。斩杀和俘虏敌人七万零四百四十三人，汉军损失仅为十分之三；他们能够从敌人那里夺取粮食，所以行军可以到很远的地方却不缺乏粮草。再加封骠骑将军霍去病五千八百户。"……大将军卫青没能得到加封，军中的官兵也没有封侯的。

两军之出塞，塞阅官及私马凡十四万匹①，而复入塞者不满三万匹。乃益置大司马位，大将军、骠骑将军皆为大司马。定令②，令骠骑将军秩禄与大将军等③。自是之后，大将军青日退，而骠骑日益贵。举大将军故人门下多去事骠骑④。

〔注释〕

①塞阅：指出塞时检阅军队。
②定令：确立规定。
③秩禄：官吏的品级与俸禄。
④举：全部。去：离开。

〔译文〕

当初卫青和霍去病率领的两支大军出塞时，边塞统计共带了官府和私人的马十四万匹，但回来的时候，剩下的马还不到三万匹。于是朝廷增设了大司马的官位，卫青和霍去病都担任过大司马一职。命令规定，骠骑将军的位次和俸禄与大将军相等。从此之后，大将军卫青的地位逐渐衰退，而霍去病则日益显贵。

卫青的门生故吏很多都离开他去侍奉霍去病。

　　骠骑将军为人少言不泄,有气敢任。天子尝欲教之孙吴兵法,对曰:"顾方略何如耳,不至学古兵法。"天子为治第①,令骠骑视之,对曰:"匈奴未灭,无以家为也。"由此上益重爱之。然少而侍中,贵,不省士②。其从军,天子为遣太官赍数十乘③,既还,重车余弃粱肉④,而士有饥者。其在塞外,卒乏粮,或不能自振⑤,而骠骑尚穿域蹋鞠⑥。事多此类。大将军为人仁善退让,以和柔自媚于上,然天下未有称也。

〔注释〕

　　①治第:建造府第。
　　②不省士:不关心士卒。
　　③太官:官名,掌管皇帝的膳食和宴飨之事。赍(jī):赠送。
　　④重车:装载粮草物资的车辆。余弃:遗弃。粱肉:精美的食物。
　　⑤振:站立。
　　⑥穿域:划定场地。蹋鞠:踢球。

〔译文〕

　　霍去病为人少言寡语,但有胆气,做事果敢。武帝曾经想要教他孙子兵法和吴起兵法,但霍去病回答道:"要注意的是战场的指挥和处置,不必学古代的兵法。"武帝派人给他修建了府第,让他去看一看,但霍去病却回答说:"匈奴还没有被消灭,不先考虑自己家的事情。"因此汉武帝更加尊重和喜爱他。但因为霍去病从小就在皇帝身边任职,地位显贵,不懂得体恤士兵。他出兵打仗,武帝派人给他拉了几十车食物,等回来之后,没吃完的东西还有很多,都被扔掉了,而士兵们却在忍饥挨饿。他在塞外的时候,因为缺乏粮食,士兵们饿得都站不起来,但霍去病却在跟人划定一块球场踢球。类似这样的事很多。大将军卫青为人仁慈善良,谦逊退让,以温和顺从讨好武帝,但天下人并不称颂他。

骠骑将军自四年军后三年,元狩六年而卒。天子悼之,发属国玄甲军①,陈自长安至茂陵②,为冢象祁连山。谥之,并武与广地曰景桓侯。

〔注释〕

①发:调遣,调集。属国:指边境五郡。玄甲:铁甲。
②陈:同"阵",列队。

〔译文〕

霍去病自元狩四年(前119)征伐匈奴,其后第三年即元狩六年(前117)去世。武帝很悲伤,征调了之前投降汉朝的西北边境五郡的匈奴铁甲军,从长安一直列队排到茂陵,给霍去病修建坟墓,外形则仿照祁连山的形状。霍去病的谥号,包含勇武与开拓两个意思,称为景桓侯。

游侠列传

[题解]

在《游侠列传》中，司马迁对汉初的"布衣之侠""乡曲之侠""闾巷之侠"大加赞美，认为他们守信用，重然诺，急人所难，不爱其躯，既不同于沽名钓誉的当世之儒，亦不是欺压百姓的豪强大族，更非偷窃掠夺的凶残盗贼，反而公正侠义、爱护百姓，也为百姓所拥护热爱。而这一点，正是统治者所忌讳的地方。

韩非子说："儒以文乱法，而侠以武犯禁。"游侠虽追求公义，济人之贫，但他们的许多行为，或游走于法律边缘，或本身已经触犯当时的法律。这一点，也是游侠为统治阶层所不容的原因。

司马迁有感于游侠的高义行为和高尚人品，然而史书却不曾记载其事迹姓名，故作《游侠列传》以记述之。全文前半部分展开论述，后半部分则以具体人物的生平作为注解。本篇即选择游侠郭解的相关内容。

韩子曰："儒以文乱法，而侠以武犯禁。"①二者皆讥，而学士多称于世云②。至如以术取宰相卿大夫，辅翼其世主，功名俱著于春秋，固无可言者。及若季次、原宪，闾巷人也，读书怀独行君子之德，义不苟合当世，当世亦笑之。故季次、原宪终身空室蓬户，褐衣疏食不厌。死而已四百余年，而弟子志之不倦③。今游侠，其行虽不轨于正义④，然其言必信，其行必果，已诺必诚，不爱其躯，赴士之厄困。既已存亡死生矣，而不矜其能⑤，羞伐其德，盖亦有足多者焉。

〔注释〕

①韩子：韩非子，战国末韩国人，法家学者。此处引文出自《韩非子·五蠹》。

②学士：儒生。

③志：怀念。

④不轨：指不符合。轨：车辙。

⑤矜：夸耀。下句"伐"字同义。

〔译文〕

韩非子说："儒生引经据典写文章来破坏法度，游侠逞个人武力来违反禁令。"韩非子非难这两种人，但儒生们现在却多被世人称赞了。像那些用权术取得宰相卿大夫之职，辅佐君主，功名被记载在史书上的人，自然没什么可说的。像季次、原宪这样的身居陋巷的平民百姓，他们读书怀有节操，有君子的德行，不愿与当世同流合污，也会被世俗之人嘲笑。所以季次、原宪终生住在陋室之中，穿粗布衣服，连粗茶淡饭都不一定得到保障。但他们去世已经四百多年了，弟子们却仍在称颂怀念他们。现在的游侠,他们的行为虽然不符合法令的要求,但他们说话一定讲信用,做事一定有结果,答应的就一定会实现,不惜牺牲自己的生命,去解救别人的危难。虽然自己经历生死存亡之事,却不去炫耀自己的本事,也不夸奖自己的德行,这也是很值得称颂的吧!

且缓急①,人之所时有也。太史公曰:昔者虞舜窘于井廪②,伊尹负于鼎俎③,傅说匿于傅险④,吕尚困于棘津⑤,夷吾桎梏⑥,百里饭牛⑦,仲尼畏匡⑧,菜色陈、蔡⑨。此皆学士所谓有道仁人也,犹然遭此菑⑩,况以中材而涉乱世之末流乎⑪?其遇害何可胜道哉!

〔注释〕

①缓急:这里指紧急,急迫。

②虞舜窘于井廪:舜在称帝之前,曾遭到父亲瞽叟与弟弟象的陷害。让舜去修仓廪,瞽叟在下面放火,舜用两个斗笠逃脱;又让舜挖井,瞽叟和象往井里倒土填埋,舜提前挖了密道逃走。窘:困迫。廪:仓库。

③伊尹负于鼎俎:商汤时的贤臣伊尹,曾给汤当过厨师。负:背。鼎:古代的炊具,用于煮食。

④傅说(yuè)匿于傅险:商代武丁时的贤臣傅说,曾经是在傅险服苦役的犯人。傅险,又作"傅岩"。

⑤吕尚困于棘津:姜太公七十岁了还未得志,在棘津做小贩。棘津,古水名。

⑥夷吾桎梏(zhìgù):夷吾,即管仲。齐国公子纠与公子小白(即齐桓公)争夺王位,公子纠失败,和管仲一起逃回鲁国。后公子纠被杀,管仲被

押解至齐。

⑦百里饭牛：百里奚曾作为奴隶替人放牛，被秦穆公以五张羊皮的价格赎出。百里奚，虞国大夫，春秋时秦穆公的贤臣。

⑧仲尼畏匡：孔子从卫国去陈国的途中经过匡邑，因为长得像阳虎，被匡人围困。

⑨菜色陈、蔡：孔子打算去楚国，陈、蔡两国担心于己不利，派兵围困孔子师徒，使他们绝粮七日。

⑩菑：同"灾"。

⑪中材：中等才能的人。

〔译文〕

　　况且紧急的境况，是人们经常会遇到的。太史公说：以前虞舜在挖井和修仓库的时候遇到了危急之事，伊尹背着鼎和俎给人当厨子，傅说在傅险做奴隶，吕尚被困在棘津，管仲也曾戴着脚镣与手铐成为囚徒，百里奚给人养牛，孔子被围困在匡地，又在陈、蔡两国之间因被困而忍饥挨饿。这些人都是儒生们称赞过的有道德的仁人，他们尚且遭遇这样的灾难，何况那些身处乱世又仅有中人之才的普通人呢？他们遇到的灾害根本就说不完！

　　鄙人有言曰①："何知仁义，已飨其利者为有德。"故伯夷丑周，饿死首阳山②，而文武不以其故贬王；跖、蹻暴戾③，其徒诵义无穷。由此观之，"窃钩者诛，窃国者侯，侯之门仁义存"④，非虚言也。

〔注释〕

①鄙人：边鄙之人，这里指平民百姓。
②"伯夷"句：伯夷认为武王伐纣"不仁"，隐居在首阳山，以采集野菜为食，后饿死在首阳山。丑：认为是可耻的。
③跖(zhí)、跻(jiǎo)：盗跖、庄跻，古代传说中的两个大盗。
④"窃钩者"句：出自《庄子·胠箧》篇。

〔译文〕

老百姓们这样说过："谁知道什么是仁义，能给好处的就是有德行。"所以伯夷认为周朝是可耻的，不食周粟而饿死在首阳山上，但周文王和周武王并不因此就损害了声誉；盗跖和庄跻性情残暴，但他们的同党却一直颂扬他们很有道义。从这里就可以看出，"偷个钩子要被杀头，但偷国家利益的却能被封侯，侯门之内就是有仁义的地方"，这话并不是虚言啊。

今拘学或抱咫尺之义①，久孤于世②，岂若卑论侪俗③，与世沉浮而取荣名哉！而布衣之徒，设取予然诺④，千里诵义，为死不顾世，此亦有所长，非苟而已也⑤。故士穷窘而得委命⑥，此岂非人之所谓贤豪间者邪？诚使乡曲之侠⑦，予季次、原宪比权量力，效功于当世，不同日而论矣。要以功见言信⑧，侠客之义又曷可少哉！

〔注释〕

①拘学：拘泥固执的学者。咫尺之义：狭隘的道理。

游侠列传 | 321

②孤:孤立,背离。
③侪(chái):同辈。
④设:大。这里指重视。
⑤苟:随便,随意。
⑥委命:托身。
⑦乡曲:乡里,民间。
⑧见:同"现"。

〔译文〕

现在有些拘泥固执的学者抱着狭隘教条,只能长久地背离世俗,哪比得上那些降低论调迁就世俗,随波逐流而获取声名利益的人呢?而那些布衣百姓,却讲究取予的正当,重视所做的承诺,到千里之外去伸张正义,敢于牺牲,不怕世俗的闲言,这也就是他们的长处,并非随便就可以做得到。所以士人处在困窘之中,却得到他们的帮助,这难道不就是人们所说的贤士豪侠之人吗?如果拿这些民间的游侠,去跟季次、原宪比较权势和影响力,以及对当世的贡献,那是不可同日而语的。要是从事情的结果和言出必信来看,则游侠们的道义又怎么能忽视呢!

古布衣之侠,靡得而闻已①。近世延陵②、孟尝、春申、平原、信陵之徒,皆因王者亲属,藉于有土卿相之富厚③,招天下贤者,显名诸侯,不可谓不贤者矣。比如顺风而呼,声非加疾④,其势激也⑤。至如闾巷之侠,修行砥名⑥,声施于天下⑦,莫不称贤,是为难耳。然儒、墨皆排摈不载。自秦以前,匹夫之侠,湮灭不见,余甚恨之。

以余所闻,汉兴有朱家、田仲、王公、剧孟、郭解之徒,虽时扞当世之文罔⑧,然其私义廉絜退让,有足称者。名不虚立,士不虚附。至如朋党宗强比周⑨,设财役贫⑩,豪暴侵凌孤弱,恣欲自快,游侠亦丑之。余悲世俗不察其意,而猥以朱家、郭解等令与暴豪之徒同类而共笑之也⑪。

〔注释〕

①靡:无,不。

②延陵:春秋时吴国公子季札,封于延陵,被称为延陵季子。徐君喜爱延陵季子的佩剑,延陵季子准备赠送给他,因即将出使外国而未能赠送,准备返回时再送给徐君。但返回时徐君已死,延陵季子就把剑挂在了徐君墓地的树上。但延陵季子不应称为"近世",疑衍文。

③土:封地。

④疾:强大,宏大。

⑤激:猛烈,迅疾。

⑥砥(dǐ):打磨,磨炼。

⑦施(yì):延续,延伸。

⑧扞(hàn):触犯,违犯。文罔:同"文网",法律法规。

⑨比周:结党营私。

⑩设:设置,这里指依仗。

⑪猥:谬,错误地。

〔译文〕

古代的布衣平民中的侠客,已经没有办法去了解了。近世的延陵季子、孟尝君、春申君、平原君、信陵君这样的人，都因为是君主的亲族，凭借他们的封地和卿相身份带来的财富，招揽天下贤能之人，扬名于诸侯之中，不能说他们不是贤者。这就像顺风而呼，声音会传得更远，并不是加大了声音，而是风势迅疾导致的。至于平民中的侠客，他们修炼品行，打磨自己的名声，声誉传播于天下，没有不称颂他们贤德的，这才是很难做到的。但儒家和墨家都将他们排斥在外，不记载他们的事迹。秦朝以前，平民侠客的事迹都已经泯灭，人们不能见到了，我感到非常遗憾。据我所知道的，汉朝建立以来，有朱家、田仲、王公、剧孟、郭解这些人，他们虽然经常触犯汉朝的法律法规，但他们个人的品行却是廉洁谦让，足以为人们所称道。他们名声的建立并非依靠虚假的手段，人们对他们的依附也并非没有依据。至于那些结党营私的豪强大族，狼狈为奸，仰仗财富金钱奴役贫民，依靠豪强权势欺负弱小，为所欲为，肆无忌惮，游侠也以他们为耻。我悲叹世俗之人不能明察其中的差别，反而把朱家、郭解等游侠当成和那些豪强恶人一类的人，对他们竟也一样嘲笑。

　　郭解，轵人也，字翁伯，善相人者许负外孙也。解父以任侠，孝文时诛死。解为人短小精悍，不饮酒。少时阴贼①，慨不快意②，身所杀甚众。以躯借交报仇③，藏命作奸④，剽攻不休⑤，及铸钱掘冢，固不可胜数。适有天幸，窘急常得脱，若遇赦。及解年长，更折节为俭⑥，以德报怨，厚施而薄望。然其自喜为侠益甚。既已振人之命⑦，不矜其功，其阴贼著于心，卒发于睚眦如故云⑧。

而少年慕其行,亦辄为报仇,不使知也。解姊子负解之势,与人饮,使之嚼⑨。非其任,强必灌之。人怒,拔刀刺杀解姊子,亡去。解姊怒曰:"以翁伯之义,人杀吾子,贼不得。"弃其尸于道,弗葬,欲以辱解。解使人微知贼处⑩。贼窘自归,具以实告解。解曰:"公杀之固当,吾儿不直。"遂去其贼⑪,罪其姊子,乃收而葬之。诸公闻之,皆多解之义⑫,益附焉。

〔注释〕

①阴贼:内心阴沉狠毒。
②慨:愤慨不平。
③借交:帮助朋友。交:朋友。
④藏命:指窝藏亡命徒。
⑤剽攻:抢劫,掠夺。休:止。
⑥折节:克制自己,改变平素志行。俭:同"敛",收敛,谨慎。
⑦振:救。
⑧卒:同"猝",突然。睚眦(yázì):瞪眼,指微小的怨恨。
⑨嚼:同"釂",饮酒干杯。
⑩微知:暗中打探了解。
⑪去:放走。
⑫多:表示称赞。

〔译文〕

郭解是轵(zhǐ)县人,字翁伯,是一个有名的相士许负的外孙。郭解的父亲因为行侠仗义,在汉文帝的时候被处死。郭解个子短小精悍，聪明强健，从不喝酒。他小的时候性格残忍，一旦遇到激愤之事，就把人杀死，被他杀掉的人很多。他为朋友报仇毫不惜命，还窝藏亡命之徒，犯法抢劫，私铸钱币，盗墓挖坟，这样的事都数不过来。但郭解总能得到上天庇佑，处于困窘之境也能脱身，或者碰上朝廷大赦。郭解长大之后，却改变自己的行为，非常收敛，以德报怨，对人极为大方却不求回报。但他行侠仗义的想法却越来越强烈。郭解救了别人的性命从不炫耀自夸，但他的残忍狠毒仍藏在内心，仍会为一点儿小事突然爆发。少年们却非常仰慕郭解的行为，替他报仇，不让他知道。郭解姐姐的儿子仰仗着郭解的势力，同别人喝酒，强迫人家干杯。人家喝不了，还要强行灌酒。被灌酒的人大怒，拔出刀来刺死了郭解的外甥，就逃走了。郭解的姐姐发怒道："以翁伯的侠义名声，别人杀了我的儿子，却抓不到凶手。"就把儿子的尸体丢弃在道上，也不埋葬，想要以此来羞辱郭解。郭解派人暗中打听到凶手的去处。凶手没有办法，就自己回来告诉郭解事情的真相。郭解说："你杀了他没什么不对，本来就是我们的孩子错了。"于是就把凶手放了，归罪于外甥，给外甥收尸下葬。人们听说后，都称赞郭解的侠义，更加归附于他。

解出入，人皆避之①。有一人独箕倨视之②。解遣人问其名姓。客欲杀之。解曰："居邑屋至不见敬③，是吾德不修也，彼何罪！"乃阴属尉史曰："是人，吾所急也，至践更时脱之④。"每至践更，数过，吏弗求。怪之，问其故，乃解使脱之。箕踞者乃肉袒谢罪。少年闻之，愈益慕解之行。

[注释]

①避:让路,以示尊敬。
②箕倨:随意张开两腿坐着,无礼的样子。倨:同"踞"。
③邑屋:指乡里。
④践更:古代服徭役,可以出钱雇人代替,受雇的人即践更。

[译文]

　　郭解出门,人们都给他让路以示恭敬。只有一个人傲慢地坐在那里看着他,并不躲避。郭解派人去问他的姓名。门下有人想杀掉那个人。郭解说:"住在一个县里,别人不尊敬我,是我的德行修养还不够,他哪有什么罪!"郭解暗中嘱托县尉说:"这个人是我所关心的,如果轮到他服役,请给他免除。"于是每次轮到这人服役就都跳过,县吏也不来找他。这人觉得很奇怪,就去打听原委,才知道是郭解帮他免除的。于是这个人就袒露脊背来找郭解谢罪。年轻人知道了这件事,更加仰慕郭解的为人。

　　洛阳人有相仇者,邑中贤豪居间者以十数①,终不听。客乃见郭解。解夜见仇家,仇家曲听解。解乃谓仇家曰:"吾闻洛阳诸公在此间,多不听者。今子幸而听解,解奈何乃从他县夺人邑中贤大夫权乎!"乃夜去,不使人知,曰:"且无用②,待我去,令洛阳豪居其间,乃听之。"

〔注释〕

①居间:从中调解。
②无用:这里指先不要听郭解的调解。

〔译文〕

洛阳有人结仇,城中许多贤人豪杰替他们调解,都没有奏效。有人来见郭解,请他帮忙。郭解夜里去见他们,因为郭解的侠义名声,二人勉强接受了调解。郭解对他们说道:"我听说洛阳城有很多人替你们调解说和,但你们都不听从。现在你们虽然愿意听我的劝告,但我又怎么能到别人的地盘去抢夺他人调解的权力呢?"于是连夜离开,不让人知道自己调解成功的事情,说道:"请暂时不要听我的劝告,等我离开之后,洛阳的豪杰再替你们调解,你们再按他们说的办。"

解执恭敬,不敢乘车人其县廷。之旁郡国,为人请求事,事可出①,出之;不可者,各厌其意②,然后乃敢尝酒食。诸公以故严重之③,争为用。邑中少年及旁近县贤豪,夜半过门常十余车,请得解客舍养之④。

〔注释〕

①出:解决。
②厌:同"餍",满足。
③严重:敬重,尊重。
④舍养:在自家房舍供养。

〔译文〕

郭解待人恭敬有礼,从不敢乘车进入县衙。去其他郡国为人办事,事情可以办成的,就尽量办成;事情办不成的,也要尽量满足人们的要求,然后才敢吃饭。大家因此更加尊重他,都争着为他效力。本县的年轻人和附近县里的贤人豪杰,经常半夜就会来十多辆车,接郭解的门客回家里供养。

及徙豪富茂陵也,解家贫,不中訾①,吏恐,不敢不徙。卫将军为言:"郭解家贫不中徙。"上曰:"布衣权至使将军为言,此其家不贫。"解家遂徙。诸公送者出千余万。轵人杨季主子为县掾,举徙解②。解兄子断杨掾头。由此杨氏与郭氏为仇。

〔注释〕

①訾:同"资",钱财。
②举:检举。

〔译文〕

元朔二年(前127),汉武帝要把各地的豪富之家都搬迁到茂陵,郭解家贫,本来达不到搬迁的标准,但官吏们很害怕,不敢不让郭解家搬迁。大将军卫青替郭解说话:"郭解家贫,够不上搬迁的标准。"汉武帝说:"他一个平民百姓,其权势竟然能让大将军替他求情,可见他家并不贫穷。"于是郭解家还是搬到了茂陵。离开时,送行的人成千上万。轵县人杨季主的儿子在县里当掾吏,是他提出郭解应该搬迁的。于是郭解哥哥的儿子就把这个人的头砍掉了。从此杨家和郭家就结了仇。

解入关,关中贤豪知与不知,闻其声,争交欢解①。解为人短小,不饮酒,出未尝有骑。已又杀杨季主。杨季主家上书,人又杀之阙下。上闻,乃下吏捕解。解亡,置其母家室夏阳,身至临晋②。临晋籍少公素不知解,解冒③,因求出关。籍少公已出解,解转入太原,所过辄告主人家。吏逐之,迹至籍少公④。少公自杀,口绝。久之,乃得解。穷治所犯⑤,为解所杀,皆在赦前。轵有儒生侍使者坐,客誉郭解,生曰:"郭解专以奸犯公法,何谓贤!"解客闻,杀此生,断其舌。吏以此责解,解实不知杀者。杀者亦竟绝,莫知为谁。吏奏解无罪。御史大夫公孙弘议曰:"解布衣为任侠行权,以睚眦杀人。解虽弗知,此罪甚于解杀之。当大逆无道。"遂族郭解翁伯。

[注释]

①交欢:结为好友。

②身:只身。

③冒:冒昧。

④迹:追踪。

⑤穷治:穷究,深查。

〔译文〕

郭解搬到关中之后，关中的贤人豪杰无论认不认识郭解，听到他的名声都争着和他结交。郭解个子不高，也不喝酒，出门也不骑马。之后，杨季主也被人杀了。杨季主的家人就上书告郭解。告状的人在皇宫的大门外也被人杀了。汉武帝知道后，就下令逮捕郭解。郭解就逃走了，把他的母亲和家属安置在夏阳，自己逃到临晋。临晋的籍少公一向不认识郭解，郭解贸然来找他，请求放他出关。籍少公把郭解放了之后，郭解又辗转逃到太原，他所到之处，都把自己的事情告诉留宿他的人家。官吏们一路追赶郭解，查到了籍少公这里。籍少公自杀，线索就断掉了。又过了很久，官府才抓住郭解。他们追究郭解所有犯过的罪行，发现郭解杀的人都在大赦之前。轵县有个儒生，陪着前来查案的官员谈话，有人称赞郭解，儒生却说："郭解专门作奸犯科，怎能说他是贤人！"郭解的门客听说此事，就把这个儒生杀死，还割掉他的舌头。官吏们责问郭解此事，但郭解也不知道杀人的是谁。杀人的人从此竟消失了，不知道是谁干的。官吏上奏说郭解无罪。御史大夫公孙弘却说："郭解一介平民，却敢行侠弄权，为了一点儿小事就杀人。这事郭解虽然不知道，但罪过却比他自己杀人还严重。应当以大逆不道之罪论处。"郭解全族因此都被诛杀。

太史公自序

〔题解〕

《太史公自序》是《史记》的最后一篇。文章共分为两个部分：第一部分首先记述司马氏世系家谱及重要事迹；其次介绍其父司马谈"阴阳、儒、墨、名、法、道德"的六家要旨；最后，详述司马迁的学习和成长经历，特别是继承父亲遗志，决意撰著《史记》的原因。司马迁极为推崇史书的重要作用和价值，在自己遭遇李陵之祸后，更加忍辱负重，发愤著书。第二部分介绍《史记》的篇目体例以及每一篇的创作要旨。

《太史公自序》是研究《史记》和司马迁生平思想的重要文献资料。本篇选择司马迁自传的部分。其中，承袭父志和发愤著书两个部分，令人感佩，又愤慨伤悲，掩卷长叹，催人泪下。

迁生龙门，耕牧河山之阳。年十岁则诵古文①。二十而南游江、淮，上会稽，探禹穴，窥九疑，浮于沅、湘；北涉汶、泗，讲业齐、鲁之都②，观孔子之遗风，乡射邹峄③；厄困鄱、薛、彭城，过梁、楚以归。于是迁仕为郎中，奉使西征巴、蜀以南，南略邛、笮、昆明④，还报命。

〔注释〕

①古文:指用先秦六国古文字写成的古书。
②讲业:研习儒家的学问。
③乡射:指古代的射礼。
④略:视察,巡行。

〔译文〕

司马迁生于龙门,曾经在龙门山的南面耕种和放牧。年仅十岁就开始学习古文。二十岁的时候去南边,游历了江淮地区,登上会稽山,探访过禹穴,游览九嶷山,乘船来到沅水、湘水;之后向北,渡过汶水、泗水,在齐、鲁两地的旧都临淄和曲阜学习,考察了孔子遗风,在邹县的峄山学习乡射之礼;曾困在鄱县、薛县、彭城,后经梁地、楚地,才回到家乡。之后司马迁进京当了郎中,奉命出使西部的巴蜀以南地区,向南去过邛都、笮都、昆明,然后回京复命。

是岁天子始建汉家之封①,而太史公留滞周南,不得与从事,故发愤且卒。而子迁适使反,见父于河洛之间。太史公执迁手而泣曰:"余先周室之太史也。自上世尝显功名于虞夏,典天官事。后世中衰,绝于予乎?汝复为太史,则续吾祖矣。今天子接千岁之统②,封泰山,而余不得从行,是命也夫,命也夫!余死,汝必为太史;为太史,无忘吾所欲论著矣③。且夫孝始于事亲,中于事君,终于立身。扬名于后世,以显父母,此孝之大者。夫天下称诵周公,言其能论歌文、武之德,宣周、邵之风,达太王、王季之思虑,爰及公刘,以尊后稷也。幽、厉之后,王道缺,礼乐衰,孔子修旧起废,论《诗》《书》,作《春秋》,则学者至今则之。自获麟以来四百有余岁④,而诸侯相兼,史记放绝。今汉兴,海内一统,明主贤君忠臣死义之士,余为太史而弗论载,废天下之史文,余甚惧焉,汝其念哉!"迁俯首流涕曰:"小子不敏,请悉论先人所次旧闻⑤,弗敢阙。"

〔注释〕

①始建汉家之封:开始汉朝第一次去泰山的封禅大典。
②千岁之统:指上接西周初年周成王登泰山而封禅。
③无:同"毋",不要。吾所欲论著:即撰写《史记》。
④获麟:指鲁哀公十四年(前481)"西狩获麟"事,《春秋》止于此。
⑤论:整理。次:编排,排列。《史记》资料的整理和撰著从司马谈即已开始。

〔译文〕

这一年(元封元年,前110),天子刚开始在泰山举行汉朝的封禅大典,而太史公司马谈因病留在洛阳,无法参加,所以心中郁闷,病重快要死了。司马迁正好出使归来,去洛阳见到了父亲。司马谈抓着司马迁的手流着泪说:"我们的先祖曾是周朝的太史。早在虞夏之时,祖先已经声名显赫,掌管天文之事。但后世衰落,今天要断绝在我这里吗?你今后当太史令,就能接续上先祖的事业了。现在皇上继承千年大业,在泰山上举行封禅大典,而我不能随行,这就是命啊!是命啊!我死之后,你必定会当太史;当了太史,不要忘记我想写的那部书。况且孝道开始于侍奉双亲,其上是侍奉君王,而最终是要立身成名。能够扬名于后世,使父母也能显赫,这就是最大的孝道。天下人都称颂周公,就是说他能够歌颂文王、武王的功德,把自己和召公的教化宣扬于天下,通晓太王和王季的思想,追至公刘的功绩,尊崇始祖后稷。周幽王、周厉王之后,王道衰微,礼乐崩坏,孔子整理过去的典籍,重振废弃的礼乐,讲述《诗经》《尚书》,撰作《春秋》,学者们至今以此为准则。鲁哀公西狩获麟距今又四百多年了,诸侯国兼并战乱,当时的史书都已不存。现在大汉兴起,国家统一,明主贤君,忠臣义士,我作为太史却未能撰写记录,使天下的史书废绝,我非常担心忧虑,你一定要记住我的话啊!"司马迁低下头流着泪道:"我虽然不聪明,但一定会把您搜集整理的历史资料撰写成编,不敢有任何缺失。"

卒三岁而迁为太史令,䌷史记石室金匮之书①。五年而当太初元年,十一月甲子朔旦冬至,天历始改,建于明堂②,诸神受纪③。

〔注释〕

①䌷(chōu):缀集。石室金匮:国家收藏书籍和文献的处所。
②建:立。这里指颁布。
③诸神受纪:各地诸侯接受新历。诸侯,群神之主,故称"诸神"。

〔译文〕

　　司马谈去世三年之后,司马迁担任太史令一职,阅读整理国家所藏史籍及文献档案。五年之后,正是汉武帝太初元年(前104),十一月初一早晨冬至,汉朝改用新历法"太初历",于明堂举行颁布仪式,诸侯们都接受新历,遵照执行。

　　太史公曰:"先人有言:'自周公卒五百岁而有孔子。孔子卒后至于今五百岁,有能绍明世①,正《易传》,继《春秋》,本《诗》《书》《礼》《乐》之际?'意在斯乎!意在斯乎!小子何敢让焉②。"

〔注释〕

　　①绍:继承,接续。
　　②让:推辞。

〔译文〕

　　太史公说:"我父亲说过:'自周公死后,五百年而有孔子。孔子死后,至今又五百年了,有谁能上接清明之世,订正《易传》,接续《春秋》,推究《诗》《书》《礼》《乐》的本义?'他的意思是这样吧!是这样吧!我又如何敢推辞呢!"

　　于是论次其文①。七年而太史公遭李陵之祸,幽于缧绁②。乃喟然而叹曰:"是余之罪也夫!是余之罪也夫！身毁不用矣。"退而深惟曰③："夫《诗》《书》隐约者，欲遂其志之思也。昔西伯拘羑里，演《周易》；孔子厄陈、蔡，作《春秋》；屈原放逐，著《离骚》；左丘失明，厥有《国语》；孙子膑脚，而论《兵法》；不韦迁蜀，世传《吕览》；韩非囚秦，《说难》《孤愤》；《诗》三百篇，大抵贤圣发愤之所为作也。此人皆意有所郁结，不得通其道也，故述往事，思来者。"于是卒述陶唐以来，至于麟止，自黄帝始。

〔注释〕

①论次：论定编排。

②缧绁(léixiè)：捆绑犯人的绳索，借指牢狱。

③深惟：深思，考虑。

〔译文〕

于是司马迁整理编次史料，撰述文章。到第七年的时候，司马迁遭遇李陵之祸，被关入大牢。司马迁感叹道："这是我的错啊！这是我的错啊！我的身体已经损伤，没有用了啊！"但又转念深思："《诗经》《尚书》隐微不显的地方，是作者用来表达思想的。昔日周文王被囚禁在羑(yǒu)里，推演出了《周易》；孔子困于陈、蔡之间，却完成了《春秋》；屈原遭到放逐，写出《离骚》；左丘明双目失明，撰写《国语》；孙膑被砍掉双腿，编写《兵法》；吕不韦被贬到蜀地，世上流传《吕览》；韩非在秦国被囚禁，写了《说难》《孤愤》；《诗经》三百篇，大都是圣贤之人抒发愤懑之意所作。这些都是圣人贤士心中郁结不平之意,无法疏通,所以才下笔讲述往事,盼望未来。"所以《史记》也叙述陶唐以来的事情,一直到汉武帝元狩元年(前122)获麟为止,从黄帝开篇。

曰:"於戏①!余维先人尝掌斯事,显于唐虞,至于周,复典之,故司马氏世主天官。至于余乎,钦念哉!钦念哉!"罔罗天下放失旧闻②,王迹所兴,原始察终,见盛观衰,论考之行事,略推三代,录秦汉,上记轩辕,下至于兹,著十二本纪,既科条之矣③。并时异世,年差不明,作十表。礼乐损益,律历改易,兵权、山川、鬼神、天人之际,承敝通变,作八书。二十八宿环北辰④,三十辐共一毂⑤,运行无穷,辅拂股肱之臣配焉⑥,忠信行道,以奉主上,作三十世家。扶义俶傥⑦,不令己失时,立功名于天下,作七十列传。凡百三十篇,五十二万六千五百字,为《太史公书》。序略,以拾遗补艺,成一家之言,厥协六经异传,整齐百家杂语,藏之名山,副在京师,俟后世圣人君子。

〔注释〕

①於戏:同"呜呼"。
②放失:同"放佚",散失。
③科条:分类整理,形成纲目。
④北辰:北极星。
⑤辐:车轮的辐条。毂(gǔ):车轮中心的圆木,中有圆孔,可以插轴。

⑥辅拂:辅弼。拂:同"弼",辅助。
⑦俶傥(tìtǎng):卓越不凡。俶:同"倜"。

[译文]

　　司马迁说:"呜呼!我的祖先曾掌管天文,显名于唐虞之世,到了周朝,又担任太史之职,所以司马氏世代都主管天文之事。现在到了我了,要记得啊!要记得啊!"网罗整理天下散佚的典籍传闻,帝王功业的兴起,探究其开端和终结,观察其兴盛和衰败,推求考证史事,简略探究三代,载录秦汉之事,起自轩辕,下至当代,著十二本纪,分类编排整理。同时异世,年岁时间不易分辨,作十表。礼乐的增减,乐律、历法的修改,兵法权谋,山川、鬼神之事,天与人的关系,戒除弊病进行变革,作八书。二十八星宿环绕北极星,三十根车辐聚集在一个车毂上,可以运行无穷,就像辅助之臣,忠信且践行道义,以侍奉君主,作三十世家。尊道守义,卓尔不凡,不让自己失去时机,建立功业,扬名于天下,作七十列传。共计一百三十篇,五十二万六千五百字,称为《太史公书》。叙述大略,采录遗逸之事,补充六艺之缺,成为一家之言,协调六经不同的传述,整理诸子百家杂说,正本藏之于名山,副本留在京城,等待后世圣人君子观览。